Kerstin Ott: Die fast immer lacht.

Kerstin Ott

DIE FAST IMMER LACHT.

Autobiografie

SCHWARZKOPF & SCHWARZKOPF

INHALT

EINLEITUNG

ES IST DER SOMMER 2015. Meine Frau Karolina und ich liegen in unserem gemütlichen Wohnzimmer auf dem Sofa, wir haben es uns schön gemacht, wie immer. Die Kerzen stehen im ganzen Raum verteilt und machen ein tolles Licht. Der Fernseher läuft, wir genießen den Feierabend.

Plötzlich piepst mein Handy – eine SMS von Schnuffe. Eigentlich heißt sie Birte und ist seit meinem 8. Lebensjahr ein fester Bestandteil meines Lebens, meine beste Freundin sozusagen. Ich schaue nach, was Schnuffe mir geschrieben hat, denn eine SMS von ihr um diese Uhrzeit ist schon selten und eher als Rarität anzusehen. Irgendjemand, so sagt Schnuffe, habe eines meiner selbstgeschriebenen Lieder benutzt und als neuen Mix bei YouTube hochgeladen. Oha, denke ich, wie kann das denn sein? Wie kommt jemand gerade auf meinen Song, der vor Jahren mal innerhalb von fünf Minuten am Küchentisch geschrieben worden und über zigtausend Umwege im Internet gelandet war? Das muss ich mir gleich anschauen und vor allem anhören. Und ich muss unbedingt herausfinden, wer das war und warum. Ich gucke bei YouTube nach und finde es auf Anhieb – bereits 214 Klicks, Wahnsinn! Irgendwie habe ich ein komisches Gefühl im Bauch.

Ich klicke auf Starten und höre mit Karolina das erste Mal mein Lied. Es klingt ganz anders, als ich es aufgenommen habe, man hat aus meinem Stück eine elektronische Tanznummer gemacht. Fühlt sich erst mal merkwürdig an, mit den ganzen Bässen. Und für den ernsten Text ist es doch ganz schön fröhlich. Hmm, leichtes Stirnrunzeln in unseren Gesichtern. Ich weiß nicht genau, wie ich das finde – irgendwie anders, irgendwie neu, irgendwie gewöhnungsbedürftig. Aber irgendwie halt auch interessant.

Unter dem Lied stehen zwei Namen, Ric und Rixx, mit Facebook-Adresse – ob das eine Band ist? Die werde ich gleich mal anschreiben und fragen, was es damit auf sich hat.

Ich bin superneugierig und aufgeregt, schließlich ist es mein Lied, da muss ich natürlich herausfinden, was damit gerade passiert. Und so schicke ich meine Nachricht an Ric und Rixx los. Ich bin total gespannt, ob und wann ich wohl eine Antwort bekomme. Auf dem Sofa rätseln Karolina und ich, was es wohl mit der ganzen Sache auf sich hat. Will da jemand einfach mein Lied klauen?

Mein Handy piepst wieder. Diesmal ist es eine Nachricht bei Facebook. Rixx hat sich gemeldet, nach gerade mal zehn Minuten! Wow, das ging schnell. Zum Glück ist eine Telefonnummer dabei, ich werde ihn gleich anrufen. Um Karolina beim Fernsehen nicht zu stören, verlasse ich das Wohnzimmer – wenn ich telefoniere, kann ich nie auf einem Fleck stehen, ich muss immer durch die Gegend laufen und meine Kreise ziehen. Das kennt sie ja schon von mir.

Als der Freiton an meinem Ohr erklingt, bin ich ein bisschen aufgeregt. Rixx nimmt ab und begrüßt mich, offenbar genauso aufgeregt. Leider kann ich nur jedes vierzehnte Wort von dem, was er sagt, verstehen – er scheint aus Sachsen zu kommen und spricht mit breitestem Dialekt. Das macht mich ein wenig nervös, da ich andauernd nachfragen muss, was er mir gerade erzählt hat. In den ersten paar Minuten des Gesprächs sorgt dies schon für den einen oder anderen Lacher. Ich bin froh, wir verstehen uns auf Anhieb.

Er erklärt mir, dass Ric und er mich schon seit geraumer Zeit in den sozialen Netzwerken suchten. Leider bin ich bisher dort nicht sehr aktiv gewesen, ich habe lediglich einen Facebook-Account, den ich sporadisch besuche und auf dem ich auch unter einem anderen Namen zu finden bin. Deshalb, so Rixx, sei es ihnen unmöglich gewesen, mich ausfindig zu machen. Er erzählt mir außerdem, dass die beiden als DJ-Duo unter dem Namen Stereoact unterwegs seien und sich tolle Lieder aus dem Netz nehmen, um daraus Remixe zu machen. Da sie mich nicht gefunden haben, aber das Lied gerne mochten, haben sie gehofft, dass der Kontakt dann irgendwie auf anderen Wegen zustande kommt. Was ja jetzt auch geklappt hat.

Rixx sagt mir, dass sie das Lied gern an Plattenfirmen schicken wollen, um auszuprobieren, ob es irgendjemand genauso gut findet wie sie. Und er will wissen, ob ich Lust hätte, das Ganze mit ihnen zusammen zu starten. Ich muss zugeben, so verrückt das auch klingt, abgeneigt bin ich nicht. Er fragt mich dann noch, wie ich den Mix finde, und ich sage ihm, dass es außer einer Sache ganz am Anfang – da bin ich sehr direkt – ein gelungener Mix geworden sei.

Wir verabreden uns, um am nächsten Tag noch mal zu telefonieren und dann zu schauen, wie wir nun weiter vorgehen würden. Lustiges Kerlchen, dieser Rixx, denke ich noch, als ich auflege und wieder zu Karolina ins Wohnzimmer gehe. Sie erwartet mich schon, gespannt und mit großen Augen sitzt sie da und wartet auf Aufklärung von mir.

Ich erzähle ihr das gesamte Gespräch noch mal und in allen Einzelheiten und ahme dabei manchmal den lustigen Dialekt von Rixx nach. Ungläubig schlagen wir die Hände über dem Kopf zusammen. Kann das alles wahr sein? Wie um Himmels Willen ist es möglich, dass jemand über mein kleines Lied stolpert, daraus einen Remix macht und nun versuchen will, es zu veröffentlichen? So eine unglaubliche Geschichte liest man immer nur in den Medien – und jetzt passiert so was mir, einem ganz gewöhnlichen Menschen aus dem beschaulichen Heide in Dithmarschen, der seinem Maler-Job nachgeht und mit dem Musikgeschäft so absolut gar nichts zu tun hat? Ich kann zwar Gitarre spielen und singen, schließlich habe ich als Kind schon mit Rolf Zuckowski Auftritte gehabt. Ich habe auch schon immer gern

Lieder geschrieben, aber die waren eigentlich nicht für ein großes Publikum gedacht, ganz im Gegenteil. Eigentlich hatte ich mir vor Jahren geschworen, nie wieder eine Bühne zu betreten, nachdem ich einen Auftritt bei einem Talentwettbewerb so gnadenlos verkackt hatte.

Aber ich habe immer gewusst, dass das Lied *Die immer lacht*, um das es sich hier jetzt drehte, etwas Besonderes ist. Ich weiß noch, dass ich mich riesig gefreut habe, als ich es geschrieben hatte. Ich war stolz darauf, einen Song mit so einer eingängigen Melodie verfasst zu haben. Im Freundeskreis habe ich auch damals schon gesagt: »Das wird ein Hit, es muss nur entdeckt werden!« Das war natürlich eher aus Spaß, denn für Träumereien habe ich noch nie Zeit verschwendet. Warum sollte ich Zeit und Kraft investieren, um dieses Lied bekannt zu machen? So viele Menschen sind mit dem Ziel unterwegs, ein berühmter Sänger oder Musiker zu werden, und nur ganz wenige schaffen den großen Wurf. Warum sollte ich die wenige freie Zeit, die ich habe, damit vertun, irgendeinem unerreichbaren Ziel hinterherzujagen? Wenn es so sein soll, wird es schon passieren. Auf irgendeinem anderen Weg. Zum richtigen Moment.

Als ich so mit Karolina im Wohnzimmer sitze und über diese ganze unglaubliche Sache spreche, kann ich noch nicht ahnen, dass alles noch viel verrückter werden sollte. Dass ich innerhalb der nächsten Monate zum Popstar werden würde. Dass mein Lied *Die immer lacht* auf Platz 2 stehen, insgesamt über 60 Wochen in den deutschen Charts verweilen, über 140 Millionen Klicks auf YouTube haben und zu einer der erfolgreichsten Singles aller Zeiten in Deutschland werden würde. Dass ich Alben aufnehmen, regelmäßig vor großem Publikum auftreten und mir die Bühne mit vielen großen Stars der Popbranche teilen würde. Dass mein Leben komplett auf den Kopf gestellt werden sollte.

Dabei war ich, was mein Leben betrifft, gerade erst endlich wieder in ruhigeres Fahrwasser gelangt. Denn was ich bis dahin erlebt hatte, glich auch eher einer Wahnsinns-Achterbahnfahrt.

Ich hatte eine Kindheit in Heimen und Pflegefamilien sowie Spielsucht, Schulden, Depressionen und sogar kurze Obdachlosigkeit hinter mir. Und auch mit der Erkenntnis als Teenager, dass ich auf Frauen stehe und nicht auf Männer, musste ich erst einmal umzugehen lernen. Aber ich will nicht zu viel vorwegnehmen, gehen wir doch einfach mal zurück zum Anfang, um zu sehen, wie ich dort hingekommen bin, wo ich nun bin.

Kerstin Ott

KAPITEL 1

VON BERLIN NACH NORDDEUTSCHLAND

FÜR DIE MEDIEN BIN ICH gern die Sängerin von der Nordseeküste, eine durch und durch norddeutsche Deern. Aber in Wirklichkeit bin ich in Berlin geboren, genauer gesagt am 17. Januar 1982, und dort verbrachte ich auch die ersten Jahre meiner Kindheit. Wir wohnten damals im Wedding, im Westteil der Stadt. Zu der Zeit war es alles ein bisschen schwierig in unserer Familie, meine Mutter und mein Vater hatten damals große Probleme, sie haben sich recht schnell getrennt. Meine Mutter hatte zu diesem Zeitpunkt schon ein Kind, meinen Bruder Robert, der ist zwei Jahre älter als ich. Meine Mutter sollte noch einen Jungen bekommen, sein Name ist Philipp, er ist ein kleiner Nachzügler, der erst zehn Jahre nach meiner Geburt auf die Welt kam.

Wir lebten in einer typischen kleinen Berliner Wohnung im Hochparterre, die hatte noch eine Kohleheizung. Sie war ganz normal eingerichtet und, soweit ich mich erinnere, nicht besonders hübsch, aber auch nicht besonders ungemütlich. Unsere Wohnung war in einem dieser großen, recht hässlichen Wohnhäuser mit mehreren Mietparteien, mit dunkelgrauem rauen Putz am Haus, riesig großen Treppenhäusern und einem Innenhof. Dort hielt ich mich als Kind oft auf und spielte im Sandkasten. Ich nahm immer unser Essbesteck mit in die Sandkiste und backte allerhand Kuchen und Brötchen aus Sand. Ab und zu verlor ich eine Gabel im Sand, und meine Mutter wunderte sich irgendwann, wo das ganze Besteck hin war.

An mein Kinderzimmer habe ich gar keine Erinnerung mehr, ich weiß nur, dass ich mir mit Robert eins geteilt habe. Als Kinder waren mein großer Bruder und ich sehr quirlig und aufmüpfig. Ich weiß noch, dass ich mich mit ihm oft um Süßigkeiten kloppte – und meistens gewann. Einmal fragte er mich, ob ich sein kleines Osterkörbchen festhalten könne, weil er auf Toilette musste. Ich sollte gut darauf aufpassen. Als Robert zurückkam, hatte ich alle Bonbons auf einmal im Mund. Er fing an zu heulen, und gleich darauf bildeten wir beide ein raufendes Knäuel.

Ich habe viel Blödsinn gemacht, zum Beispiel bin ich einmal mit ungefähr vier Jahren einfach so auf die Ladefläche eines Lkw am Straßenrand geklettert. Ich bin über die Europaletten geklettert und saß dort oben, niemand wusste, wie ich dort hochgekommen war. Jedenfalls gab das ziemlichen Ärger zu Hause. Auch als mein Bruder und ich dabei erwischt wurden, wie wir auf dem Fenstersims neben dem Balkon saßen, in mehreren Metern Höhe. Wir spielten dort irgendwas und waren uns der Gefahr überhaupt nicht bewusst.

Aber auch die lustige Variante von Blödsinn konnte ich ganz gut. Mit drei oder vier Jahren war ich mit meiner Mutter auf einem Berliner Volksfest, wo Klaus & Klaus auftraten mit ihrem damaligen Hit *An der Nordseeküste*. Während des Auftritts schlich ich mich einfach von meiner Mutter weg, kletterte auf die Bühne und sang mit Klaus & Klaus zusammen das Lied. Einfach so, ohne Angst. Damals war ich auch eher eine Rampensau, da war ich ziemlich unbedarft und hatte keine Probleme mit Schüchternheit oder so etwas. Das gab es nicht. Jedenfalls war das meine allererste Bühnenerfahrung.

Meine Mutter hatte schwere gesundheitliche Probleme, sodass sie sich nicht wirklich um uns Kinder kümmern konnte. Das ließ sich natürlich nicht lange vor der Öffentlichkeit verbergen, sodass sie uns recht schnell abgeben musste. Mit drei bin ich das erste Mal in ein Heim gekommen, auch mein Bruder musste von zu Hause weg und kam in ein anderes Heim als ich. Er wurde aber relativ schnell von meinem Vater abgeholt und kam bei ihm unter, ich hingegen musste im Heim bleiben. Mein Vater hatte zu dem Zeitpunkt eine neue Frau kennengelernt, und mich konnte er leider nicht abholen, weil die neue Frau selbst Kinder bekommen wollte und ihr das zu viel wurde.

In meinem Kinderheim war es so, dass dort sehr viele Kinder auf einem Haufen waren, und dort herrschten wirklich merkwürdige Zustände. Ich wohnte mit sieben oder acht Kindern auf einem Zimmer. Ich weiß noch, wie manche der Älteren untereinander Sex hatten, die waren aber vielleicht erst 12 Jahre alt. Als Kind ist das natürlich irre, wenn da Leute vor deinen Augen miteinander rummachen.

Ich kann mich auch daran erinnern, dass es in diesem Kinderheim lange Waschtische gab, wo sich mit Kernseife gewaschen wurde. Noch heute überkommt mich ein kalter Schauer, wenn ich Kernseife rieche, da bekomme ich einen richtigen Ekel. Man kennt das ja – diese Gerüche, die einen in die Vergangenheit zurückversetzen.

Irgendwann durfte ich zurück zu meiner Mutter, aber es hatte sich nicht wirklich etwas zu Hause geändert, ihre gesundheitlichen Probleme bestimmten nach wie vor unser Leben. Etwa ein halbes Jahr später bin ich eingeschult worden, da war ich sechs. Ich weiß noch, dass ich so ungefähr nach zwei oder drei Monaten meiner Lehrerin von meinen Problemen zu Hause erzählte, dass es dort nicht so gut laufe. Und so unglaublich das klingen mag: Noch am selben Tag wurde ich in eine Kindernotaufnahme gebracht, die mich dann direkt wieder in einem Berliner Kinderheim unterbrachte. Das ging von jetzt auf gleich, direkt von der Schule wurde ich weggefahren, weder ich noch meine Mutter hatten vorher Bescheid bekommen. Sie hatte mich nach der Schule abholen wollen, aber da hatte mich meine Lehrerin schon weggefahren.

Ich wusste nicht, was das alles sollte, aber notgedrungen machte ich es anstandslos mit. Ich kann mich gut daran erinnern, dass ich als Kind nicht verstand, warum meine Mutter mich nicht besuchen oder ich nicht einfach zu ihr zurückgehen durfte. Dass ich meine Sandkastenfreunde zurücklassen musste, war nicht so schlimm, ich hatte damals noch keine wirklich festen Freundschaften geschlossen. Das Schlimme war wirklich, dass die Familie auf einmal fehlte. Ich kann mich nicht daran erinnern, ob man versucht hatte, mir die Umstände näher zu erklären, jedenfalls verstand ich das Ganze nicht.

Ein halbes Jahr lang wohnte ich also in dem Berliner Heim und fand dort relativ schnell eine Freundin, sie hieß Jenny und war im gleichen Alter wie ich. Wir waren wirklich dicke miteinander, weil wir dasselbe Schicksal teilten. Heute würde ich sagen, wir gaben uns auf gewisse Weise Halt.

Lange sollte ich in dem Heim aber nicht bleiben, denn irgendwann informierte man mich, dass das zuständige Jugendamt eine geeignete Pflegefamilie für mich in Norddeutschland gefunden habe. Diese wohnte in Liesbüttel bei Hanerau-Hademarschen, was irgendwo zwischen Heide und Itzehoe nahe dem Nord-Ostsee-Kanal liegt. Dort gibt es nicht viel außer plattes Land und Landwirtschaft, manche kennen den Landstrich vielleicht durch das überregional bekannte Dorf Wacken, wo jährlich ein großes Heavy-Metal-Festival stattfindet. Jedenfalls musste ich von heute auf morgen meine Umgebung, an die ich mich gerade gewöhnt hatte, wieder verlassen. Das fiel mir aufgrund der Zustände in dem Heim nicht wirklich schwer, nur Jenny sollte ich wirklich vermissen. Und ich wollte auch nicht weg aus der Stadt – wenn man das so gewohnt ist, ist es ein ganz komisches Gefühl, plötzlich auf dem platten Land zu wohnen.

In Liesbüttel sollte ich bei der Familie Kahl unterkommen. Ein Jugendamtsmitarbeiter hatte mich von Berlin nach Norddeutschland gefahren, und nun standen wir vor der Haustür meiner neuen Familie. Es war ein altes Bauernhaus, umgebaut zu einer Pflegeeinrichtung. Wir klingelten, die Tür ging auf, und vor uns stand Bert, der Hausherr. Er war ein großer, dicker Mann mit einer hohen Stirn, hatte die Haare zu einem strengen Seitenscheitel gezogen und sah irgendwie unfreundlich aus. Er trug eine Brille ganz vorn auf der Nasenspitze und inspizierte mich über die Gläser hinweg. Außerdem stand da noch Susan, seine Ehefrau, die eher unscheinbar war. Bert und Susan waren das typische Erzieherpärchen: gefühlte 800 Jahre verheiratet, eher eine gegründete Allianz als eine Liebesbeziehung, mit zwei eigenen Kindern. An Susan habe ich sehr wenige Erinnerungen. Während meiner Zeit dort war sie meistens nicht da, sie hielt sich sehr im Hintergrund. Bert war derjenige, der die Strippen zog, von Susan bekam man gar nichts mit.

Bert gab dem Jugendamtsmitarbeiter die Hand, und auch ich wurde mehr oder weniger begrüßt. Er bat uns herein und führte uns in einen großen Wohnbereich, wo wir uns alle an einen großen Tisch setzten und der Mitarbeiter mit Bert alle wichtigen Sachen besprach. Danach wurde ich auf mein Zimmer gebracht, das war ein spärlich eingerichteter Raum mit einem Schrank, einem Tisch mit Stuhl sowie einem Hochbett. Alles war aus dickem, unzerstörbarem Holz – Möbel, die am besten bis ans Lebensende halten, die die Kinder nicht so schnell kaputt machen können. Sie sahen nicht schön aus, eben wie in einer typischen Pflegeeinrichtung, aber natürlich konnte sich eine Pflegefamilie nicht einmal im Jahr schicke neue Ikea-Möbel leisten. Ansonsten war nichts in den Schränken, nichts auf dem Tisch, in dem Zimmer herrschte kein Leben.

Beim Betreten des Zimmers fühlte ich mich einsam und ein bisschen traurig. Als es später etwas eingerichtet war, erinnerte es schon ein wenig an ein Kinderzimmer, es war also nicht so, dass es die ganze Zeit eine Folterkammer war. Aber es war einfach keine schöne Umgebung.

Bert und Susan überließen mich meinem Zimmer und sagten noch, ich solle erst einmal ankommen. Außerdem baten sie mich, doch mein Bett zu beziehen, aber ich, das kleine Berliner Stadtkind, wusste gar nicht, wie man das macht. Man ließ mich allein im Zimmer zurück, und als die Tür hinter mir zufiel, fing ich erst mal tierisch an zu weinen. Ich saß dort ganz alleine auf der Fensterbank, in einer völlig neuen Umgebung und mit völlig neuen Leuten, und fühlte mich total allein gelassen.

Da klopfte es an meiner Tür. Ein älteres Mädchen betrat den Raum, kam zu mir und sagte:»Hallo, ich bin Barbara, und du bist doch Kerstin, oder? Ich bin ab jetzt deine Pflegeschwester.« Barbara war schon 17 Jahre alt, für mich war sie schon vollständig erwachsen. Sie gab mir gleich etwas Wärme, nahm mich in den Arm, und ich fing wieder an zu weinen. Aber immerhin war das Gefühl schon besser als vorhin alleine auf meiner Fensterbank. Auch ich drückte sie, und zwar so fest ich konnte, und war erleichtert, dass sie bei mir war.

Nach und nach kamen die anderen Pflegekinder in mein Zimmer, um mich zu begrüßen. Insgesamt waren wir fünf, neben Barbara waren da noch Nicole, auch schon 16 Jahre alt, Christoph, 16, und Uwe, 17 Jahre alt. Die vier lebten schon länger dort. Mann, dachte ich, die sind alle schon ganz schön groß! Ich fragte mich, mit wem ich hier spielen könnte oder ob ich ab jetzt immer ohne Kumpel sein würde.

Kurze Zeit später stand auch Jo in meinem Raum, ein wirklich dicker Junge und zwei Jahre älter als ich, er hatte seinen kleinen Bruder Hans im Schlepptau, der damals fünf war. Die beiden waren die eigenen Kinder des Erzieherpaares, sie waren zwei verwöhnte Blödmänner, die mir gleich von Anfang an unsympathisch waren. Vor allem mit Jo sollte ich so meine Probleme bekommen.

Meine Pflegegeschwister zeigten mir das Haus und die Umgebung. Früher war es ein kleiner Bauernhof gewesen, man hatte daraus ein Wohnhaus gemacht und den Stall ausgebaut.

Die Kinderzimmer waren alle im Obergeschoss, unten im Gebäude war der Bereich, wo Bert und seine Familie ihren eigenen Wohnbereich hatten. Außerdem gab es dort jenen großen Raum, wo wir uns gleich nach unserer Ankunft an den großen Tisch gesetzt hatten und wo immer zusammen gegessen wurde. Auch eine Küche gab es dort, ein Badezimmer, eine Waschküche sowie eine Vorratskammer, die immer abgeschlossen war. Einfach irgendetwas aus dem Kühlschrank nehmen durften wir nicht, das wurde von Bert und Susan immer eingeteilt.

Das Haus war jedenfalls recht groß, es gab viele Zimmer, und vor allem war es sehr steril, nicht sehr wohnlich. Das passte zu dem Erzieherpärchen – Bert und Susan, das sollte ich schnell feststellen, waren sehr kühl, hart, lieblos. Sie haben die Kinder nie in den Arm genommen und gingen generell nicht liebevoll mit ihnen um. Bei ihnen, vor allem bei Bert, war alles sehr durchorganisiert und durchgetaktet und hatte ein bisschen was von der Bundeswehr.

Das merkte ich auch gleich, als mich die Kinder mit in den großen Garten nahmen, wo eine riesige Modelleisenbahn aufgebaut war. Schienen schlängelten sich meterweise durch das Grün, dazu gab es einen langen Zug, der elektrisch angetrieben wurde. Ich dachte nur: Oh, wie cool ist das denn?, und wollte mich gleich dransetzen und den Zug eine Runde fahren lassen, aber von Bert kam direkt die deutliche Aufforderung, dies bitte zu unterlassen, schließlich handele es sich hier um teure Dinge, die schnell kaputt gehen. Berts Ansage war eindeutig und streng, danach sollte ich es nicht mehr wagen, dieses unfassbar wertvolle Ding unaufgefordert zu berühren.

Irgendwann nachdem die Kinder mich also herumgeführt hatten, hörte ich eine Glocke läuten, es war ein blecherner Ton, so wie bei einer Kirchenglocke. Bert hatte sie geläutet, das war das Zeichen, dass es Abendessen gab. Dieser Ton, den ich damals zum ersten Mal hörte, lässt mir, wenn ich heute daran denke, immer noch einen kalten Schauer über den Rücken laufen. Diese Glocke im Flur wurde zu jeder Mahlzeit geläutet, da mussten wir immer alle antreten, uns in einer Reihe aufstellen, die Handflächen erst nach oben, dann nach unten zeigen, und meistens wurde uns sogar erst mal noch mit dem Kamm ein Scheitel gezogen. Ich habe es so sehr gehasst, dieses hintereinander Aufreihen wie kleine Zinnsoldaten. Dann ging es zu Tisch, und es wurde gegessen. Geredet wurde nur nach Aufforderung. Gerade sitzen war ein Muss. Die Ellenbogenspitzen durften den Tisch nicht berühren, sondern hatten sich dicht am Körper zu befinden. Wer diese Regeln missachtete, bekam von Bert immer den Messerrücken in den Ellenbogen gerammt, was oft schmerzhaft war.

Nach dem Abendessen gab es noch die Zimmerkontrolle. Der Raum musste komplett sauber und aufgeräumt sein, kein Spielzeug durfte rumliegen. Ich hatte nicht viel zu tun, da ich zu dem Zeitpunkt so gut wie kein Spielzeug besaß. Vor der Schlafenszeit wurde außerdem noch die Wäsche gemacht, wir hatten jeder einen eigenen Wäschekorb, mit dem mussten wir dann in die Waschküche gehen. Dort wurde alles in die dafür bereitgestellten Körbe vorsortiert, damit die Haushälterin das am nächsten Tag alles waschen konnte. Danach mussten wir Zähne putzen, und auch hier wurde natürlich geguckt, ob alle das vernünftig gemacht hatten. Dann ging es ins Bett.

Ich weiß noch, dass ich am ersten Abend in Liesbüttel lange wach lag, weil ich natürlich Heimweh hatte nach zu Hause. Das sollte sich in den ersten Tagen auch nicht ändern. Ich wusste nach wie vor nicht, was das alles sollte. Ich war ja noch sehr klein und verstand nicht, warum ich nicht wieder nach Hause durfte, zurück nach Berlin. Erschwerend hinzu kam natürlich, dass die Übergabe an die neue Familie nicht liebevoll abgelaufen war, sondern nur diese Kälte vorherrschte. Ich wusste nicht, was ich hier in Norddeutschland sollte, in der Fremde, wo es nichts gab außer Kuhweiden. Aber ich nahm erst einmal alles so, wie es kam, was anderes blieb mir ja auch gar nicht übrig.

Meinen ersten Schultag in Norddeutschland werde ich nie vergessen. Ich hatte einen Schulweg von etwa zwei Kilometern, für den ich den Schulbus nehmen musste. An meinem ersten Tag bin ich aber prompt in die verkehrte Richtung gefahren. Ich bin in Hademarschen, dem nächsten größeren Ort, mitten auf dem Marktplatz ausgestiegen, und ich wusste gleich, ich war falsch, denn den hatte ich noch nie gesehen. Als ich ausstieg, schaute ich mich erst mal um, dann lief ich zum erstbesten Geschäft, ein Friseurladen, ging hinein und sagte:»Ich heiße Kerstin Ott, ich habe mich verlaufen. Können Sie mich bitte nach Liesbüttel fahren?« Man schaute mich erst etwas ungläubig an, dann gab es ein kleines Schmunzeln und dann brachte mich der Chef nach Hause. Witzigerweise sollte das mein Friseur bleiben, bis ich 18 Jahre alt war.

Gleich an meinem zweiten Schultag bin ich nach Hause geschickt worden, weil ich einem Mitschüler eins auf die Glocke gehauen hatte. Ein Junge hatte zu mir »Blöder Ossi!« gesagt, aber erstens kam ich gar nicht aus dem Osten, und zweitens wollte ich mir das nicht gefallen lassen, da habe ich ihm eins auf die Nase gegeben. Er bekam Nasenbluten und ich einen Eintrag ins Klassenbuch. Dass mein zweiter Schultag so verlaufen ist, hat mir eigentlich über meine gesamte Schulzeit geholfen, weil ich mir auf diese Weise gleich Respekt verschafft hatte. Alle um mich herum wussten: Mit der legen wir uns besser nicht an. Es war nicht so, dass ich mich gern geprügelt habe, wirklich nicht, aber ich habe mich tatsächlich öfter mal gekloppt, wenn mir jemand blöd kam. Ich habe mir nie die Butter vom Brot nehmen lassen. Und auch wenn zum Beispiel ein Schwächerer in der Klasse geärgert wurde, habe ich den Blödmännern deutlich zu verstehen gegeben, wie ich das finde. Das kam natürlich nicht immer gut an, vor allem bei den Lehrern nicht. Aber ich wusste von Anfang an, mich zu behaupten und mich durchzubeißen, was mir einiges in meiner Jugendzeit erleichterte. Sich zu prügeln war natürlich die einfachste Methode, sich Respekt zu verschaffen.

Mit sieben oder acht Jahren setzt man sich nicht hin und redet erst mal darüber, sondern da fliegt eine Faust, und dann ist das Thema im Idealfall gegessen. Erst im Teeniealter kam es, dass ich das Prügeln dann total blöd fand.

Jedenfalls musste ich an jenem Tag von der Schule abgeholt werden. Zu Hause bekam ich natürlich erst einmal Stubenarrest. Immer wenn es Ärger gab, wurde man in Berts Arbeitszimmer zitiert und bekam dort erst einmal von ihm eine ordentliche Standpauke gehalten. Auch bei mir war es so, er brüllte mich an, dass ich nicht einfach irgendjemandem eine runterhauen dürfe. Dass das nicht richtig war, wusste ich selbst, aber ich wusste nicht, wie man es besser machen konnte. Ich hatte nun also eine Woche Stubenarrest und musste jeden Tag direkt nach der Schule auf mein Zimmer. Das war aber nicht wie heute, wo es Fernseher, Computer oder Handys gibt, sondern da hat man auf seinem Zimmer gesessen und die Decke angestarrt. Zu dem Zeitpunkt war ich noch nicht lange in Liesbüttel, ich hatte ja auch keine Spielsachen oder Ähnliches, ich habe also wirklich auf dem Bett die Zeit abgesessen, bis diese verdammte Glocke geläutet wurde. Handflächen zeigen, Scheitel ziehen, und schweigend und kerzengerade zu Abend essen. Danach ging es wieder direkt zurück aufs Zimmer.

Berts Strafen waren immer unverhältnismäßig hart. Das ist vielleicht damit zu erklären, dass er emotional eben nicht die hellste Kerze auf der Torte war. Er hat das immer nach Schema F gemacht, egal ob verhältnismäßig oder nicht, er hat seine Linie dann durchgezogen. Das lief bei allen Pflegekindern ähnlich ab, und auch seine eigenen Kinder bekamen Strafen, jedoch nicht so hart wie bei den anderen, sie wurden immer bevorzugt. Wir Pflegekinder verstanden aber nicht, warum das so war: Warum bekommt der nicht auch eine Woche Stubenarrest, sondern nur einen Tag? Für mich ist es heutzutage noch schwer zu ertragen, wenn jemand anderen gegenüber ungerecht ist. Und auch Berts knallharte Art hat bei mir dafür gesorgt, dass ich mir heute noch schlecht von jemandem etwas sagen lassen kann.

Bert hatte unseren gesamten Tag immer sorgfältig durchgeplant. Wenn wir aus der Schule kamen, war es nicht so, dass wir eigenständig irgendetwas spielen konnten, er hatte für uns schon andere Dinge zusammengesucht. Kegeln gehen, Fotoalben bekleben, seine Eisenbahn im Garten säubern, ins Schwimmbad gehen. Im Grunde waren das ja alles meist gute Dinge. Sie mussten aber nach einem extrem strengen Zeitplan und genauesten Anweisungen gemacht werden. Schwimmen nur so, wie Bert es für richtig hielt, also nicht lange im Wasser toben, sondern Bahnen schwimmen. Kegeln nicht einfach aus Spaß, sondern nach Regeln. Fotos einkleben und Briefmarken ablösen nach Berts Maßstäben. Alle Kinder fanden es todlangweilig.

Und nicht zu vergessen, jede Woche gab es Bibelunterricht bei Frau Kruse im Dorf. Das war immer der Höhepunkt der To-do-Liste des Schreckens. Jeden Dienstag machten wir uns zu Fuß auf zu dieser uralten Frau, die uns zwei Stunden mit Texten aus der Bibel berieselte. Genauso wie bei uns zu Hause mussten wir kerzengerade an einem Tisch sitzen und durften während der ganzen Zeit nicht reden. Es war einfach furchtbar. Heimlich machten wir uns immer über sie und ihr Gelaber lustig und äfften sie bei jeder Gelegenheit nach. Sie hätte wirklich Berts große Schwester sein können. Sie hatte wenig bis keine Mimik, es sei denn, sie bemerkte es, wenn wir uns lustig machten. Dann bekam sie so ganz kleine zusammengekniffene Augen. Genau wie Bert. All diese auferlegten Dinge sorgten bei mir dafür, dass ich mir als Jugendliche von niemandem mehr vorschreiben ließ, wie ich meine Freizeit zu gestalten habe. Heute ist es immer noch so, dass es mir schwerfällt, wenn jemand mir eine Richtung vorgibt, die ich nicht nachvollziehen kann.

Ich weiß noch, dass mich das alles immer sehr wütend gemacht hat. Berts Verhalten, die ganze Umgebung. Und ich weiß auch, dass ich deswegen oft traurig und wütend war. Mir hat es damals sehr gefehlt, mal in den Arm genommen zu werden. Wenn man mal für eine Woche weg war, zum Beispiel in den Ferien, gab es beim Wiedersehen nur einen kühlen Handschlag. Bert hatte es zudem immer so drauf, dass er einem beim Händegeben die Hand so zusammengedrückt hat, dass die eigenen Knochen knirschten. Ich habe ihn dafür verachtet.

Dadurch, dass ich bei der Pflegefamilie nie die Möglichkeit hatte, mal bekuschelt zu werden, sollte ich später in meinen ersten Beziehungen immer Probleme mit Nähe haben. Wenn es zu eng wurde, war ich schnell weg. Ich wusste ja nicht, wie das geht, deshalb machte ich immer sofort Schluss mit der Person, wenn es zu zaghaften Annäherungen kam. Im Erwachsenenalter musste ich es wirklich erst lernen, mit Nähe umgehen zu können.

In der Grundschule war ich recht engagiert bei der Sache, ich mochte es einfach, in der Schule zu sein. Ich war eine gute Schülerin und hatte nie Probleme, dem Lernstoff zu folgen. Anfangs hatte ich auch immer gute Zeugnisse. Das änderte sich aber ab der fünften Klasse, da wurde ich einfach stinkefaul und rebellisch.

Wie anfangs gesagt, war ich ein sehr lebendiges Kind, ich habe immer gesagt, was ich wollte und was nicht. Ich war nie ein Mauerblümchen, das nur schweigend beobachtete, ich habe mich mitgeteilt und war immer ganz vorn mit dabei. Ich hatte schnell kapiert, dass, wenn ich etwas schaffen oder erreichen will, ich es selbst machen und meinen Mund aufmachen muss. In meiner Umgebung war es auch so, wenn du nichts gesagt hast, bist du einfach untergegangen. Damit habe ich, wie gesagt, nie Probleme gehabt, ich war immer aktiv, quirlig, war ein kleiner Rabauke.

Ich habe die Welt für mich selbst erkundet, habe geguckt, was man so machen kann und was für mich möglich war. Ich brauchte nicht unbedingt jemanden, der mir etwas zeigte, ich habe mir die für mich wichtigen Sachen meistens selbst beigebracht. Ich war schon immer sehr kreativ, hatte viele Ideen. So verbrachte ich beispielsweise einen ganzen Tag damit, Höhlen zu bauen. Langeweile hatte ich selten, ich habe es mir selbst schön gemacht.

Nach der Schule bin ich oft mit einer Handvoll anderer Dorfkinder zu Fuß zurück nach Hause gelaufen. Es war ein sehr schöner Weg, alles sehr ländlich und bewaldet, und ich wollte nicht in einem engen, stickigen Bus sitzen. Dieser Fußmarsch war für mich immer eine schöne Zeit, da ich noch mit meinen Freunden spielen konnte, bevor es nach Hause ging.

Ich habe gern und viel mit anderen Kindern gespielt und auch viel Quatsch gemacht, das war aber nie was wirklich Ernsthaftes, eher so eine Art Lausbubenstreiche, über die man heute nur lachen kann. Aber ich war immer vorneweg und habe andere Kinder zu Blödsinn angestiftet. In meinen Zeugnissen stand auch immer: »Lenkt sich und andere ab.«

Ich habe mir so von anderen alles geholt, was mir von der Familie gefehlt hat, habe mich mehr oder weniger mit meiner Umgebung arrangiert. Ich habe mir damals keine Gedanken darüber gemacht, dass ich mich überhaupt arrangieren muss. Als Kind nimmt man die Sachen ja so, wie sie sind, man fragt sich nicht: Könnte es mir bei anderen Leuten oder in einer anderen Umgebung besser gehen? Oder: Wie komme ich aus dieser Situation raus? Solche Gedanken kommen ja erst später, wenn man älter wird, so war es jedenfalls bei mir.

Für mich war klar, dass ich nun bei Bert und seiner Familie wohnte, und mehr war nicht aktuell in meinem Kopf. Dafür war ich einfach zu klein.

Heimweh spielte durchweg eine Rolle, vor allem wenn ich andere Kinder mit ihren Eltern sah oder wenn Weihnachten vor der Tür stand. Gerade Feiertage oder Geburtstage waren schlimm, weil ich einfach das Gefühl hatte, vergessen worden zu sein. Ich sah, wie andere Familien mit ihren Kindern umgingen, wie sie ihnen eine schöne Zeit machten, und ich wusste, ich selbst hatte das alles nicht. Das schmerzt im Herzen, aber es ist eher ein latentes Gefühl, ohne dass man wirklich darüber nachdenkt. Es ist einfach da und umhüllt einen irgendwie. Vor allem das Weihnachtsfest war für mich immer ein Gräuel, das habe ich in meiner Kindheit sehr gehasst. Zu den Festtagen konnten viele der Pflegekinder zu ihren Eltern fahren, nur ich durfte das die ersten fünf oder sechs Jahre in Liesbüttel nicht. Die besinnlichen Tage musste ich bei der Pflegefamilie verbringen, und die feierten natürlich ihr ganz normales Weihnachtsfest.

Die Familien bekamen für ihre Pflegekinder vom Jugendamt ein gewisses Budget für ein Weihnachtsgeschenk, ich glaube, das waren damals 40 DM. Ich selbst bekam immer nur ein kleines Geschenk, und dann saß ich da neben dem vollgepackten Weihnachtsbaum und musste zusehen, wie Jo und Hans mit Geschenken zugeworfen wurden. Hinzu kommt, dass eine »fremde« Familie ihre ganz eigenen Rituale hat – alle sitzen zusammen, unterhalten sich, essen etwas Schönes und freuen sich. Ich habe mich an diesen Tagen immer wie ein Fremdkörper gefühlt, weil die Familie nicht unter sich sein konnte. Ich fühlte mich eher geduldet als willkommen. Uns Pflegekindern ein Dach über dem Kopf zu geben, war natürlich Teil ihres Jobs, aber dieses Gefühl des Störfaktors, das man uns vermittelte, war einfach ätzend und gemein. Alle Kinder, die an diesen Tagen nicht zu ihrer Familie durften, hatten sowieso schon viel mit sich selbst zu tun. Da muss man nicht auch noch gerade jetzt in die Wunde drücken und dem Kind vermitteln, dass es auch hier nicht dazu gehört, an diesem ach so tollen Weihnachtsfest. Heute würde ich sagen: Bert und Susan hatten ihren Job klar verfehlt. Entweder man macht es ganz oder gar nicht, entweder nimmt man jeden voll und ganz an Bord oder eben nicht.

Aber das war wohl der Zeit damals geschuldet, denn heute ist es in den meisten Fällen ja nicht mehr so. In weiten Teilen wird mehr dafür gesorgt, dass das Pflegekind ein fester Bestandteil der Familie ist, dass es gleichwertig behandelt wird, dass mehr in das Kind investiert wird. Damals wuchsen die Kleinen noch nicht so überbehütet auf, so etwas wie Helikoptereltern gab es nicht, und die Kinder bekamen auch nicht alles als Bioware vorgesetzt. Und wenn man ein Problem hatte, wurde nicht sofort ein Therapeut aufgesucht. Die Menschen sind mit alldem noch etwas roher umgegangen. Ich denke also, dass man heute niemandem mehr einen Vorwurf machen kann. Die Zeiten waren damals so, da war es noch normal, dem Kind einen Klaps auf den Po zu geben, und die Eltern haben sich nicht mal geschämt zu sagen: »Ich hab ihm gestern mal ordentlich den Hosenboden versohlt!« Heute würde man dafür von allen Seiten schief angekuckt werden. Und das ist auch richtig so.

Weihnachten saßen wir also zusammen, die beiden Jungs wurden mit Geschenken zugebombt und packten mit leuchtenden Augen ihre Lego- und Playmobil-Sachen aus. Auch ich bekam ein Geschenk, wir hatten im Vorfeld natürlich einen Wunschzettel schreiben dürfen, und dann war von der Familie geschaut worden, was ins Budget passte. Wenn man Glück hatte, hatten sie begriffen, was man haben wollte. Wenn man Pech hatte, bekam man ein echt beschissenes Weihnachtsgeschenk. Ich will nicht undankbar klingen, aber wer als Kind mal ein Geschenk bekommen hat, das man sich überhaupt nicht gewünscht hat oder womit man gar nichts anfangen kann, weiß, wovon ich spreche. Die Enttäuschung ist riesig, vor allem wenn es nicht annähernd das ist, was man sich gewünscht hat. Das Schlimmste für mich war, wenn ich ein ganz typisches Mädchengeschenk bekam, eine Puppe oder so etwas. Ich konnte damit einfach nichts anfangen.

Als Kind nimmt man Ungerechtigkeiten sehr wohl wahr, und wenn da jemand neben dir ein riesiges Playmobil-Piratenschiff auspackt, vielleicht noch die passende Schatzinsel dazu und dies und das, und man selbst bekommt nur eine Handvoll Playmobil-Männchen und ein kleines Auto dazu, dann ist das eine Sache, die ein Kind einfach nicht begreift. Und als ich fragte, ob ich auch mal mit dem Piratenschiff spielen durfte, kam vom blöden Jo nur: »Nein, das ist meins!« Plötzlich finden so viele Kettenreaktionen statt: Man findet den Abend doof, dann vermisst man seine eigene Familie noch doller, irgendwann fragt man sich, warum die Mama nicht anruft, und das Ganze wird einfach zu einem Teufelskreis. Jedes Jahr aufs Neue war es so, dass es einfach ein beschissener Abend war. Die Tage zuvor fing es ja schon an mit dem dumpfen Gefühl: Bald geht es wieder los, alle anderen fahren nach Hause, und du musst hier mit den beiden Spackos sitzen. Ich wusste schon, das würde einfach ein Scheißabend werden.

Das Gefühl, dass über Weihnachten so eine Schwere hängt, habe ich bis heute. Mittlerweile habe ich eine eigene Familie, mit der mache ich mir das natürlich schön, aber ich muss dieses ganze Tamtam nicht unbedingt haben. Für mich ist das immer noch verbunden mit: Oh nee, jetzt geht es wieder los. Und diese Flashbacks, diese Erinnerungen an früher, kann ich nicht abstellen. Mittlerweile weiß ich, wie ich damit umgehen muss, und Weihnachten ist auch keine tragische oder traurige Zeit mehr für mich. Aber ich könnte auch gut drauf verzichten.

Ich weiß noch, ein richtig grausiges Geschenk damals war eine rote Plastiktröte. Die war ungefähr 30 Zentimeter lang, sah aus wie eine Posaune, nur eben aus Plastik, und wenn man hineinblies, hat sie nur ein trauriges Furzgeräusch von sich gegeben. Dazu gab es noch einen lieblosen Naschteller mit diesen riesigen Walnüssen, die Dinger habe ich wirklich gehasst. Ich werde nicht vergessen, wie ich die Tröte ausgepackt habe – ich wusste nicht, was ich mit diesem Scheißding sollte, ich habe mich erst mal hingesetzt und geheult. Bert und Susan fragten nur, ob mir mein Geschenk nicht gefiele, und ich sagte schniefend: »Nein, es gefällt mir nicht!« Aber von Empathie war bei den beiden keine Spur, man sagte mir nur: »Schade, dass es dir nicht gefällt. Du musst jetzt aber wegen dieser Tröte nicht anfangen zu heulen.« Weiter wurde darauf nicht eingegangen. Solche Dinge wurden nie weiter thematisiert. Schließlich hatte ich ja ein Geschenk bekommen, damit war die Sache für sie abgehakt, danach hieß es wieder: in Reih und Glied aufstellen, Handflächen nach oben und nach unten, dann gab es Essen. Es waren immer dieselben Abläufe.

Egal worum es ging, Ordnung stand für Bert und Susan an erster Stelle. Zum Beispiel musste in meinem Schrank jedes Kleidungsstück auf DIN A4 gefaltet sein, wirklich sauber und glatt.

Wenn dem nicht so war, wenn nur ein Teil nicht hundertprozentig glatt war, wurde der ganze Schrank ausgeräumt, und alles musste neu zusammengelegt werden. Unser Zuhause erinnerte eher an eine Bundeswehrkaserne, und das zog sich durch alle Bereiche. Wie gesagt, wenn einer von uns Blödsinn gemacht hatte, gab es einen ordentlichen Anschiss von Bert und meistens eine Strafe. Eine war, dass wir die Eisenbahn im Garten von Unkraut befreien mussten. Das führte dazu, dass ich das Ding irgendwann nur noch gehasst habe. Als kleine Rache an Bert lockerte ich während meiner Strafarbeit immer einige Schienen, sodass der Stromkreislauf unterbrochen wurde. Ich empfand es als höchsten Genuss, wenn Bert seine Eisenbahn anmachte und auf den ersten Blick nicht herausfand, warum sie nicht fuhr. Er musste dann die ganze Bahnstrecke ablaufen und den Fehler suchen. Ärger konnte es dafür nicht geben, weil so was beim »Putzen« durchaus passieren konnte. Es war herrlich zu sehen, wie er sich ärgerte und ebenso lang beschäftigt war wie wir.

Ein Erzieher aus einer anderen Pflegeeinrichtung, der uns mal besucht hatte, sollte mir viel später mal erzählen, dass er noch nie so eine Stille in einem Haus, wo eigentlich so viele Kinder untergebracht sind, erlebt hat wie bei uns. Alle machten einfach nur ihre Sachen, und alles lief gleich ab, es passierte nichts anderes. Aus heutiger Sicht kann ich sagen: Da war kein Leben drin, es war einfach alles total lieblos, durchgetaktet und in Leere gehüllt.

Ich muss aber sagen, dass ich mich als Kind in dieser Umgebung nicht dauerhaft schlecht gefühlt habe, ich war nicht unglücklich, sondern habe einfach mein Ding gemacht. Ich hatte viele Freunde in der Schule, und wenn ich mal mit denen unterwegs war, war es nicht so, dass ich dachte: Endlich habe ich eine Auszeit von meinem strengen Zuhause! Das Gefühl, dass es zu Hause nicht schön war, war zwar immer präsent, aber ich blieb trotzdem optimistisch, konzentrierte mich immer auf andere Dinge. Ich war damals nicht jemand, der sich vor Kummer selbst gelähmt hat. Dass ich im Grunde ein fröhliches Kind war, hat mich angetrieben. Klar, da gab es auch mal eine gewisse Melancholie, und manchmal war ich sehr gedankenverloren, aber ich habe mich nie für längere Zeit von irgendetwas runterziehen lassen. Das können Kinder im Allgemeinen recht gut. Sie halten sich mit traurigen Sachen nicht länger auf als nötig. Wenn man mit dem Fahrrad hingeflogen war und sich das Knie aufgeschlagen hatte, war es schon wieder vergessen, sobald die Hose drüber war.

Mein Motto lautet noch heute: Wenn du in eine Grube fällst, pass auf, dass es dir dort nicht irgendwann gefällt. Mir ist klar, dass es für Außenstehende so klingen könnte, dass ich keine tolle Kindheit hatte, aber so war es für mich nicht. Sicherlich waren die Umstände düster, mein Gemüt war aber immer heiter. Und wenn mir etwas fehlte, sah ich immer zu, dass ich es irgendwie bekam.

Das war auch mit den Spielsachen so, von denen ich ja anfangs nicht viele hatte oder mit denen ich, wie im Falle der Weihnachtsgeschenke, nichts anfangen konnte. Irgendwann beschloss ich also, mir Spielzeug zu besorgen. Da ich damals sehr wenig Taschengeld bekam und auch nicht über andere Geldquellen verfügte, musste ich mir also etwas einfallen lassen. Die Frage war, wie kommt man ohne Geld an Spielzeug? Für mich war die Antwort ganz einfach: Ich musste es klauen.

KAPITEL 2

JUGEND
IN LIESBÜTTEL

ICH WÜRDE SAGEN, dass ich ein recht beliebtes Kind war, es gab nur wenige, mit denen ich Probleme hatte. Einer davon war definitiv der dicke Jo, Berts und Susans großer Sohn. Unser Verhältnis war von Anfang an belastet. Wie ich bereits geschildert habe, wuchsen Jo und sein kleiner Bruder Hans sehr überbehütet auf, sie waren verwöhnte Blagen. Zwar wurden auch sie von Bert und Susan nicht liebevoll behandelt, aber sie bekamen alles Materielle in den Hintern gestopft.

Jo war ein kleiner fettleibiger Junge, und er war intelligent. Er wusste Dinge und Leute für sich zu nutzen, war eine Art Strippenzieher zwischen all den Kindern und auch immer der Initiator vieler Sachen. Er zettelte immer viel Blödsinn an, wusste aber, sich Ärger geschickt vom Hals zu halten und sich immer irgendwie rauszuwinden. Sein kleiner Bruder Hans war sein Anhängsel, ich erinnere mich an ihn bloß als eine Art Mitläufer. Er war einfach ein kleiner Bengel, mit dem ich nicht so viele Probleme hatte, weil ich mich gegen ihn immer durchsetzen konnte.

Jo und ich waren uns spinnefeind. Wir mochten uns menschlich einfach überhaupt nicht. Auch Kinder können das schon fühlen: Mit dem kann ich nichts anfangen. Man kann das nicht ändern, das ist einfach so, man kann diesen Menschen einfach nicht riechen. Ich fand Jo allein deswegen schon so doof, weil er immer so viel gegessen hat. Er hatte immer mehr als die anderen Kinder. Jeder bekam eine Portion, aber er nahm sich immer eine zweite. Und Bert tat immer so, als ob er das nicht gesehen hatte.

Jo war nicht nur sehr dick damals, sondern fraß auch immer wie ein Schwein. Das ist ebenfalls so eine Sache, die ich seit dieser Zeit nicht mehr ertragen kann: wenn jemand unordentlich isst. Schon wenn ich jemanden schmatzen höre, bekomme ich die Krise. Ich hatte bei Jo ein Wahnsinnskopfkino, wenn ich ihn essen sah, so ein bisschen wie im Film *Das große Fressen*. Ich stellte mir dann immer vor, dass ihm alles, was er sich reinstopfte, als unappetitlicher Matsch wieder aus dem Mund herauslief. Er hatte auch diesen Tick, dass er ständig seinen Ärmel in den Mund genommen und darauf rumgekaut hat, bis der völlig nassgesabbert war. Ich fand ihn einfach nur eklig.

Jo und Hans waren bei uns Pflegekindern gleich unten durch, weil sie immer so bevorteilt wurden. So haben wir unser eigenes Ding gemacht, und sie blieben lieber unter sich, was natürlich immer zu Spannungen geführt hat. Ich wollte mit den beiden einfach nichts zu tun haben. Denn egal ob es ums Spielen oder etwas anderes ging, Jo wollte immer der Boss sein. Blöd war nur, dass auch ich immer Anführer oder Vorreiter sein wollte, und allein deshalb hat sich das mit uns beiden schon gebissen.

Jedenfalls hatten die beiden eine Menge Spielzeug, das sie meistens ungern teilen wollten. Egal ob es um Playmobil oder Lego ging, gerade Jo machte darum immer ein großes Aufheben. Wenn er mal so gnädig war und einen mitspielen ließ, musste man ihm tausend Mal Danke sagen. Irgendwann wollte ich aber den dicken Jo nicht mehr fragen müssen, ob er mir seine Lego-Steine leiht. Also beschloss ich, mir meine eigenen zu besorgen. In dem Alter ist es ja wirklich noch so, dass du nicht nur mithalten, sondern einfach etwas Eigenes haben willst.

In Hademarschen gab es einen kleinen Laden namens Wandmaker, eine heute nicht mehr existierende Supermarktkette, die in ganz Norddeutschland zu finden war. Dort gab es neben

Lebensmitteln auch Haushaltswaren, eine kleine Musikabteilung, Schuhe, Anziehsachen und Spielzeug. Ich ging also nach der Schule zu unserem Wandmaker mit dem Plan, mich mit Spielzeug einzudecken. Vor dem Laden packte ich meinen Schulranzen aus, ging mit einer leeren Tasche in die Spielzeugabteilung und stopfte alles, was mich von den Lego-Sachen ansprach, mit Beschreibung, aber ohne Verpackung, in meine Schultasche. Die leeren Packungen stellte ich wieder zurück ins Regal, damit das Ganze nicht so auffiel und ich auch möglichst viel in den Ranzen bekommen konnte. Dann ging ich wieder aus dem Laden, als wäre nichts gewesen. Angst hatte ich bei der Aktion nicht, ich klopfte mir eher auf die Schulter, wenn es geklappt hatte. In meiner kindlichen Unbekümmertheit dachte ich, das geht schon in Ordnung, ich habe ja kein Spielzeug, und schließlich brauchte ich das unbedingt.

Ich machte das ziemlich oft und wurde nie erwischt. Problematisch war nur, meine ganzen Bücher mit nach Hause zu bekommen, weil mein Ranzen ja immer so voll mit Lego war. Ich weiß noch, dass der Weg nach Hause sehr umständlich war, weil ich nicht wusste, wie ich das alles transportieren sollte und wie ich es ins Haus bekam, ohne dass es auffiel. Ich konnte ja schlecht meine ganzen Schulsachen unterm Arm tragen, das wäre zu auffällig gewesen. Deshalb habe ich mir im Dorf ein gutes Versteck gesucht, wo ich meine Beute erst einmal lagerte. Ich nahm mir ein Teil davon, und stopfte dann meine ganzen Bücher wieder in den Ranzen und machte mich auf den Weg. Nach und nach holte ich etwas aus meinem Versteck und nahm es mit nach Hause.

Jetzt hatte ich endlich meine eigenen Spielsachen und konnte selbst entscheiden, wann ich spielen konnte, ich war nicht mehr von Jo abhängig. Ich glaube, diese Unabhängigkeit war das Wichtigste an der ganzen Sache, die ist mir heute noch heilig. Jedenfalls überlegte ich mir, was ich sagen könnte, wenn ich auf meinen plötzlichen Lego-Reichtum angesprochen werden würde. Mein Plan war zu sagen, dass ich das von meiner Freundin und

Klassenkameradin Waltraut geliehen hätte. Die Aufbauanleitungen versteckte ich unter meiner Schreibtischschublade. Der Plan sollte auch aufgehen – wenn Bert fragte, wo denn dieses Spielzeug auf einmal herkam, sagte ich nur: »Hab ich mir von Waltraut geliehen.« Ich war richtig stolz. Alles war perfekt. Ich dachte nur: Soll der dicke Jo nun ruhig mal fragen, ob er mitspielen darf, dann sag ich einfach Nein.

Mit den Legosteinen baute ich alles Mögliche, irgendwann sogar eine E-Gitarre. Ich war immer ein musikalisches Kind gewesen, hatte immer viel gesungen und gern Musik gehört, und Gitarren faszinierten mich offenbar damals schon. Ich baute ewig daran. Altes Gepäckband diente mir als Saiten. Als ich versuchte, diese etwas straffer zu bekommen, brach meine Gitarre auseinander. Ich war so wütend, dass ich die Legos erst mal in die Ecke schmiss und sie nicht weiter beachtete. Geduld war damals schon nicht meine beste Eigenschaft – das sollte ich im weiteren Verlauf meines Lebens auch immer wieder merken.

Die Lego-Phase war also erst mal vorbei, vor allem weil anderes interessanter wurde: Jo und Hans hatten eine riesige Playmobil-Ritterburg bekommen. Einfach so, es war nicht mal Weihnachten oder so. Natürlich ging es wieder von vorne los: Wer mitspielen wollte, musste Jo die Füße küssen. Aber nicht mit mir. Ich machte mich erneut auf den Weg zu Wandmaker, mit meinem rosafarbenen Schulranzen auf dem Rücken. Mit meiner neuesten Errungenschaft, einem Playmobil-Indianer samt Pferd, war ich dann die Heldin in unseren Kinderzimmern, Jo und Hans waren total neidisch. Doch mein Oberwasser hielt nicht lange, denn Jo war einfach zu schlau, er roch den Braten irgendwann. Er fragte mich immer: »Wo hastn das alles her?«, und ich sagte: »Von einer Freundin aus der Schule.« Da es aber in kürzester Zeit so viele Spielsachen geworden waren, ging er zu Bert und schwärzte mich an. Ich dachte nur: Du Sau. Bert kam natürlich sofort zu mir und fragte, was es mit dem ganzen Spielzeug auf sich hätte. Ich aber sagte gar nichts. Daraufhin kassierte er meinen Indianer samt Pferd ein, bis mir einfallen würde, wo ich den her hatte. Ich rückte nicht heraus mit der Sprache, also bekam ich die Sachen auch nicht wieder. Das große Übel war, dass ich mir nun aber nicht einfach einen neuen besorgen konnte, weil ich dann definitiv aufgeflogen wäre. Also beschloss ich, erst mal Gras über die ganze Sache wachsen zu lassen und irgendwann, wenn keiner mehr daran dachte, einen neuen Klauversuch zu starten. Außerdem wurde Playmobil gerade sowieso wieder uninteressant, da ich es zu diesem Zeitpunkt draußen irgendwie spannender fand und viel an der frischen Luft spielte und die Umgebung erkundete.

Meine Freunde im Dorf traf ich, wenn ich mal Freizeit hatte, was aber eher selten vorkam. Es hing halt immer davon ab, was Bert mit uns vorhatte. Oft war der Tag schon komplett durchgeplant, aber wenn dem mal nicht so war, war es kein Problem, sich mit Freunden zu treffen. Mit dem Fahrrad fuhr ich zu ihnen oder traf mich mit ihnen im Dorf, ich spielte nie mit Freunden bei mir zu Hause, weil ich wusste, dass es bei uns einfach keinen Spaß machen würde. Und wenn wir uns trafen, krempelten wir das Dorf erst einmal auf links.

Hinter unserem Haus war eine große unbebaute Fläche mit meterhohen Brennnesselsträuchern, Bäumen, hohem Gras und einem kleinen Güllebach, der tierisch stank. Dieses ganze Feld war etwa einen Hektar groß und gehörte dem Bauern von nebenan. Offenbar brauchte er das Gelände nicht, deshalb erkundete ich es mit ein paar Jungen aus unserem Dorf. Wir tauften es »Niemandsland«, weil es so abenteuerlich war. Jo und Hans durften davon nichts mitbekommen, denn wir wollten es für uns behalten. Zum Glück war das aber kein großes Problem, da die beiden lieber in ihrem Zimmer herumhingen, denn da war es schließlich nicht so dreckig und kalt.

Wir hingegen waren eine kleine eingeschworene Truppe und überlegten uns immer die allercoolsten Sachen, darunter Mutproben aller Art. Brennnesseltee mit Löwenzahn brauen und entscheiden, wer den ersten Schluck davon trinken muss. Oder in der schnellsten Zeit auf den höchsten oder klapprigsten Baum klettern und dann schauen, wer sich traut, von oben hinunterzuspringen, und so weiter. Auch hier war ich meistens der Boss, kletterte natürlich immer auf den höchsten Baum und stiftete meine Kumpels dazu an, es mir nachzutun. Einen der Jungs habe ich mal animiert, noch höher zu klettern, immer höher, und der ist dann leider vom Baum heruntergefallen, ausgerechnet in den Güllebach hinein. Ich habe noch genau vor Augen, wie er vor uns stand und heulte und schrie wie am Spieß, wobei ihm der Schnodder übers ganze Gesicht lief. Ich musste so doll lachen, er sah einfach zum Schießen aus mit der ganzen Gülle, die an ihm herunterlief. Ich hörte jedoch sehr schnell auf zu lachen, als ich sah, dass irgendetwas mit seiner Schulter war, ich glaube, er hatte sie sich ausgekugelt. Ich wusste, wenn er jetzt nach Hause lief und petzte, würde es vorbei sein mit Brennnesseltee und Niemandsland. Ich würde bestimmt Stubenarrest bekommen, bis ich erwachsen bin. Es war nichts zu machen, so dreckig und verrotzt, wie er war, lief er los, direkt zu seiner Mami.

Mit einem ganz schlechten Gefühl ging ich nach Hause, und die ungewisse Zeit, bis bei uns das Telefon klingelte, war nicht auszuhalten. Ich machte natürlich erst mal gute Miene zum bösen Spiel, brav Handfläche oben, Handfläche unten, Seitenscheitel, ab an den Tisch und essen. Da durfte ich sowieso nicht reden, was in diesem Fall gut war. Aber dann klingelte das Telefon. Ich spürte, wie mein Gesicht heiß wurde und rot anlief. Bert ging ran und erfuhr, was passiert war. Sofort musste ich ab zu ihm ins Büro und mir eine heftige Gardinenpredigt abholen. Mit hochrotem Kopf schrie er auf mich ein, wieder mit seiner schmalen Brille ganz vorn auf der Nase und darüber hinweg auf mich herabsehend. Vieles davon verstand ich gar nicht, und ich schaltete auch irgendwann ab. Ich weiß nur noch, dass er am Schluss sagte, dass die ganze Sache Konsequenzen für mich haben würde, damit ich mich nicht andauernd wie ein Junge benehmen würde. Mädchen machten so was schließlich nicht! Ich dachte nur, was für ein gemeiner Idiot er ist und dass ich ihn, wenn ich älter bin, auch mal so anschreien würde. Ich stellte mir vor, wie er kleinlaut dasitzen und ich ihn mit Schimpfworten überschütten würde.

Ich hatte nur Fragezeichen in meinem Kopf und die Gewissheit, dass ich das Haus für längere Zeit nicht wieder verlassen durfte. Was für eine Katastrophe! Die Sonne schien und ich musste drinnen in meinem Zimmer bleiben und fünf DIN A4-Seiten vollschreiben, immer wieder mit dem Satz: »Ich darf nicht andere dazu anstiften, Blödsinn zu machen.« Schließlich wartete noch die Aufgabe auf mich, zu dem Jungen nach Hause zu gehen und mich bei ihm und seiner Mutter zu entschuldigen. Ich wusste nicht, wofür ich mich entschuldigen sollte, schließlich war es doch seine Schuld gewesen, dass er heruntergefallen war. Er ist doch hochgeklettert und zu doof gewesen, sich ordentlich festzuhalten! Als ich vor ihm stand, reichte ich ihm meine Hand für die Entschuldigung entgegen – allerdings bockig und den Kopf weggedreht. Dafür gab es natürlich wieder Ärger von Bert. So was gehörte sich eben nicht, schon gar nicht für ein Mädchen. Diesen Mädchenquatsch brachte er immer wieder, meine burschikose Art war ihm offenbar ein Dorn im Auge. Und in seiner altmodischen Verbitterung war er einfach nicht zu verbessern. Erst recht nicht von mir.

In den nächsten Tagen wünschte ich mir, dass die Schule doch irgendwie länger dauern möge oder irgend etwas passieren würde, damit ich vielleicht noch ein bisschen woanders sein konnte. Aber es passierte nichts. Also ging ich brav nach der Schule nach Hause, erledigte meine Aufgaben und versuchte irgendwie, unsichtbar zu sein.

Wie gesagt, Zuneigung und Liebe gab es für die Kinder im Hause Kahl nicht, und so fing ich an, mir diese von anderen Erwachsenen zu holen. Mit 11 begann ich, mir ein wenig Geld zu verdienen, indem ich bei Nachbarn Gartenarbeit machte oder mit Hunden Gassi ging. Wenn ich mit den Erwachsenen sprach, war es immer so, dass sie mich gleich mochten. So kam es, dass man beim Hallosagen schon mal eine Umarmung bekam, dann wieder beim Tschüsssagen, und ich fühlte mich bei ihnen immer herzlich willkommen. Im Dorf gab es eine Bauernfamilie, zu der ich öfters ging, die sagten immer zu mir: »Wenn ich könnte, würde ich dich adoptieren!« Dementsprechend gern bin ich auch immer zu diesen Leuten hingegangen.

Ich habe früh erkannt, dass Charme mich weiterbringt. Das hatte dazu geführt, dass die Menschen mich immer gerne bei sich hatten. Heute würde ich behaupten, dass ich es mir damals antrainiert habe, gut bei anderen anzukommen, damit ich bekam, was ich zu Hause zu wenig hatte. Dessen war ich mir bewusst – wenn ich charmant bin, bekomme ich auch was Charmantes zurück. Ein Kind denkt da natürlich viel einfacher: Wenn ich den anlächle, bekomme ich bestimmt ein Lächeln zurück. Ohne sich das ganze Drumherum auszudenken, warum es wirklich so ist. Ich war nicht klammerig oder aufdringlich, mir hatte das soweit gereicht. Ich war nur einfach schon in der Lage, mir das aufzufüllen, was mir fehlte.

Im Laufe der Zeit fand in unserer Pflegefamilie immer mal wieder ein Austausch statt, was konkret bedeutete: Ein großes Kind zog aus, ein neues, jüngeres Kind kam nach. Und ich durfte jedes Mal aufs Neue miterleben, wie diejenigen, die neu in unsere Einrichtung kamen, denselben Schlamassel durchmachten, wie ich ihn schon erleben musste.

Ich kann mich noch an Patrick erinnern, er war zwei Jahre jünger als ich und war der Erste in meiner Zeit, der neu dazu kam. Es war von Anfang bis Ende genau derselbe Ablauf wie bei mir damals: Ein Jugendamtsmitarbeiter stand mit Patrick vor der Tür, Bert inspizierte den Jungen über seinen Brillenrand hinweg, dann gingen sie in die Küche, es wurde kurz mit Bert gesprochen, Patrick wurde auf sein Zimmer geschickt und sollte sein Bett beziehen. Und ich wusste, wenn die Tür gleich zuging, würde Patrick sich hundeelend fühlen. Also beschloss ich, sofort zu ihm zu gehen – wie Barbara es bei mir gemacht hatte. Mir hatte es damals sehr geholfen, dass sie hereingekommen war und mich ein wenig abgelenkt hatte. Ich hatte damals Rotz und Wasser geheult, weil ich nicht wusste, was abging, und bei Patrick würde es genauso sein. Ich ging also zu ihm und fragte ihn, ob wir was spielen wollen, um ihm den Einstieg zu erleichtern. Vielleicht würde es ihm ja auch ein bisschen helfen, obwohl man so etwas nicht sanft hinbekommen kann – er war ebenfalls einfach so von seiner Familie weggebracht worden, da seine Mutter drogenabhängig war.

Mit den neuen Kindern habe ich mich meistens schnell verbündet, natürlich gab es da auch mal welche, mit denen ich mich nicht so gut verstanden habe wie mit anderen. Irgendwann kam Abdul zu uns, der war ein kleines bisschen jünger als ich, dann ein kleines Mädchen namens Steffi, sowie Christopher, die waren etwa drei oder vier Jahre jünger. Die Altersunterschiede waren also nicht sehr groß.

Zu meinen leiblichen Eltern hatte ich jahrelang gar keinen Kontakt. Meinen Vater hatte ich von Anfang an nur ganz selten gesehen, auch nach der Berliner Zeit hatte ich ihn vielleicht sechs oder sieben Mal gesehen. Zu ihm hatte ich auch keinen Bezug, auch zu seiner Familie nicht. Er sollte noch zwei Mal Vater werden, aber zu meinen Halbgeschwistern hatte ich nie Kontakt. Er ist vor einem Jahr gestorben, aber das war für mich so, als würde ich in der Zeitung lesen, dass irgendein älterer Mann gestorben ist. Das war jetzt nicht wirklich traurig für mich. Dafür war das Band, das uns eigentlich hätte verbinden müssen, nie richtig geknüpft worden.

Zu meiner Mutter und zu meiner Oma hatte ich zunächst ebenfalls keinen Kontakt, weil es vom Jugendamt nicht gestattet wurde. Sie wussten gar nicht, wo ich untergebracht war. Erst vier oder fünf Jahre nach meiner überhasteten Abreise ging es ganz langsam los, dass man sich wieder nähern durfte. Ich erinnere mich noch, dass ein erstes Treffen anberaumt wurde, da musste Bert dabei sein, und es fand auch auf neutralem Grund in Neumünster statt. Irgendwann fing es auch an, dass ich übers Jugendamt Briefe von ihnen bekam oder man telefonierte, beispielsweise zu diesen größeren Anlässen wie Weihnachten, also vielleicht ein oder zwei Mal im Jahr. Immer wenn wir telefonierten, war es ein komisches Gefühl. Meistens war ich traurig, weil wir uns nicht sehen konnten, und ich merkte, dass auch sie traurig waren. Es war teilweise auch einfach nur befremdlich, weil meine Mutter über viele Entwicklungen nicht Bescheid wusste, was mit mir gerade passierte oder wie es mir ging. Meine Mutter hatte damals sehr viele Probleme, und ich glaube, sie war mit ihrem eigenen Leben sehr überfordert. Als Kind ist es natürlich keine schöne Situation, aber ich wusste schon recht früh, dass es sich einfach um gesundheitliche Probleme handelte und das Ganze nicht meiner Person geschuldet war, sondern einfach ihren Lebensumständen. Trotzdem sollte es noch mal dauern, bis ich 30 war, dass ich ihr komplett verzeihen konnte. Zu meinem großen Bruder Robert hatte ich zunächst auch keinen Kontakt, erst später, als es Handys gab, näherten wir uns wieder an. Heute sind wir sehr eng miteinander, und es ist spürbar, dass wir Geschwister sind. Manchmal denke ich, wir könnten Zwillinge sein, weil wir über die gleichen Dinge nachdenken oder die gleiche Art von Humor teilen.

Trotz meiner kindlichen Unbeschwertheit war es immer wieder mal ein Thema in meinem Kopf, dass ich nach Hause wollte. Vor allem wenn ich gerade Ärger bekommen hatte oder es in der Einrichtung nicht gut lief. Da dachte ich immer: Dann packe ich eben meine Sachen und gehe wieder zurück nach Berlin! Das war natürlich nur ein Hirngespinst, ein Impuls aus Wut oder Verzweiflung geboren, das wusste ich selbst. Das Problem war, dass es meiner Mutter wirklich schlecht ging und ich nicht nach Hause gehen konnte. In meinen ersten Lebensjahren hatte sie von meinem Leben nicht viel mitbekommen, ich hatte viel allein in der Wohnung gesessen. Die Umstände müssen einfach katastrophal gewesen sein, anders kann ich es nicht sagen. Dass ich so mir nichts dir nichts aus der Schule herausgenommen wurde und am gleichen Tag noch in ein anderes Heim kam, zeigt, dass es eine sehr dramatische Situation gewesen sein muss, die ich damals nicht überblicken konnte. Natürlich war es für alle ein Schock gewesen, dass ich weg war, auch für meine Mutter. Aber für mich gab es keine andere Option als zu bleiben, wo ich war, und ich wusste damals auch noch nicht, dass es auch anders, ja, besser für mich sein könnte.

Das wurde mir erst bewusst, als ich mit 11 Jahren zum ersten Mal auf einem Ponyhof in der Nähe war. In den Ferien konnten die meisten Kinder nach Hause zu ihren Eltern, aber ich musste aufgrund der Situation mit meiner Mutter immer in der Einrichtung bleiben. Da Bert und seine Familie irgendwann mal allein Urlaub machen wollten, kam es dazu, dass ich sechs Wochen lang auf dem Ponyhof der Familie Voss in Meldorf untergebracht wurde, ebenfalls eine Pflegeeinrichtung ein paar Kilometer von uns entfernt. Ich fand dort eine Art Ersatzfamilie, man war liebevoll zu allen Kindern, hat ganz viel Herz gehabt und alle bekuschelt. Es war einfach voller Wärme, das hat man gemerkt. Was ich da für mich entdeckte, war so neu und so unglaublich schön – aber dazu komme ich später noch.

Mittlerweile war ich jedenfalls schon kurz vor der Pubertät, fühlte mich für das getaktete Leben, Berts Anweisungen und sowieso die ganze Umgebung viel zu erwachsen. Auch die Schule wurde immer uninteressanter, ich brachte häufiger schlechte Noten mit nach Hause. Ich weiß noch, wie ich mal von der Schule nach Hause lief und mir auf der Hälfte der Strecke Patrick und Abdul entgegenkamen. Sie sagten: »Wir hauen jetzt ab. Kommst du mit?« Ich dachte nur: hervorragende Idee! Ich hatte gerade eine Sechs in Mathe bekommen, und ich wollte nicht nach Hause, weil ich wusste, es gibt gleich wieder tierischen Ärger oder Stubenarrest. Also stellte ich meinen Ranzen einfach an einen Baum und sagte: »Ich bin dabei!«

Dann sind wir losgelaufen, bloß nicht an der Straße entlang, sondern über Feldwege und über Stock und Stein, weil wir wussten, dass wir in spätestens einer Stunde vermisst werden und man uns suchen würde. Patrick wollte gerne nach Berlin, was zu Fuß natürlich ein wenig weit war, und ich und Abdul wollten zum Ponyhof nach Meldorf. Das war nicht ganz so utopisch wie nach Berlin, schließlich waren das nur 30 Kilometer, und so ließ Patrick sich auch überzeugen. Wie lange man dafür aber braucht, wusste natürlich keiner von uns. Als wir in Albersdorf ankamen, das war ungefähr die Hälfte zwischen Hademarschen und Meldorf, war es schon Abend und es fing an zu dämmern. Da merkten wir erst einmal, dass wir wohl ein wenig länger unterwegs sein würden. Außerdem sahen wir uns plötzlich auftretenden Problemen ausgesetzt: Was tun wir, wenn wir Hunger und Durst bekommen? Wo schlafen wir heute Nacht? Diese Sachen bedenkt man im Vorfeld natürlich nicht, die stellt man erst fest, wenn man unterwegs ist.

In Albersdorf gab es einen Einkaufsladen, wo wir uns erst mal etwas zu essen klauen wollten. Abdul ging in das Geschäft hinein und kam mit drei Capri-Sonnen wieder raus. Dann ging ich rein und klaute ein Glas Würstchen. Patrick sollte auch irgendwas stehlen, aber er traute sich nicht und fing an zu heulen. Er war auch jünger als wir, er war müde und wollte nach Hause. Er musste sich von uns natürlich erst mal anhören, was für ein Weichei er sei, schließlich wollten wir unbedingt weiter nach Meldorf. Dann setzten wir uns mit unserem geklauten Essen unter eine Fußgängerbrücke, wo wir auch schlafen wollten. Nach einer Stunde Sitzen wurde es kalt, und wir merkten recht schnell, dass es gar nicht so einfach war, sich ohne alles dort zum Schlafen hinzulegen und zu tun, als sei alles normal. Patrick war sowieso die ganze Zeit am Nörgeln und Jaulen, und so beschlossen wir, die ganze Aktion abzubrechen und wieder nach Hause zurückzukehren.

Es war schon dunkel, bestimmt 20 Uhr, und so liefen wir den ganzen Weg an der Straße zurück. Dann hielt ein Auto neben uns an, der Fahrer fragte uns, warum wir drei Kinder zu dieser Uhrzeit im Dunkeln auf einer Hauptstraße herumliefen und ob er uns nach Hause fahren solle. Ich dachte zunächst: Einsteigen ist nicht so gut, wer weiß, was das für einer ist? Aber ich war so kaputt, dass mir alles scheißegal war. Wir stiegen ein, er fuhr uns nach Hause, und in dem Moment, als wir den Klingelknopf drückten, pinkelte ich mir fast in die Hosen vor Angst, weil ich ahnte, was für ein Donnerwetter auf uns niedergehen würde. Aber an dem Abend passierte gar nichts mehr. Bert schickte uns ohne Weiteres auf unsere Zimmer, wofür ich sehr dankbar war, weil wir alle total müde waren. Als ich am nächsten Tag aus der Schule kam, musste ich in sein Büro, und dort hat er mich zehn Minuten lang angeschrien, dann war das Thema durch. Danach gab es keine große Strafe, er versuchte nur, mir ein schlechtes Gewissen zu machen nach dem Motto, ich sei ja die Älteste und dass er gedacht habe, sich auf mich verlassen zu können. Aber das prallte völlig an mir ab, für mich war die Angelegenheit erledigt. Aus heutiger Sicht war es natürlich eine total dumme Idee gewesen, aber ich denke, ich wollte wohl einfach nur zur Familie Voss zurück.

Diesen Unterschied – zu merken, dass man anders wohnen kann, dass das alles viel schöner sein könnte –, als ich den kapiert hatte, fing es für mich in Liesbüttel an, sehr zäh zu werden. Von diesem Zeitpunkt an war mein einziges Ziel, es irgendwie zu schaffen, bei Familie Voss wohnen zu können. Das Abhauen an sich war gar nicht so durchdacht gewesen, aber heute betrachte ich es als eine Art Weckruf, den ich damals so nicht gedeutet habe.

Auch dass meine Noten schlechter wurden, hing sicherlich mit alldem zusammen. In der sechsten Klasse wurde ich für die Realschule vorgeschlagen, was eine Besonderheit bei uns in der Wohngruppe war. Normalerweise kamen wir Heimkinder immer auf die Hauptschule. Auch alle meine Freunde auf der Schule hatten eine Hauptschulempfehlung bekommen, und diejenigen, die mit mir zur Realschule gehen sollten, waren für mich eher Streber. Es gab dann noch zwei Klassenkameraden, die aufs Gymnasium wechselten, was damals noch eine absolute Besonderheit war. Da hieß es: »Wow, die müssen aber ultraschlau sein!« Heute ist das anders, da geht gefühlt jeder Zweite aufs Gymnasium.

Ich habe mich sehr unwohl gefühlt auf der Realschule, weil ich die Streber immer doof fand, für mich waren das Klugscheißer, mit denen ich nichts anfangen konnte. Irgendwann fing ich auch an, im Unterricht nicht mehr so richtig mitzumachen, weil ich auf die Hauptschule zu meinen Kumpels wollte. Ich ließ meine Noten damals absichtlich schlecht werden, damit ich auf die Hauptschule konnte. Außerdem hatte ich auch einfach keine Lust mehr auf Schule. Ich konnte mich zu dem Zeitpunkt auch nicht gut konzentrieren. Ich hatte halt immer Feuer unterm Hintern. Ich lenkte mich und alle anderen vom Unterricht ab und ließ mir irgendwelchen Blödsinn einfallen. Einmal sprang ich, als Mutprobe, mitten im Physikunterricht aus dem Fenster im ersten Stock, landete auf einem Vordach und wurde prompt vom Schulleiter erwischt. Nachsitzen und ein Referat schreiben war die Strafe für mein Verhalten. Aber von meinen Klassenkameraden wurde ich gefeiert. Damals fing es an, dass ich in allem, das mir über den Weg lief, einen Wettkampf sah. Es war die Zeit, als ich gerade in die Pubertät reinrutschte, da wurde alles anders. Ich wurde aufmüpfiger, ein wenig rebellisch, und dann veränderte sich auch noch der eigene Körper. Und für mich kam hinzu, dass ich damals schon merkte, dass ich mich zu Frauen hingezogen fühle.

Die Erste, in die ich ein wenig verliebt war, war meine Pflegeschwester Barbara. Als ich nach Liesbüttel kam, war sie schon 16 oder 17 Jahre alt und in meinen Augen schon ziemlich erwachsen. Sie war dort der einzige Mensch, der liebevoll zu mir war. Barbara war eine kleine Schwärmerei. Ich sah immer zu, dass ich möglichst oft in ihrer Nähe war. Und sie kümmerte sich um mich, obwohl ich so viel jünger war. Sie nahm mich mal in den Arm, ab und zu durfte ich mal bei ihr übernachten, und wir hörten in ihrem Zimmer CDs. Ich weiß noch, dass bei ihr immer Musik lief, das fand ich damals schon sehr cool. Durch sie lernte ich viele Künstler und Bands kennen.

Ich kann wirklich sagen, dass ich, seit ich denken kann, Frauen mochte, aber in diesen jungen Jahren kann man das alles natürlich noch nicht so ganz begreifen. Es war auch nicht so, dass man mit jemandem darüber reden konnte, weil so etwas eher noch ein brisantes Thema war, gerade auf dem Dorf. Homosexualität war für die meisten etwas Schlimmes, etwas Falsches, und wenn sich mal jemand outete, wurde er oder sie sofort zum Dorfgespräch. Ich hatte eine Freundin, die war ein oder zwei Klassen über mir und hatte sich als lesbisch geoutet. Und ich bekam aus nächster Nähe mit, wie über sie getuschelt und von allen Seiten auf sie eingehackt wurde. Was natürlich mein Bedürfnis, das Ganze auszusprechen, total unterdrückte.

Außerdem wollte ich selbst erst nicht akzeptieren, dass ich Frauen mochte. Diese Sache kann man ja zuerst überhaupt nicht einordnen. Man fragt sich nur, ob man irgendwie nicht ganz normal ist. Die Mädels im gleichen Alter interessierten sich für die coolen Jungs, die in der Ecke standen und rauchten – aber für mich waren die Typen völlig uninteressant. Ich fand es immer sehr merkwürdig, wenn mir die Mädels erzählten, in welchen Typen sie gerade verknallt waren, weil ich damit gar nichts anfangen konnte. Natürlich habe ich auch mitgemacht damals, ich habe auch mal mit einem Schulfreund geknutscht, so wie das halt alle ausprobieren. Ich wusste aber gleich, dass daraus nichts entstehen würde, da war halt nichts. Und ich hasste es, dass sich mein Körper veränderte, denn ich mochte mein burschikoses Wesen immer sehr gerne.

Das alles hat mich in ein richtiges Chaos gestürzt, weil ich es nicht einordnen konnte. Ich wusste nicht, wo es herkam, was es bedeutete und wie ich weiter vorgehen sollte. Ich hatte in jedem Bereich ein riesiges Fragezeichen, es war einfach alles wirr. Und ich sah keine Möglichkeit, mit irgendwem darüber zu sprechen.

So verbrachte ich weiter meine Tage in Liesbüttel, mit meinem Geheimnis und dem Wunsch nach einer anderen Pflegefamilie. Und dann kam der Tag, als Bert aus heiterem Himmel verkündete, dass er und seine Familie wegziehen würden. Als ich das hörte, wäre ich vor Freude beinahe geplatzt. An den Moment, als er die Nachricht verkündete, kann ich mich noch genau erinnern: Die Glocke wurde geläutet, alle sollten in den Gemeinschaftsraum kommen und sich an den Tisch setzen. Diesmal gab es aber keinen Handflächen-Check und keinen Seitenscheitel, es gab auch kein Essen. Ich wunderte mich, weil die Stimmung irgendwie angespannt war. Susan sagte gar nichts, Jo und Hans ebenfalls nicht, und Bert war ungewohnt nervös. Dann ließ er die Bombe platzen: »Es gibt etwas, worüber wir mit euch reden müssen. Susan, Jo, Hans und ich werden in Kürze diese Einrichtung verlassen. Wir haben mit Absicht erst jetzt mit euch das Gespräch gesucht, damit der Abschied nicht so in die Länge gezogen wird. Ich werde noch etwas länger bei euch bleiben, meine Familie wird aber schon in den nächsten vier Wochen nach Wyk auf Föhr ziehen. Wir wollen uns beruflich noch mal verändern und gemeinsam als Familie einen Neuanfang starten. Ich suche nun mit dem Jugendamt zusammen noch eine passende Erzieherfamilie für euch und werde dann ebenfalls nach Föhr gehen.«

Innerlich ging bei mir ein Feuerwerk ab. Waaaaaaaaaas? Wie geil ist das denn?! Ich versuchte, meine unbändige Freude darüber zu verbergen, was mir aber ziemlich schwerfiel. Am liebsten wäre ich aufgesprungen und hätte laut angefangen zu singen und zu tanzen. Ich beherrschte mich aber und blieb ruhig auf meinem Stuhl sitzen. Natürlich sollte es nicht so einfach sein, uns neu zu vermitteln, schließlich waren wir fünf Pflegekinder. Ein geeignetes Paar zu finden, das die ganze Truppe übernehmen würde, sollte leider noch knapp anderthalb Jahre dauern.

Als Susan und die Kinder weg waren, war das schon ein tolles Gefühl. Aber schlimm war, dass es wirklich noch so lange gedauert hat, bis Bert endlich weg war. Zu dem Zeitpunkt war ich schon 12, ich hatte ihn bereits sechs Jahre an der Backe gehabt. Die anderthalb Jahre waren für mich sehr lang. Auch für Bert muss es schlimm gewesen sein, seine Familie war auf Föhr und er steckte hier in Liesbüttel fest. Man merkte, dass ihm die Situation an die Nieren ging, er wurde zunehmend lauter und aggressiver und den Pflegekindern gegenüber auch handgreiflich. Wir beide sind nie aneinandergeraten, weil er wohl befürchtete, dass ich so was auch nach außen tragen würde – ich hatte ja viele Freunde und Bekannte im Dorf. Aber er stürzte sich das ein oder andere Mal auf einen der Jungs und drückte ihn zu Boden. Verständnis hatte ich für seine Lage nicht, für mich war er damals einfach nur ein blöder Penner. Er war immer schon ein komischer Mensch, hatte aber, als seine Familie noch da war, nie jemanden körperlich unterdrückt, sondern immer nur herumgeschrien. Noch heute kann ich es schwer ertragen, wenn Leute rumschreien. Schon wenn jemand laut spricht, macht mich das unruhig, und ich hasse es regelrecht, wenn jemand seine Kinder anbrüllt. Dieses Geschrei ist für mich einfach nur dämlich, es bringt überhaupt nichts, man kann mit seinem Kind auch ganz normal reden.

Als Berts Familie weg war, ging es mit seinem Aggressionspotenzial jedenfalls tierisch nach oben, weil sein Stresslevel auch superhoch gewesen sein muss. Da Bert plötzlich ganz alleine für alles zuständig war, wuchs ihm die Sache offenbar über den Kopf. Jedenfalls bekam er irgendwann eine neue Haushaltshilfe, die ihn beim Kochen unterstützte und ihn entlastete. Die Situation hatte ihn offenbar tierisch gestresst, und das hat er, wenn es zu viel wurde, auch an uns ausgelassen.

Ich stelle mir bis heute die Frage, was Bert überhaupt dazu verleitet hat, diesem Job als Erzieher nachzugehen. Er war einfach kein Menschenfreund, demnach war der Job meiner Meinung nach das Schlimmste, was er sich hätte aussuchen können. Die Bundeswehr wäre das Richtige für ihn gewesen, alles schön strukturiert und in Reih und Glied. Aber mit Kindern? Ich kann mir nicht vorstellen, dass so eine Einrichtung, wie wir sie damals hatten, heute noch Bestand haben könnte. Würde so etwas an die Öffentlichkeit gelangen, gäbe das einen Riesenskandal. Ich glaube auch nicht, dass man Menschen wie Bert ändern kann. Jahre später hörte ich davon, dass er sich auf irgendeinem Dorffest in der Nähe noch einmal blicken lassen und vor allen rumgeprotzt hatte, was er in Liesbüttel alles geleistet habe. Er hatte sich hochleben lassen für all die Sachen, die er eigentlich total verkackt hat.

Ich habe ihn, nachdem er ausgezogen war, zum Glück nie wiedergesehen. Doch würde es heute dazu kommen, würde ich ihm meine Meinung sagen. Genau wie ich es mir damals vorgestellt hatte, als ich klein war. Ich bin kein nachtragender Mensch und auch niemand, der die Dinge nicht bearbeitet oder nicht ruhen lassen kann. Heute sind das alles Sachen, die mich ausmachen. Weitermachen, Fehler machen und Fehler verzeihen können, Konflikte lösen und so weiter. Aber Bert hat es tatsächlich geschafft, dass ich nach so vielen Jahren immer noch nicht den Wunsch verspüre, ihm zu verzeihen.

KAPITEL 3

ES GEHT AUCH BESSER

WIE ICH BEREITS ERZÄHLT HABE, war es in der Ferienzeit oft so, dass ich zusehen musste, wie die anderen Kinder in den Urlaub oder nach Hause fuhren, während ich bei meiner Pflegefamilie bleiben musste. In einem Jahr war es so, dass auch Bert und Susan mit den Kindern allein Urlaub machen wollten, was bedeutete, dass ich für diese Zeit irgendwo unterkommen musste. Normalerweise war es nicht so, dass Pflegekinder bei anderen Familien einquartiert wurden, sondern es gab ein Zeltlager für die Ferienzeit. Für mich war es ein glücklicher Zufall, dass jenes Zeltlager damals ausgebucht war, und so kam ich zum Ponyhof Voss, der etwa 30 Kilometer von meinem Wohnort entfernt lag.

Die Familie Voss war eine Pflegefamilie, die ebenfalls Berliner Kinder aufgenommen hatte. Zu dem Zeitpunkt war es so, dass viele Berliner Kinder in Einrichtungen wie diesen unterkamen, man erhoffte sich offenbar auf dem platten Land ein wenig Schutz vor den Tücken und Gefahren der Großstadt. Für Bert lief es dann so ab, dass er beim Jugendamt anrief und sagte: »Ich habe Urlaub eingereicht. Wo bleiben wir mit den Kindern?« Die Jugendamtsmitarbeiter schauten sich um, wo gerade freie Plätze waren, dann wurden die Kinder entsprechend verteilt.

Der Hof Voss lag in Elpersbüttel, ein kleines Dorf südlich von Meldorf in Dithmarschen, nahe der Nordseeküste. Der Hof befand sich direkt am Deich, es gab viele Wiesen und große Koppeln mit vielen Pferden. Man vermietete auch Ferienwohnungen, zum Beispiel an Familien mit Kindern, die Urlaub auf dem Bauernhof machen wollten. Dort durfte ich nun also hin und packte meine Siebensachen, dann fuhren Bert und ich los. Als er das Auto auf den Hof lenkte, herrschte dort ein reges Treiben. Ich weiß noch genau, dass meine spätere gute Freundin Astrid dort mit Rollschuhen hin und her fuhr, andere Kinder waren mit dem Fahrrad unterwegs, Katzen und Hunde liefen dort herum – da war einfach richtig etwas los, da war richtig Leben in der Bude.

Mutti Voss, so wurde sie von allen genannt, kam gleich aus dem Haus, um uns zu empfangen. Sie war eine ältere, runde Frau mit rötlichen Dauerwellenlöckchen und einem riesigen Lächeln im Gesicht. Das Allererste, was sie machte, war, mich in den Arm zu nehmen und zu knuddeln. Ich fand sie sofort toll, und von da an wollte ich ihr natürlich unbedingt gefallen.

Bert verabschiedete mich noch mit seinem blöden festen Händedruck, sodass bei mir wieder alle Handknochen knackten, und setzte sich in sein Auto. Als er vom Hof fuhr, war es ein unbeschreiblich tolles Gefühl. Ich fühlte mich wie ein freies Vögelchen, das ab jetzt die Welt erkundet und glücklich ist. Sechs Wochen lang würde ich ihn nicht mehr sehen müssen.

Astrid kam auf ihren Rollschuhen um die Ecke gerollt, direkt auf mich zu, und fragte mich, ob sie mir die Pferde zeigen solle. Ich flippte innerlich aus. Auch noch Pferde? Irgendwie musste ich im Paradies gelandet sein. Wie viele Sternschnuppen hatte ich schon darauf angesetzt, mir doch irgendwann mal den Wunsch nach einem eigenen Pferd zu erfüllen? Astrid und ich liefen zusammen los und sollten die nächsten Wochen nicht mehr voneinander zu trennen sein. Wir waren im gleichen Alter, und wir verstanden uns von Anfang an super.

Bei der Familie Voss war alles toll, die Menschen, der Hof, die Umgebung. Und vor allem das Essen. Die kleine runde Frau mit den lustigen Locken kochte wie der liebe Gott höchstpersönlich.

Zu jedem Zeitpunkt durften wir in die Küche gehen und uns was zu essen nehmen – nicht wie bei mir zu Hause, wo alles abgeschlossen in einem Vorratslager aufbewahrt wurde. Wir durften auch immer so lange draußen im Freien bleiben, wie wir wollten. Es gab praktisch keine Regeln, wir Kinder durften uns nur nicht kloppen. Mutti Voss hatte auch einen Mann, Willi, der hielt sich aber eher im Hintergrund, kümmerte sich um die Tiere und hielt den Hof instand. Er hatte mit den Kindern nicht viel zu tun, war aber auch ein sehr netter Mensch. Zu ihm hatte ich nicht diesen Wahnsinnsdraht wie zu Mutti Voss, das brauchte es aber auch nicht. Wir mochten uns, aber wir hatten einfach Unterschiedliches zu tun. Jedenfalls bin ich sehr schnell in den inneren Kreis der Familie hineingekommen und hatte den anderen Gästekindern gegenüber immer einen gewissen Heimvorteil. So durfte ich beispielsweise schon recht früh die Pferde führen, wenn die Touristenkinder reiten wollten.

Dieser Ort war für mich wirklich wie der Himmel auf Erden. Es hat alles gepasst, wir haben alle Spaß gehabt, viel Zeit miteinander verbracht, haben gegrillt, Lagerfeuer gemacht und sind ständig und immer auf den Pferden und Ponys geritten. Mutti Voss kam andauernd zu uns Kindern und vergewisserte sich, dass alles gut war, dass wir satt und zufrieden waren. Dann knuddelte sie immer jeden einzelnen von uns komplett durch. Ich liebte diese Frau.

Astrid war ein Pflegekind der Familie Voss, sie wohnte also auf dem Hof und kannte sich aus. Wir beide verbrachten die meiste Zeit im Stall, bei den Pferden oder auf dem Heuboden. Wir gingen zur Koppel und ritten mit den Pferden aus. Ich weiß noch, wie Astrid von einem Pony namens Lady abgeworfen wurde und das dann ausbüxte. Hinter dem Deich war der Koog, und es waren ungefähr noch mal zehn Kilometer, bis das Meer begann. Dorthin ist das Pony abgehauen und war irgendwann nur noch ein kleiner Punkt am Horizont. Das mussten wir erst einmal wieder einfangen, vor allem weil wir hinter dem Deich eigentlich nicht reiten durften – ein großes Abenteuer. Einer von uns musste zur Scheune zurück, um Hafer in einem Eimer zu besorgen. Das liebten alle Ponys. Und wenn man damit geraschelt hat, sind sie sofort gekommen, um sich mit diesem tollen Leckerli vollzustopfen. Bewaffnet mit unserem Eimer rannten wir also Lady hinterher und fingen sie wieder ein, ohne dass jemand die ganze Sache bemerkte.

Wir hatten den ganzen Tag lang immer irgendwas vor. Langeweile gab es nicht. Natürlich machten wir auch Blödsinn, gingen zum Beispiel ins Dorf zum Bäcker und klauten dort Süßigkeiten. Auf dem Hof Voss kam ich auch das erste Mal zum Rauchen. Die größeren Pflegekinder, die dort wohnten, durften schon rauchen, und sie ließen oftmals ihre Tabakbeutel unbeachtet irgendwo herumliegen. Also klauten wir uns ein wenig Tabak und ein paar Blättchen, dann trommelten wir vergnügt unsere Freunde zusammen und versteckten uns in einem kleinen, ausgetrockneten Bachlauf etwas abseits des Hofes. Dort saßen wir dann aufgereiht wie die Orgelpfeifen und versuchten, eine Zigarette zu drehen. Das erste Blättchen riss sofort, weil zu viel Spucke drauf war. Der zweite Versuch klappte schon besser, sah aber nicht nach einer Zigarette aus. Wir zündeten sie trotzdem an, es qualmte, und jeder zog an dieser Kippe und musste husten. Mir wurde erst schwindelig, dann übel. Aber es war ja so was von cool. In diesem Moment fühlten wir uns alle so erwachsen und wie Helden. Und ich war fortan Raucherin.

Ich weiß noch, dass Astrid ständig in irgendeinen Jungen auf dem Hof verliebt war, das fand ich immer sehr witzig. Nach und nach kamen noch Kinder aus anderen Einrichtungen zu Voss, darunter war ein Junge namens Sven, mit dem ich damals eine kleine Knutschgeschichte an jenem ausgetrockneten Bach hatte. Er hatte sich unsterblich in mich verliebt, aber ich fand es nur so lala. Zwanzig Jahre später sollten wir uns durch einen komischen Zufall wiedertreffen und herzlich über diese kleine Knutschepisode lachen.

Am Ende der Ferien schenkte Mutti Voss mir dann ein Pony, genauer gesagt, ein Pflegepony, das natürlich auf dem Hof blieb. Wenn ich zukünftig zu Besuch käme, so Mutti Voss, sei dies mein Pony, ich dürfe darüber bestimmen und mich darum kümmern. Für mich war es ein total toller Moment, ich war zwölf Jahre alt und hatte tatsächlich schon ein eigenes Pony! Alex war ein Deutsches Reitpony. Er war hochgewachsen mit ganz vielen bunten Flecken am Hals und auf dem Rücken. Er war mein Lieblingspony, weil er immer so lieb und gemütlich war. Mutti Voss wusste, dass ich ihn gerne hatte, und so überließ sie ihn mir. Natürlich sollte es mir dies auch noch mal schwerer machen, am Ende der Ferien nach Hause zurückzukehren und das alles zurücklassen zu müssen.

Es war einfach ein schöner Sommer wie im Film – Ferien auf dem Bauernhof, wie man es sich in seinen kühnsten Träumen ausmalt. Alles war super, man hat gespielt und alles andere vergessen. Wir konnten – und das war der große Unterschied – unsere Zeit selbst planen, wir hatten totale Freiheit. Es gab keine Scheißglocke, es wurde zwar zusammen Mittag gegessen, aber abends konnte es jeder machen, wie er es selbst wollte. Allein sich selbstständig die Sachen aus dem Kühlschrank nehmen zu können, war für mich schon total irre.

Dieses Freiheitsgefühl ist bei mir damals explodiert, und da bin ich nicht wieder herausgekommen. Noch heute ist es so, dass ich, wenn ich keine Freiheit spüre, irre werde. Ich muss zu jedem Zeitpunkt unabhängig sein und wissen, dass ich sofort den Raum verlassen oder das machen kann, was ich möchte, und nicht was irgendein Bert entscheidet. Bei Voss war es die Freiheit, morgens aufzustehen und nicht zu wissen, wie der Tag verlaufen wird. Die Freiheit, sich austoben zu dürfen, Freunde zu haben, mit denen alles machen zu können, eine unbeschwerte Zeit zu haben. Außerdem war da die Familie. Es war ein neues Gefühl von Zuhause, von Akzeptanz, Innigkeit, Wärme und Herzlichkeit, und es wurde viel gelacht. Mein Herz ist immer gehüpft vor

Freude, wenn am Esstisch aus irgendeinem Gespräch ein lautes Gelächter wurde. Nach diesen schönen Erlebnissen fiel bei mir der Startschuss für Rebellion. Ich spürte, es passiert gerade etwas, ich muss irgendetwas gegen die bestehende Ordnung tun. Es war das Gefühl, dass es an der Zeit ist, ab sofort Dinge selbst entscheiden zu müssen und zu wollen. Sich nicht mehr unterdrücken zu lassen von jemandem, der alles bewacht. Ich musste einfach raus aus dieser Zwangsjacke.

Die Zeit bei Familie Voss verging jedenfalls wie im Flug, und als die letzte Ferienwoche anbrach, bekam ich schon Bauchschmerzen. Schließlich war es soweit: Mein letzter Tag auf dem Ponyhof war gekommen. Das war ein ganz, ganz schwerer Moment, denn ich wusste, dass Berts Wagen jetzt gleich auf den Hof rollen würde und ich nach Hause fahren müsste. Ich weiß noch, dass ich in einem Baumhaus saß und die ganze Straße kilometerweit entlang gucken konnte. In der Ferne sah ich dann den Wagen angefahren kommen. Ich wollte nicht von diesem Baumhaus herunter, weil ich einfach nicht zurückwollte. Ich dachte noch: Vielleicht bleibe ich einfach hier sitzen, dann findet er mich nicht. Das war einer der traurigsten Momente, an die ich mich erinnern kann. Bert würde wieder da sein, mit seiner doofen Brille ganz vorn auf der Nase, und mich über die Gläser hinweg inspizieren. Er würde wieder meine Hände mit seinen riesigen Pranken zerquetschen, was er nur machte, um Stärke zu demonstrieren. Er war einfach ein Idiot.

Der Wagen rollte also auf die Einfahrt, und ich beobachtete von meinem Baum aus, wie Bert ausstieg und schnurstracks ins Haus ging. Keine fünf Minuten später stand er auf der Veranda, von der man gut auf meinen Kletterbaum schauen konnte, und rief: »Kerstin, antreten!« Jetzt war es endgültig vorbei. Ich hasste seine Stimme, und ich hasste seine Visage.

Ich kletterte hinab und musste anfangen zu weinen. Meine Freundin Astrid und ich umarmten uns zum Abschied. Mutti Voss umarmte mich ebenfalls, sie sagte zu mir: »Du darfst uns besuchen kommen, wann immer du willst!« Nun weinte ich noch mehr. Bert stand etwas zerknirscht da und wartete ungeduldig auf mich. Dann kam es genauso, wie ich vermutet hatte: Zur Begrüßung reichte er mir seine Hand und zerquetschte meine dabei. Ich verspürte Wut, Traurigkeit und Abscheu. Ich wusste jetzt nämlich, dass es Orte und Menschen gibt, bei denen ich viel lieber sein wollte.

Ich beschloss, auf der ganzen Rückfahrt nicht mit ihm zu reden. Immer wenn er mich irgendwas fragte, antwortete ich einsilbig mit Ja oder Nein und schaute dabei aus dem Fenster. Zuhause angekommen, ging ich direkt auf mein Zimmer und machte die Tür hinter mir zu. Warum musste es so sein, dass ich hier wohnte? Warum konnte ich nicht das Glück haben und bei Familie Voss sein? Ab diesem Zeitpunkt wurde es einfach sehr schwer für mich, in Liesbüttel zurechtzukommen. Ich war fest entschlossen, so oft es ging nach Elpersbüttel zu fahren.

In den nächsten Tagen vermisste ich den Hof, Astrid, meine dortigen Freunde und die Pflegefamilie, vor allem Mutti Voss. Sie war nicht nur besonders lieb zu mir gewesen, sondern hatte auch ein offenes Ohr für mich. Wir führten zwar nicht wirklich tiefgehende Gespräche, aber sie hat sich für mich interessiert. Dementsprechend interessierte ich mich auch für sie und wollte, dass sie mich gern hat. Innerhalb dieser sechs Wochen war es zu einer innigen Verbindung gekommen. Manchmal funkt es einfach, und man weiß, da ist ein Mensch, mit dem ich mir eine Freundschaft vorstellen kann, mit dem der Weg länger dauern wird. Das war von Anfang an mein Gefühl, und es muss gegenseitig gewesen sein. Sonst hätte sie mir nach diesen sechs Wochen sicher kein Pflegepony überlassen. Und für uns beide war klar, dass ich wiederkommen würde, an den Wochenenden, in den nächsten Ferien und den Ferien darauf. Sie hatte mir damals versprochen, dass sie sich darum kümmern würde, dass ich die schulfreie Zeit nicht mehr in Liesbüttel bleiben oder im Zeltlager verbringen musste.

Ich hatte ihr natürlich auch erzählt, wie es bei uns zu Hause abging. Zu dem Zeitpunkt spielte ich schon Fußball im Verein und erzählte ihr, dass ich abends zu Fuß zum Training und von dort wieder nach Hause ging. Das war derselbe Weg wie mein Schulweg, der führte durch den Wald. Sie fand es ganz schlimm, dass Bert mich damals nicht dorthin fuhr, sondern mich allein durch den dunklen Wald laufen ließ. So ist sie ein paar Mal die 30 Kilometer von Meldorf nach Liesbüttel gefahren, um mich vom Fußballtraining nach Hause zu bringen.

Sie kannte Bert und mochte ihn nicht, weil er immer zu steif war und ihr sehr distanziert begegnete. Sie konnte mit seiner Art genauso wenig anfangen wie ich, und ich glaube, dass sie die erste Erwachsene war, die mit mir über ihn so ehrlich sprach. Ich verlor damals im Dorf oder in der Schule nicht viele Worte über ihn, denn mir war klar, dass dies schnell zu Ärger führen könnte. Aber jemanden zu finden, der ihn auch kannte und der gleichen Meinung war wie ich, war natürlich sehr verbindend.

Ein paar Wochen strichen ins Land, ohne dass etwas passierte. Immerhin hatte ich fleißig Briefkontakt mit Astrid, sie informierte mich über alles, was so auf dem Hof während meiner Abwesenheit passierte. Jeden Tag in der Schule dachte ich schon daran, dass heute garantiert wieder ein Brief ankommen würde, und wenn ich nach Hause kam, ging ich zuerst zum Briefkasten. Das war immer Vorfreude pur, und ich wurde oft belohnt.

An einem Nachmittag klingelte in Berts Büro das Telefon. Als er mich zu sich zitierte und mir sagte, dass Mutti Voss am Apparat sei und mich sprechen wolle, blieb mein Herz fast stehen. Diese warme Stimme am anderen Ende, wie hatte ich sie vermisst! Mutti Voss sagte zu mir: »Ich habe mit Bert gesprochen, du kannst uns am nächsten Wochenende besuchen kommen. Ich könnte dich abholen und am Sonntag zurückbringen.« Als ich das hörte, wäre ich vor Freude beinahe ausgeflippt. Sie sagte noch, dass sie mit Bert besprochen habe, dass es kein Problem sei, wenn ich in den Ferien wieder zu ihnen käme. Natürlich hatte das Jugendamt da auch noch ein Wörtchen mitzureden, so einfach konnte man das nicht selbst entscheiden, es war ja auch eine Frage der Kostenregelung. Aber Gott sei Dank sollte das Ganze kein Problem werden, wir sollten die Erlaubnis schnell bekommen.

Als wir das Gespräch beendet hatten, rannte ich aus dem Büro, ohne irgendwas zu Bert sagen zu können. Ich lief direkt in mein Zimmer, sprang dort herum, als wäre ich von irgendwas gestochen worden, und dankte dem lieben Gott in Dauerschleife. Mutti Voss kam am Freitag direkt nach Schulschluss an und sammelte mich zu Hause ein. Ich sah in ihrem Gesicht, dass sie sich genauso doll freute wie ich. Und das Ganze sollte an den folgenden Wochenenden genauso laufen, mal wurde ich hingebracht oder abgeholt, mal fuhr ich die 30 Kilometer mit dem Fahrrad. Und so wurde die Beziehung zwischen mir und der Familie Voss immer fester und familiärer.

Ich hatte ein Riesenglück mit meinem Pony Alex. Ich war stundenlang bei ihm auf der Koppel und konnte sogar ohne Zaumzeug auf ihm sitzen, während er am Grasen war. Ich liebte den Geruch vom Pferdestall und mistete gern seine Box aus. Danach konnte ich es ihm schön gemütlich machen. Die Verabschiedungen an den Wochenenden fielen mir immer noch nicht leicht, es sollte aber nie wieder so schlimm werden wie beim ersten Mal. Ich wusste ja, dass ich jederzeit wiederkommen konnte.

In jener Zeit freundete ich mich auch mit Simone an, eine Pflegeschwester von Astrid, die ein paar Jahre älter als wir war. Als ich eines Tages mal wieder zum Hof kam, begrüßte sie mich, als wären wir die dicksten Freunde. Ich mochte das und freute mich darüber. Ich war stolz, dass sie anscheinend meine Freundin sein wollte. Ich fand sie toll und schon so erwachsen. Sie war schließlich schon am Arbeiten und hatte einen festen Freund, von dem sie mir auch immer erzählte. Astrid und ich hingegen verstanden uns mit der Zeit immer weniger, sie war für mich irgendwie nicht mehr greifbar und hatte andere Interessen entwickelt als ich. Also zog ich es irgendwann vor, mich mit Simone zu treffen.

Simone und ich fingen an, uns Briefe zu schreiben. Wieder ging ich jeden Tag nach der Schule zum Briefkasten und hoffte, dort einen Brief an mich liegen zu sehen. Ich schwärmte heimlich für sie. Aber irgendwie war es mir peinlich. Ich fand sie so hübsch und klug, und sie mochte die gleichen Sachen wie ich. Außer Jungs, für die interessierte ich mich so gar nicht. Ich weiß noch, dass ich mich damals zum ersten Mal bewusst fragte: Kann es sein, dass ich in ein Mädchen verliebt bin? Aber ich verdrängte den Gedanken. Eines Tages ging ich wieder zum Briefkasten, und als ich die kleine Tür vom Briefkasten aufschloss, erkannte ich auf einem der Umschläge Simones unverwechselbare Schrift. Ich freute mich und ging mit meinem Brief sofort auf mein Zimmer. Dort machte ich ihn auf und las die ersten Zeilen:

»Liebe Kerstin, bei uns ist etwas ganz Schlimmes passiert. Ein Brandstifter hat den ganzen Hof angezündet. Alle Pferde sind gestorben, außer Paul. Er ist der Einzige, der nicht zurück ins Feuer gerannt ist…«

Es traf mich wie ein Blitz. Ich konnte nicht weiterlesen, weil mir sofort Tränen in die Augen schossen und alles vor meinen Augen nur noch verschwamm. Ich konnte nicht glauben, was ich gerade gelesen hatte. Das konnte nicht sein. Das musste ein böser Traum sein. Es war für mich nicht vorstellbar, dass das so passiert sein konnte und dass mein Alex und alle anderen Pferde einfach verbrannt waren. Ich sackte auf den Fußboden, verlor jeglichen Halt, weinte nur noch und schrie. Alles, was mir jemals wichtig gewesen ist, sollte es auf einmal nicht mehr geben? Verzweifelt versuchte ich weiterzulesen:

»… Verletzt wurde niemand von uns, doch der ganze Hof ist niedergebrannt. Wir sind alle in tiefer Trauer, und ich wollte, dass du eine der Ersten bist, die das erfährt.

Ich hab Dich lieb, deine Mone«

Ich wollte es nicht glauben, ich konnte einfach nicht. Ich war untröstlich und weinte unaufhörlich.

Für mich begann eine dunkle Zeit mit düsteren Gedanken. Ich war in Trauer, meine Fröhlichkeit war wie weggeblasen. Was Schlimmeres hätte mir damals nicht passieren können. Ich war unfähig zu sprechen. Jeden Tag, jede Stunde, jede Minute, jede Sekunde war sie bei mir, diese bleierne Schwere, diese Trägheit, die Wut auf dieses Monster, das mein Paradies zerstört hatte, die Frage, wer so grausam sein kann und Tiere tötet und so vielen Menschen so viel Leid bringt. Ich hatte mir so sehnlichst diese Menschen und diese Tiere gewünscht und endlich bekommen, und auf einmal war alles wieder weg. Ich fiel in ein tiefes Loch, und ab sofort sollte es mir sehr schwer fallen zu vertrauen. Ich hatte auf einmal große Probleme, mich auf etwas zu freuen oder mich auf Dinge einzulassen, weil ich immer Angst hatte, dass es nie für immer bleiben wird oder einfach nicht mehr da ist.

Bert nahm das Ganze gewohnt emotionslos zur Kenntnis, es gab kein Gespräch, nichts – was mich auch nicht wunderte. Vielleicht sagte er so etwas wie »Tut mir leid«, aber das ging natürlich bei mir unter. Es war nicht so, dass er sich dafür Zeit nahm und wissen wollte, was los war. Und wenn er etwas zu mir sagte, ging es bei mir eh einfach nur zum einen Ohr rein und zum anderen wieder raus. Mein Kopf und mein Herz waren woanders.

Schlimm war einfach, dass ich nicht wusste, wie es den Hofbewohnern ging. Damals war es nicht so, dass man mit dem Handy Nachrichten hin und her schicken konnte. Ich wusste nur, was in dem Brief stand, und musste bis zum Wochenende warten, bis ich dorthin fahren konnte. Dieses Gefühl, nicht zu wissen, was gerade dort passiert, wie es den Menschen geht, dass man mit niemandem reden kann, diese ganze Ungewissheit war sehr erdrückend.

Als ich eine Woche nach dem Brand das erste Mal wieder auf den Ponyhof fuhr, konnte ich das ganze Ausmaß sehen. Der Pferdestall war komplett niedergebrannt. Es waren nur noch verkohlte Trümmer zu sehen. Das Wohnhaus hatte man retten können, aber alles, was diesen Hof ausgemacht hatte, war auf einmal verschwunden – der Stall war weg, die Pferde waren weg, alles war in Schutt und Asche. Es roch überall nach Brand und Zerstörung.

Natürlich standen die Familienangehörigen unter Schock, es war eine total schlimme Trauersituation. Die sonst so gut gelaunte Mutti Voss war nur noch ein Schatten ihrer selbst. Sie konnte nicht mehr lächeln. Ihrem Mann Willi ging es ähnlich, er redete so gut wie gar nicht mehr. Die Familie im Ganzen war nicht wiederzuerkennen. Jeder lief mit gesenktem Kopf durch die Gegend, und immer wenn alle zusammen am Mittagstisch saßen, war ein erdrückendes Schweigen im Raum. Es war nicht auszuhalten.

Hinzu kam diese Ungewissheit. Jeder fragte sich immer wieder: Wer um Himmels Willen war in der Lage, so viel Leid über eine Familie zu bringen? Wer konnte so etwas mit sich vereinbaren? Und, um Himmels Willen, WARUM? Natürlich gingen wilde Spekulationen los, jeder verdächtigte jeden. Könnte es ein Bekannter gewesen sein? Jemand von uns? Leider konnte diese Frage bis heute nicht beantwortet werden. Man hat den Täter nie gefasst. Deshalb war es für Familie Voss auch so schwer, mit dieser Sache abzuschließen. Und auch für uns Kinder war es immer ein komisches Gefühl, wenn man zusammensaß. Ist derjenige, der neben mir am Tisch sitzt, vielleicht der, der den Hof angezündet hat?

Familie Voss baute einen neuen Stall und kaufte neue Ponys. Sie versuchten zur Normalität zurückzukehren, aber die Leichtigkeit, die sonst immer vorgeherrscht hatte, konnte ich nie wieder fühlen. Mutti und Willi Voss waren auch schon etwas älter zu diesem Zeitpunkt, sie waren etwa Anfang 60. Sie mussten noch einmal ganz von vorn anfangen, es sollte aber nie wieder so werden, wie es mal war. Heute glaube ich, dass jedes einzelne Herz, das mit diesem Hof verbunden war, gebrochen wurde. Und ich hoffe heute noch, dass der verdammte Täter in seinem eigenen Scheißleben seine gerechte Strafe bekommt oder bekommen hat. Ich glaube daran: Jeder erntet irgendwann das, was er gesät hat.

Während der Hof im Wiederaufbau war, standen auch in Liesbüttel große Veränderungen an. Man setzte uns in Kenntnis, dass man eine neue Pflegefamilie für uns gefunden habe. Nun war also endlich der Zeitpunkt gekommen, dass Bert sich aus unserem Leben verabschiedete. Da war ich 13 Jahre alt. Ich kann mich noch genau daran erinnern, wie er sagte: »Wir haben jetzt eine Pflegefamilie für euch, die wird bald zu Besuch kommen und sich das Ganze hier ansehen.« Und irgendwann standen Olaf und Sabine mit ihren Kindern vor mir.

Das Ganze lief ab wie bei allen Neuankömmlingen. Es klingelte an der Tür, und obwohl wir Pflegekinder das eigentlich nicht durften, machte ich die Tür als Erste auf. Ich wusste, dass die neuen Pflegeeltern heute kommen würden, und war supergespannt wie ein Flitzebogen. Ich wollte sie endlich kennenlernen. Ich kann mich noch daran erinnern, dass Olaf, Sabine und die Kinder alle lächelten, als ich die Tür öffnete. Ich wusste auf Anhieb, dass jetzt alles besser werden würde.

Olaf war ein ganz anderer Typ als Bert, ein stattlicher Mann, zwei Meter groß, früher Holzfäller von Beruf. Er trug ein Holzfällerhemd und hatte riesige Holzfällerschuhe an, er war ein Naturbursche und einfach ein cooler Typ. Auch bei seiner Frau Sabine erkannte ich sofort, dass sie eine liebevolle Person war. Die Kinder waren beide noch sehr jung, Christin war sieben, Svea war drei. Und das Coolste war, sie hatten einen Hund mitgebracht: Cora.

Vom ersten Augenblick an war mir klar, dass ein ganz anderer Wind in diesem Haus wehen würde. Es sollte ein Zusammensein geben, ein Zusammenspiel, vom ganzen Aufbau und der ganzen Familiensituation nicht so klar getrennt wie bei Bert, das konnte ich gleich spüren. Wir setzten uns alle zusammen an den großen Tisch, dann stellten Sabine und Olaf sich und ihre Kinder vor und erzählten, wo sie herkamen und was sie machten, einfach damit wir wussten, mit wem wir es zu tun haben. Dann haben wir Pflegekinder uns alle nacheinander vorgestellt.

Und am selben Tag nahm Bert seinen Koffer und ging. Ich weiß noch, dass ich nicht fassen konnte, dass das alles nun Geschichte war und etwas Neues begann. Es war eine lange Zeit gewesen, mit sechs hatte ich Bert kennengelernt, und nun war ich 13, und es war endlich vorbei. Das gab ein großes Feuerwerk im Kopf. Ich weiß auch noch, dass alle anderen Kinder, als er vom Hof fuhr, völlig ausflippten. Wir hüpften und sprangen und freuten uns wie sonst was. Sabine und Olaf beobachteten das Ganze und lächelten uns amüsiert an.

Dann ging die Zeit los, in der wir uns alle näher kennenlernten. Relativ schnell wurde das Ganze alltäglich, so als wäre es Ewigkeiten schon so gewesen. Sabine und Olaf übernahmen das Haus so, wie es war, sie zogen als Familie in Berts Einliegerwohnung.

Wie gesagt, die beiden waren komplett anders als Bert und Susan. Olaf war eher der Mann fürs Grobe, er ging immer wieder mal Holz hacken und hatte immer seine Cora dabei. Er konnte auch mal laut werden, blieb aber immer lieb zu uns. Er war wie ein großer Teddybär. Sabine war ein sehr einfühlsamer Mensch, sie nahm sich viel Zeit, um jedes Kind persönlich kennenzulernen. Sie wollte wissen: Wer hat welchen Hintergrund? Warum reagiert der oder die so auffällig, was ist da los? Zu den betreffenden Kindern sagte sie immer: »Wollen wir heute nicht mal quatschen? Nimm dir heute Abend mal für eine Stunde nichts vor, dann kochen wir uns einen Tee und reden.« Sie war sehr wissbegierig, was in diesem Haus wirklich völlig neu war. Solche Gespräche hatten bei Bert überhaupt nicht stattgefunden. Er hatte nur angeordnet, was zu tun ist, und das wurde dann gemacht. Ein wirklicher Austausch, ein Gefühl von »Ich interessiere mich für Dich« hatte ich so nie wahrgenommen. Die beiden jedenfalls ließen ihren Job damals nicht aussehen, als wäre es ein Job. Es sollte eine Familie, eine Gemeinschaft sein, und das haben sie toll hinbekommen. Es war ein Zusammenhalt, es war Geborgenheit, sie haben sich um unser Wohlergehen gekümmert.

Das Verhältnis zwischen mir und Olaf und Sabine war von Anfang an sehr gut. Ich hatte sie gleich sehr gern, auch die Kinder. Und wir hatten auch immer gute Gespräche, ich hielt mich gern in deren Nähe auf, fühlte mich wohl in Liesbüttel. Noch heute habe ich mit ihnen einen so herzlichen Kontakt und verspüre eine tiefe Dankbarkeit, weil sie es wirklich geschafft haben, ein Zuhause zu erschaffen, keine Auffangstation. Für meine erste Ehe sollte Sabine sogar Trauzeugin von mir sein, weil es eben dieses ganz enge Band gab.

Kurzzeitig stand damals im Raum, dass ich wieder zurück nach Berlin zu meiner Mutter gehen sollte. Das Jugendamt wollte prüfen, ob sich die Situation meiner Mutter verbessert hatte, aber das Ganze zerschlug sich sehr schnell, weil ich mich bei meiner neuen Pflegefamilie einfach wohlfühlte. Darüber hinaus setzte Olaf sich sehr dafür ein, dass ich bei ihnen blieb, denn sie befürchteten, dass ich als Rabauke in Berlin komplett untergehen würde. 14 ist natürlich ein schwieriges Alter, man ist Teenie und noch überhaupt nicht gefestigt, und sie hatten Angst, dass ich auf die schiefe Bahn gerate – Berlin war zu jener Zeit ja verschrien als sozialschwaches Pflaster. Außerdem stand für mich auch an, im nächsten Jahr nach dem Schulabschluss eine Ausbildung zu beginnen, das wäre dann alles nach Berlin verlegt worden. Sie wollten mich nicht einfach so dem Schicksal überlassen.

Als Bert uns verließ, hatte ich das schlechteste Zeugnis überhaupt. Als Olaf und Sabine kamen, ging es gerade darum: Bleibe ich auf der Realschule sitzen oder wechsele ich auf die Hauptschule und kann gleich in die nächste Klasse versetzt werden? Olaf und Sabine unterstützten mich dabei, in diesem Sommer direkt auf die Hauptschule zu wechseln, wo ich auch gleich wieder gute Noten bekam. Natürlich machte ich im Unterricht auch weiterhin Blödsinn und musste häufig draußen vor der Tür stehen und die Türklinke festhalten. Aber meine Noten waren normal, ich hatte nur Zweien und Dreien auf dem Zeugnis. Alles war auf einmal leichter. Auch die ganzen Schulfächer an sich, ich musste mich nicht doll anstrengen.

Natürlich gab es auch Konflikte mit Sabine und Olaf, ich habe da auch mal Türen zugeknallt, und wir haben uns angeschrien. Aber das hatte ein ganz anderes Niveau als bei Bert. Das war so eine typische Teenager-Hormone-Geschichte: Du legst dich mit dem Menschen, der es gut mit dir meint, an, weil der sagt: »Nein, du darfst nicht bis zwölf Uhr nachts in der Gegend herumlaufen«, und man selbst schreit nur zurück: »Warum denn nicht?!« Diese Sachen versteht man leider erst Jahre später, irgendwann erkennt man: Okay, das hätte ich als Erwachsener auch nicht erlaubt. Mit der neuen Familie lotete ich natürlich auch meine Grenzen neu aus. Ich probierte, immer ein bisschen mehr herauszuhandeln, als man eigentlich haben durfte, ich wagte immer einen Schritt mehr. Und Olaf kam mir auch entgegen, er und ich hatten eine Abmachung. Wenn ich mein Zeugnis bis zum nächsten Halbjahr deutlich verbesserte, sollte es auch mehr Freiheiten für mich geben.

Olaf und Sabine gingen stets sehr bedacht vor, und diese kleinen Kämpfe mit mir amüsierten sie des Öfteren. Sie sagten nicht gleich Nein, aber auch nicht gleich Ja. Zum Beispiel wollte ich irgendwann direkt nach der Schule nach Hademarschen, da trafen sich die Jugendlichen immer am Marktplatz. Aber Olaf und Sabine entschieden, dass ich das so nicht durfte. »Nein, du kommst nach der Schule erst mal nach Hause, erledigst deine Aufgaben, und dann kannst du loslegen«, hieß es. Immerhin – denn bei Bert durfte ich ganz selten allein nach Hademarschen gehen. Olaf und Sabine hatten in Sachen Erziehung einfach eine ganz andere Herangehensweise.

Immer wenn ich zu Hause ankam, erledigte ich also erst meinen Kram, machte Hausaufgaben, räumte den Tisch ab und die Spülmaschine ein – auch mal mit Murren, aber ich habe es gemacht –, dann bin ich aufgebrochen nach Hademarschen, um mich mit meinen Leuten auf dem Marktplatz zu treffen. Dort

lungerten wir rum und taten das, was man als Teenie eben so
tat – quatschen, lästern, Spaß haben. Da gab es auch einen Imbiss,
wo man sich, wenn das Wetter nicht so gut war, aufhalten konnte
und sich eine Cola mit zwanzig Leuten teilte.

Manchmal machte ich es meinen neuen Pflegeeltern aber
nicht leicht. Auch wenn ich immer respektvoll ihnen gegenüber
war, habe ich genauso wie alle anderen Teenager in dem Alter
eben auch ernsthafteren Blödsinn gemacht. Eine Geschichte ist
mit 14 passiert, da waren Olaf und Sabine schon eine Weile bei
uns. Ich würde den Vorfall nicht unbedingt als superrebellisch
bezeichnen, sondern eher als jugendliche Dummheit. Generell
habe ich nie was richtig Krasses gemacht, sondern eher nur kleine
doofe Sachen.

Die Sache war also die: Ich bin beim Zigarettenklauen ge-
schnappt worden. Ich hatte ja mit 11 schon angefangen zu rauchen, das war damals bei Voss in den Sommerferien passiert.
Danach habe ich einfach weitergeraucht. Meine Zigaretten habe
ich mir immer in der großen Pause besorgt, da lief ich zum
nächstbesten Laden und steckte mir einfach welche ein. Manchmal vertickte ich auch eine der Schachteln für 2 Mark auf dem
Schulhof. Nun war es aber so, dass ich mit einer guten Freundin
in der großen Pause zum Drogeriemarkt Schlecker lief, um mich
mal wieder mit Zigaretten einzudecken. Wie selbstverständlich
steckte ich sie einfach ein und wollte den Laden wieder verlassen.
Dann lief es ab wie im Film: An der Kasse sprach mich eine Kassiererin an und sagte: »Komm doch bitte mal mit nach hinten.«

Ich sagte nur: »Nö, ich komme nicht mit.«

Sie: »Du hast aber gerade geklaut.«

Ich: »Nee, ich habe nicht geklaut.«

»Dann zeig doch mal, was du da in der Tasche hast.«

»Nee, mach ich nicht.«

»Dann kommst du jetzt mit ins Büro, oder ich rufe die Polizei.«
Als ich das Wort Polizei hörte, folgte ich ihr widerwillig in einen
der hinteren Räume. Dort wollte sie Name und Adresse von mir

haben, um meine Pflegeeltern anzurufen. Das wollte ich um jeden Preis vermeiden, also blieb mir nur eines: die Flucht. Ich rannte aus dem Büro, quer durch den ganzen Schlecker-Laden in Richtung Ausgang – und ich war damals wirklich sowas von schnell. Von hinten hörte ich die Kassiererin nur schreien: »Susanneeee, schließ die Ladentür ab!!!« Kurz bevor ich den Ausgang erreichen konnte, trat ebendiese Susanne – ein sehr wuchtiger Mensch, dick und groß – davor und versperrte mir den Weg. Dann packte sie mich am Ohr und zog mich zurück ins Büro. Ich heulte, weil ich wusste, wehren war zwecklos, denn mit Susanne würde sich nicht mal Henry Maske anlegen. Das Ergebnis der ganzen Aktion: Ich musste 50 Mark Strafe zahlen und bekam von Olaf und Sabine auch noch sechs Wochen Ausgehverbot aufgebrummt – also kein Abhängen mehr auf dem Marktplatz in Hademarschen für die nächste Zeit.

Trotz allem blieben Olaf und Sabine immer liebe- und verständnisvoll und kümmerten sich um uns Kinder. Die beiden waren schon immer Skandinavien-verrückt und richtige Wildnis-Camper, und ich weiß noch, wie sie im zweiten Jahr, nachdem sie uns übernommen hatten, mit uns eine Schweden-Tour machen wollten. Zu dem Zeitpunkt war ich schon ein schwerer Raucher. In der Schule rauchte ich in der Pause heimlich auf der Toilette, wohlwissend, dass es dafür damals noch Tadel und Schulverweise gab. Aber ich konnte einfach nicht anders, ich war schon richtig süchtig. Dies war ein erstes Anzeichen dafür, dass ich generell ein ziemlich suchtanfälliger Mensch bin. Auch damals bei Bert hatte ich schon immer zusehen müssen, dass ich mir die Hände nach dem heimlichen Rauchen mit Gras einrieb, damit man den Qualm nicht so roch. Das hatte natürlich nicht immer geklappt, und immer wenn er es bemerkt hatte, hatte es einen Riesenanschiss gegeben. Aber ich konnte einfach nicht aufhören. Mit 12 habe ich bestimmt schon zehn Zigaretten am Tag geraucht.

Sabine und Olaf kümmerten sich aber sehr um unser Wohlergehen, deshalb wollte Olaf mir das Rauchen so schwer und unangenehm wie möglich machen. In der Hoffnung, mich zum Aufhören zu bewegen, filzte er mich fast jeden Tag. Wenn er bei mir Zigaretten fand, machte es ihm immer großen Spaß, diese vor meinen Augen in der Hand zu zerbröseln. Zwischen uns wurde es zu einer Art Katz-und-Maus-Spiel, ich suchte mir immer neue, bessere Verstecke, und manchmal schaffte ich es tatsächlich, dass er nichts fand, was ihn ungemein ärgerte.

Vor jenem besagten Schwedenurlaub hatte ich wochenlang überlegt, wo ich meine verdammten Zigaretten verstecken könnte. Ich wusste, dass es keine Möglichkeit geben würde, irgendwo welche zu kaufen. Olaf würde tierisch aufpassen, deshalb musste ich mir nicht nur ein gutes, sondern das beste Versteck überhaupt überlegen. Nach tagelangem Grübeln kam ich irgendwann auf einen Stofftierigel, bei dem ich das weiche Füllmaterial herausnahm und stattdessen so viele selbstgedrehte Zigaretten wie möglich darin versteckte. Wenn ich so darüber nachdenke, ist es schon beängstigend, mit welchem Suchtwahn ich diesen verrückten Plan verfolgte. Und ich feierte mich so sehr für diese Idee, ich hielt mich für den schlauesten Menschen der Erde. Ich ließ ein winziges Loch dort, wo man eine Zigarette rausziehen konnte, den Rest nähte ich mit Nadel und farblich exakt passendem Faden wieder zu. Wenn Olaf den Igel in die Hand nahm, würde er nicht fühlen, dass Zigaretten dort drin waren, weil es sich ganz normal nach Stofftier anfühlte. Außerdem waren gedrehte Zigaretten ziemlich biegsam. Ein perfekter Plan!

So kam es dann auch, dass er mich in Schweden natürlich immer filzte, und er wurde regelrecht wütend, weil er genau wusste, dass ich Zigaretten hatte, er aber nichts fand. Sein Ego war sichtlich angekratzt. »Es kann doch nicht sein, dass ich die nicht finde!«, sagte er immer. Das hat ihn richtig wahnsinnig gemacht. Und ich stand immer nur mit triumphierendem Blick da und ließ ihn suchen.

Leider wurde mir zum Verhängnis, dass ich mit meinen 14 Jahren Tag und Nacht mit diesem Stofftier herumlief. Olaf, der mich natürlich ständig aufmerksam beobachtete, roch irgendwann den Braten, er dachte sich: Das ist aber merkwürdig, dass sie immer mit diesem Igel unterwegs ist. Der darf nicht nass werden, der ist immer bei ihr ... »Gib mal her!«, forderte er mich schließlich auf, und da wusste ich, jetzt hatte mein letztes Stündlein geschlagen.

Das Problem war, dass Olaf leider genau das Gegenteil mit dem bezweckt hat, was er eigentlich vorhatte. Er wollte, dass ich auf der Schwedentour aufhöre zu rauchen – drei Wochen lang keine Kippen, dann hätte sich der Körper an den Nikotinentzug gewöhnt, so sein Plan. Er nahm mir also den Igel ab, feierte sich tierisch dafür, und für mich ging ein richtiger Entzug los. Ich konnte nur noch an Zigaretten denken, wahrscheinlich geriet ich in Panik, weil ich wusste, dass ich nirgendwo welche herbekommen würde. Und wenn man sich so sehr darauf fokussiert, wird es ja immer schlimmer. In diesen zwei bis drei Wochen litt ich so sehr darunter, dass ich mir ab da nicht mehr vorstellen konnte, noch mal aufzuhören zu rauchen. Olafs Vorhaben war gut gemeint, sollte letztendlich aber total nach hinten losgehen.

Ich habe angefangen zu rauchen, weil Raucher unter uns Jugendlichen damals cool waren. Dass es so schwer ist, damit aufzuhören, wurde mir in Schweden sehr deutlich. Ich hätte nie damit gerechnet, dass es mir wirklich Probleme machen würde. Und was meine Suchtanfälligkeit betrifft, sollte dies nicht das einzige Problem in meinem Leben bleiben.

KAPITEL 4

LEHRJAHRE

WÄHREND DER HAUPTSCHULZEIT gab es zwei Pflichtpraktika, die man als Schüler machen musste, und für mich war von Anfang an klar, dass ich nur dorthin gehen würde, wo ich Geld verdiente. Es gab viele Firmen, die für ein Praktikum nichts zahlten und die Schüler bloß als billige Arbeitskräfte nutzten, das kam für mich nicht infrage. Es war auch nicht so, dass ich dachte, über ein Praktikum meinen Traumjob zu finden, ich wollte einfach nur Geld verdienen.

Über das Mädchen, das sich in meinem Bekanntenkreis damals als lesbisch geoutet hatte und daraufhin gemobbt wurde, erfuhr ich von einer Malerfirma, die Praktikanten aufnahmen und diese auch bezahlten. Sie hatte dort ihre Ausbildung angefangen, nachdem sie ein Praktikum gemacht hatte, und sie hatte mir erzählt, dass sie als Praktikantin dort 100 DM erhalten habe. So viel bekam ich gerade mal mit drei Monaten Taschengeld zusammen, also hörte sich das für mich recht lukrativ an. Beim ersten Praktikum kam ich dort aber nicht unter, weil sie schon jemand anderes hatten, also war ich zwei Wochen lang in einer Bäckerei, was sehr unspektakulär war. Dann stand aber das zweite Praktikum an, und nun sollte es bei der Malerfirma klappen.

In der Schule hatte ich immer schon ein Händchen für Kunst gehabt, ich habe mich viel mit Zeichnen beschäftigt, und Kunst gehörte neben Sport und Musik zu meinen Lieblingsfächern. Als ich das Praktikum begann, machte mir die Arbeit gleich Spaß, und ich verstand mich auch gut mit dem Lehrmeister, Herrn Peters. Er merkte auch, dass ich talentiert war, und er sagte: »Wenn es dir hier gefällt und du dich bewerben möchtest, dann nehme ich dich.« Ich denke mal, er konnte gut einschätzen, wozu ich in der Lage war, und hatte gesehen, dass ich arbeiten wollte. Ich saß dort nicht einfach so meine Zeit ab.

Ich hatte mir selbst das Ziel gesteckt, als Ausgelernte mindestens 2000 DM im Monat zu verdienen, um über die Runden zu kommen, ohne noch einen zweiten oder dritten Job annehmen zu müssen. Als Malergeselle verdiente man 2200 DM, daher passte das für mich. Außerdem war ich viel zu faul, um Bewerbungen zu schreiben. So kam das Angebot von Herrn Peters wie gerufen. Ich nahm es also an, und nachdem ich meinen Hauptschulabschluss gemacht hatte, fing ich mit erst 15 Jahren mit der Malerausbildung an. Weil ich noch bei meinen Pflegeeltern wohnte, musste ich meinen Lohn damals mit dem Jugendamt teilen, was eigentlich total irre ist. Der Staat holt sich das Geld von den Jugendlichen zurück, obwohl es eigentlich die Eltern sind, die entweder das Ganze verbockt haben oder eben unter Krankheit leiden. Jedenfalls ging die Hälfte ans Amt, und ich glaube, ich hatte im ersten Lehrjahr ungefähr 300 DM, dann 400 und schließlich 500. Aber mein Chef unterstützte mich, wo er konnte, zum Beispiel richtete er mir ein sogenanntes Führerscheinkonto ein, auf das er monatlich etwas einzahlte, beispielsweise das Geld durch Überstunden. So sollte ich pünktlich mit dem vollendeten 18. Lebensjahr Auto fahren dürfen, was ja auch für ihn und seinen Betrieb von Vorteil war.

Die Umstellung von Schule auf Lehre war hart für mich, weil ich auf einmal einen Arbeitsalltag hatte. Ich musste morgens um 6:30 Uhr in der Werkstatt sein, und der Tag war gefühlt auch immer sehr lang. Mit Mittagspause war man mindestens neuneinhalb Stunden bei der Arbeit, wenn man im gleichen Dorf gearbeitet hat. Wenn man zur Baustelle musste, war man gut elf oder zwölf Stunden unterwegs. In dieser Firma war es noch so, dass der Lehrling der Erste war, der kam, und der Letzte, der ging. Das gab es gar nicht anders. Herr Peters war noch vom alten Schlag und legte viel Wert auf Pünktlichkeit, Sauberkeit und Ordnung. Mit einer ungebügelten Malerhose brauchte ich gar nicht erst ankommen, der schickte mich direkt wieder nach Hause und sagte: »So viel Zeit hast du.« Damals war ich noch mit dem Fahrrad unterwegs, zum Glück war mein Ausbildungsplatz nicht weit von meinem Zuhause weg, ziemlich genau drei Kilometer.

Ich mochte das Handwerk und dass ich etwas mit meinen eigenen Händen erschaffen konnte. Ich wusste, dass ich für einen Bürojob nicht geeignet war, das hätte ich nicht ausgehalten. Ich wollte unterwegs und in Bewegung sein. Natürlich dachte ich anfangs, dass der Malerberuf etwas kreativer sei als das, was man letztendlich tagtäglich machen musste. Man tapezierte doch sehr viel Raufaser oder strich große Flächen weiß. In der Ausbildung war ich wie alle anderen natürlich auch oft nur am Schleifen und erledigte Vorarbeiten. Aber ich hatte Glück, dass wir ein kleiner Familienbetrieb waren, wo auch viele kreative Sachen gemacht und gefördert wurden.

Sehr witzig war, dass ich damals nicht wusste oder auf die Idee kam, dass man kündigen konnte. Wie gesagt, mein Meister war vom alten Schlag, es war nicht immer einfach mit ihm, und es gab einige Situationen, in denen ich gern alles hingeschmissen hätte. Aber ich dachte immer, dass ich das bis zum Ende durchziehen muss, dass es drei Jahre lang kein Heraus aus dem Job gibt.

Während der Ausbildungszeit wohnte ich also noch bei Sabine und Olaf und traf mich unter der Woche nach der Arbeit auch weiterhin mit meinen Freunden in Hademarschen – natürlich nur, wenn ich noch Zeit hatte, weil es ja manchmal spät wurde. Am Wochenende war ich meistens bei Simone, sie hatte mittlerweile ihre eigene Bude. Zu der Familie Voss kam ich immer seltener, das zerstreute sich damals alles etwas.

Die Sache mit Simone spitzte sich zu dieser Zeit zu. Wie gesagt, fuhr ich am Wochenende immer zu ihr, und vorher hatten wir auch schon all das gemacht, was beste Freundinnen eben tun. Wir hingen zusammen ab, alberten herum und quatschten sehr viel miteinander. Wir gingen sogar zusammen in die Badewanne. Es belastete mich aber zunehmend, weil ich meine Lage nur noch schlecht ertragen konnte. Ich wollte nicht mehr nur ihre beste Freundin sein. Sie gab mir immer die Aufgabe, sie mit irgendwelchen Jungs zu verkuppeln. Wenn ich dann hörte, dass sie gerade total in den oder den verliebt war, schmerzte das jedes Mal.

Damals war ja die Zeit, dass wir zum ersten Mal unterwegs gingen, da durfte ich am Wochenende sogar bis Mitternacht wegbleiben. Ich weiß noch, dass Mutti Voss uns öfter fuhr, sie hatte uns zum Beispiel mal spät abends nach einer Party aus der Dithmarschenhalle in Meldorf abgeholt. Astrid kam zwischendurch auch mit, auch sie war ganz heiß auf Jungs. Da war ich immer irgendwie etwas zwischen den Welten, hatte mich damals auch schon sehr angezogen wie ein Junge, weil ich natürlich wollte, dass Mädels auf mich aufmerksam wurden und eben nicht Jungs.

Für mich war immer klar, dass ich nicht wie ein typisches Mädchen sein wollte, seit Kindheitstagen schon. Bert hatte mich immer in diese rosafarbenen Klamotten reingequetscht, die musste ich jahrelang anziehen. Irgendwann hatte ich ihm aber gesagt: »Nee, das ziehe ich nicht mehr an!«, und damit war die Sache gegessen.

Für mich war es aber ein Leben in Tarnung. Ich schrieb damals Tagebuch, und die Einträge machte ich so, dass, wenn jemand sie las, niemand herausfinden konnte, in wen ich wirklich verliebt war. Es gab auch Zeiten, in denen ich mir das selbst noch schöngeredet habe: »Das ist ja bestimmt nur ein ganz merkwürdiges Dingens im Kopf, das geht wieder vorbei.« Oder ich drückte es komplett weg und wollte diesen Gedanken gar nicht zulassen.

Aber dieser innere Konflikt, der in mir brodelte, war einfach übermenschlich. Man spürt, dass man gerade etwas Lebensveränderndes erlebt, und man kann mit niemandem darüber sprechen, man weiß selbst gar nicht Bescheid, was das alles bedeutet.

Das nimmt sehr viel Einfluss auf alles, auf alle Gefühle, die man hat. Weil man einfach ein anderes Leben führt, als man möchte. Ich wurde ja auch von Freundinnen mit Jungs verkuppelt, und wenn einem ständig irgendwelche Bengel vor die Nase gesetzt werden, muss man auch mitmachen, damit das Ganze eben nicht auffällt. Man muss selbst erst mal lernen, dass es in Ordnung ist, wie man ist, und das braucht seine Zeit. So lange muss man die Fassade aufrechterhalten. Als dann bei mir die Gewissheit kam, als ich wusste, ich stehe auf Frauen, musste ich versuchen, es zu akzeptieren, hatte aber trotzdem niemanden, mit dem ich reden konnte. Dachte ich zumindest.

Sabine hatte es von Anfang an geahnt. Schon bald nach ihrer und Olafs Ankunft in Liesbüttel hatte sie sich gedacht: Die Kerstin sieht recht burschikos aus, und sie zieht auch nicht dieses typische Mädelsding durch, schwärmt nicht für irgendwelche Jungs und hat auch keine Boygroup-Poster in ihrem Zimmer. Warum fährt sie eigentlich immer jedes Wochenende 60 Kilometer mit dem Fahrrad nach Meldorf und zurück, nur um sich mit dieser Simone zu treffen? Merkwürdig. Sabine sprach mich irgendwann ganz direkt darauf an, und da habe ich erst einmal gar nichts gesagt, sondern bin nur rot angelaufen. Erst später sollte ich mit ihr darüber reden können.

Simone hatte dann irgendwann eine ernste Beziehung, und ihr Freund zog mit ihr zusammen in ihre Wohnung in Meldorf. Trotzdem blieben wir beide die allerbesten Freundinnen, schrieben uns unter der Woche weiterhin Briefe und unternahmen viel miteinander. Ich war total verliebt in sie, konnte den ganzen Tag an nichts anderes als an sie denken. Ich schrieb ihr sogar ein Lied, dass ich dann auch noch im Rahmen eines Talentwettbewerbs auf einer Bühne vortragen sollte und was zum totalen Fiasko wurde, dazu aber später mehr. Jedenfalls war es so, dass ich jedes Mal, wenn wir uns trafen, auf eine lange Umarmung hoffte. Von meinem Geheimnis konnte ich ihr aber nicht erzählen. Ich hatte zu große Angst, dass sie mich dann ablehnen würde.

Jedes Wochenende durfte ich mir also anhören, wie verliebt Simone in ihren Freund war und was alles in deren Beziehung passierte, und das versetzte mir immer einen kleinen Stich ins Herz. Ich wusste natürlich, dass sie mich nicht mit Absicht verletzte, schließlich kannte sie meine Gefühle nicht. Sie verhielt sich, wie sich beste Freundinnen eben miteinander verhalten. Für mich wurde das Ganze aber immer mehr zu einem Problem, ich wurde teilweise sehr eifersüchtig auf ihren Freund, weil er hatte, was ich mir so sehr wünschte. Abends beim Fernsehgucken kuschelte er mit ihr auf dem Sofa, und ich saß wie das dritte Rad am Wagen daneben. Wenn ich dort übernachtete und wir uns ins Bett verabschiedeten, ging ich immer allein ins Gästezimmer, während die beiden logischerweise in ihr Schlafzimmer gingen.

Mein Liebeskummer wurde von Woche zu Woche schlimmer. Ich konnte es kaum noch ertragen, die beiden zusammen zu sehen. Es war eine Zwickmühle, und irgendwann war mir bewusst, dass es so nicht weitergehen konnte. Ich beschloss, mich etwas zurückzuziehen, um mich nicht weiter zu quälen. Simone verstand das alles natürlich nicht und fragte mich in ihren Briefen, ob sie irgendwas falsch gemacht habe, sie schrieb, dass sie mich vermissen würde. Ich antwortete so schwammig, wie ich konnte, um ja nicht aufzufliegen, und es tat natürlich weh, diese Freundschaft mehr oder weniger aufgeben zu müssen.

Meinen Liebesfrust kompensierte ich damals mit Fußballtraining. Damit hatte ich angefangen, als ich acht war. Bert hatte damals nicht gewollt, dass ich Fußball spiele, für ihn war es ein Jungensport. Es dauerte etwa ein Jahr, bis ich ihn dazu überredet hatte, mich zum Training zu lassen. Der Fußballverein war bei uns in Hademarschen, ganz in der Nähe meiner Schule, und einige meiner Klassenkameraden waren auch dabei. Ich weiß noch, dass ich es ganz toll fand, mit diesen Fußballschuhen und der kurzen Hose herumzurennen. Ich war auch der kleinste Stöpsel in der Mannschaft. Zuerst durfte ich bei den Jungs mitkicken, und später wechselte ich in die Damenmannschaft. Generell mochte ich Sport gerne, und weil ich sehr schnell war, konnte ich beim Fußball damit immer punkten. Mein Trainer merkte, dass ich ein gewisses Talent hatte, und so wurde ich mit zehn Jahren zur Schleswig-Holstein-Landesauswahl eingeladen. In Eutin gab es ein Camp, wo man eine Woche lang sechs Mal am Tag Training hatte. Da wurden dann die Talente herausgepickt zur weiteren Förderung. Das machte mir allerdings keinen Spaß, weil das alles sehr gedrillt war, was mich sehr an Bert erinnerte. Es gab einen ganz strengen Trainingsplan und Ernährungsablauf, was wieder zu wenig Freiheit für mich bedeutete. Klar war es toll, dort eingeladen worden zu sein, es war ja auch eine Ehre. Aber die Art und Weise, wie die das machten, sprach mich einfach nicht an. Auch die Mädels, die dort waren, kamen mir sehr hochnäsig vor, mit denen verstand ich mich einfach nicht so gut. Deswegen brach ich das Ganze dort recht schnell wieder ab.

Ich spielte in Hademarschen, bis ich 18 oder 19 war, dann wechselte ich nach Meldorf, wo ich einige Jahre sogar in der Verbandsliga spielte, das war schon nicht schlecht. Ich wurde als Stürmer eingesetzt, war der kleine Abräumer vorne. Ich war torgefährlich, ehrlich gesagt oft aber auch Chancentod. Entweder habe ich ihn reingeballert oder 30 Meter übers Tor geschossen.

Wie gesagt, Fußball war für mich damals ein guter Ausgleich, obwohl ich sehr trainingsfaul war. Mit 16 oder 17 war ich sehr selten beim Training, hatte aber trotzdem das Glück, immer einen Stammplatz zu haben. Fußball bedeutete für mich Stressabbau, ich traf dort immer Freunde, irgendwann war es natürlich auch Gewohnheit, etwas, das zu meinem Leben dazugehörte. Mir machten die Punktspiele immer sehr viel Spaß, weil ich nun mal ein Wettkampfmensch war. Sich mit anderen zu messen, fand ich gut.

Als ich mit acht Jahren das Fußballtraining in Hademarschen begann, lernte ich dort Birte kennen. Sie ist heute noch meine beste Freundin. Beim Hallentraining gab es neben den ganz normalen Fußbällen immer zwei Filzbälle, die waren unter den Kindern sehr begehrt. Einmal ging ich sogar zwei Stunden früher zum Training, weil ich unbedingt so einen Ball haben wollte. Dadurch, dass ich die Jüngste im Team war, war es unmöglich, so einen Ball zu bekommen, den krallten sich immer gleich die Großen. Deshalb wartete ich diese zwei Stunden am Trainingsplatz und hatte irgendwann tatsächlich Glück. Ich bekam einen der Filzbälle und fing gleich an, damit zu spielen. Da kamen Birte und ein anderes Mädchen aus der Mannschaft zu mir und fragten, ob wir zusammen spielen wollten. Ich freute mich natürlich tierisch, denn die beiden waren vier Jahre älter als ich. Ich spielte den Ball also zu ihnen, und sie hauten gleich damit ab. Die Schweine. Das halte ich Birte heute noch vor.

Jedenfalls waren sie und ich Mannschaftskameradinnen und hatten uns im Laufe der Zeit angefreundet. Als ich 15 war, kam Birte mit Katja zusammen, und das war das erste lesbische Pärchen, das ich kannte. Die beiden trugen nicht wirklich offen zur Schau, dass sie zusammen waren, sie sind nicht Händchen haltend durch die Straßen gelaufen oder haben sich in der Öffentlichkeit geknutscht. Die Zeit war einfach nicht so, das galt eher noch als provozierend, gerade auf dem Land. Aber im Bekanntenkreis war es allen klar.

Irgendwann küssten sie sich vor meinen Augen, und das war für mich natürlich ein wahnsinniger Befreiungsschlag – endlich mal Menschen, die so sind wie ich. Und keiner aus dem Bekanntenkreis fand es abstoßend oder merkwürdig. Ich war sehr fasziniert davon, dass Birte mit Katja zusammen war, und wollte mehr darüber wissen, wie es ist, wenn Frauen zusammen sind. Vielleicht könnte ich das für mich auch gebrauchen, um in der ganzen Sache mal irgendwie vorwärts zu kommen. Diese Neugier, die in mir steckte, wollte auch gestillt werden. Von daher versuchte ich ganz bewusst, Kontakt zu Birte und Katja zu halten. Ich merkte, dass meine Angst, mich zu outen, langsam zu bröckeln begann.

Bei der Fußballmannschaft war es jedenfalls so, dass wir alle immer mehr miteinander etwas unternahmen. Beim Fußball ist es ja oft so, dass man nach einem Spiel hinterher noch zusammensitzt oder sich irgendwo trifft, und über diese ganzen Aktivitäten innerhalb und außerhalb der Mannschaft wurden wir eine immer eingeschworenere Clique. An einem Tag war es so, dass wir wieder mal eine Fußballfeier hatten, das muss in der Vorweihnachtszeit gewesen sein. Wir hatten ein Spiel gewonnen, und alle hatten etwas getrunken, nur ich nicht, ich mochte Alkohol damals nicht. Mir gingen die Zigaretten aus, deshalb machte ich mich auf den Weg zu einer nahegelegenen Tankstelle, und Katja bot sich an, mich zu begleiten. Wir liefen also hin, quatschten ein bisschen, ich kaufte meine Zigaretten, dann gingen wir zurück. Auf einmal hielt Katja an, nahm mich beiseite, als ob sie mir etwas sagen wollte, und knutschte mich. Das war mein allererster Kuss mit einer Frau.

Er dauerte vielleicht zehn Sekunden, und mir schossen tausend Gedanken gleichzeitig durch den Kopf. Ich dachte nur: Wow, eine Frau küssen, das ist auf jeden Fall ein total tolles Gefühl! Es ging aber nicht explizit um Katja, sondern darum, dass es eine Frau war. Und ich muss auch sagen, dass es mich gleichzeitig sehr verwirrte, ich war ja auch etwas überrumpelt davon. Katja war schließlich mit Birte zusammen, und ich mochte ja beide sehr gern und wollte da nicht zwischen irgendeiner Sache stehen. Es wurde ein ungutes Gefühl, und so gingen wir erschrocken wieder auseinander. Ich glaube, bei Katja war es damals jugendlicher Leichtsinn, einfach so aus der Laune heraus, möglicherweise spielte auch der Alkohol eine unterstützende Rolle. Es war nicht so, dass sie vorher wochenlang darüber nachgedacht hatte, ob und wann sie mich küssen sollte.

Ein Auslöser könnte gewesen sein, dass sie und Birte zu der Zeit nicht mehr ganz glücklich miteinander waren. Jedenfalls gingen wir wortlos zu der Feier zurück und sprachen auch nicht weiter darüber. Im weiteren Verlauf des Abends ging ich ihr komplett aus dem Weg, weil ich erst mal meine ganzen Gedanken dazu sortieren musste. Ich hätte auch nicht mit ihr zusammen an einem Tisch sein können, weil ich diese Situation nicht ausgehalten hätte.

Ein paar Tage später entschloss ich mich, Birte die ganze Sache zu beichten. Ich schrieb ihr einen Brief, weil ich ihr das nicht persönlich sagen konnte, dafür hatte ich damals einfach nicht den Arsch in der Hose. Ich wollte diese Angelegenheit aber nicht die ganze Zeit mit mir rumschleppen müssen und wollte auch nicht, dass es dann irgendwann trotzdem ans Licht kommt. Ich wollte reinen Tisch machen, klare Verhältnisse, damit da nicht irgendetwas zwischen uns stand. So eine Dreiecksgeschichte konnte ich überhaupt nicht gut aushalten, das wurde mir klar. Jedenfalls war Birte erst einmal erstaunt, aber zum Glück war sie nicht sauer auf mich.

Für mich war dieses Erlebnis zwar eine überrumpelnde Geschichte gewesen, aber das Ergebnis davon war letztendlich, dass ich nun ganz sicher war, dass ich auf Frauen stehe. Der Kuss war noch mal eine Bestätigung gewesen, so wie doppelt unterstreichen. Ich wollte unbedingt mehr über Frauen erfahren, die Neugier war geweckt. Es war ein Mutmacher, aber auch irgendwie ein Angstmacher. Ich wusste, jetzt gibt es kein Zurück mehr, davon wollte ich unbedingt mehr.

Wie gesagt, hatte ich zu dem Zeitpunkt aber vor diesen ganz engen Kontakten echt Angst, und ich hatte überhaupt keinen Bezug dazu, jemandem ganz dicht auf die Pelle zu rücken oder mit jemandem zusammen zu sein. Wenn ich mit irgendwelchen Jungs rumgeknutscht hatte, musste ich das Ganze immer sofort abbrechen, weil ich diesen nächsten Schritt einfach nicht gehen konnte. Ich hatte mein erstes Mal tatsächlich mit einem Mann, der war doppelt so alt wie ich, und ich hatte es nur gemacht, weil alle in der Klasse es schon gemacht hatten. Da war ich Anfang 17, und mit Mitte 17 hatte ich den ersten Kuss mit Katja. Ich hatte damals generell Stress mit der Sexualität, das hat mir alles eine Riesenangst gemacht. Ich mochte das nicht, ich mochte auch die Männer nicht, trotzdem wollte ich aber ein cooler Macker sein und mitreden können. Ich wusste aber ganz genau, dass es eine ganz andere Richtung bei mir gab.

Ich fragte mich ständig: Wie läuft das jetzt mit einer Frau? Wird das genauso sein wie mit einem Mann, wird das anders sein vom Gefühl? Diese ganzen Fragen sausten mir durch den Kopf. Ich konnte mir einfach nicht vorstellen, wie das laufen könnte. Aber immerhin wusste ich jetzt, dass ich diesen Weg weitergehen wollte.

Ein paar Wochen später saßen wir nach einem Spiel wieder alle zusammen, es muss eine Weihnachtsfeier gewesen sein. Irgendwann musste ich zum Marktplatz gehen, weil mir mal wieder die Kippen ausgegangen waren und es dort einen Zigarettenautomaten gab. Birte wollte mich begleiten, und so ergab es sich, dass wir am Marktplatz zusammen auf dem Bordstein saßen und quatschten. Und irgendwie führte dieses Gespräch dazu, dass wir uns küssten.

Das war wieder ein ganz anderes Gefühl als mit Katja, denn jetzt war tatsächlich irgendwas passiert. Ich hatte vorher gar nicht darüber nachgedacht, dass Birte und ich vielleicht mal ein Pärchen sein könnten, das war gar nicht in meinem Kopf und in ihrem, denke ich, auch nicht. Das kam auch eher wieder aus der Laune heraus, vielleicht war auch wieder ein bisschen Alkohol im Spiel gewesen. Aber nach diesem Kuss war es vom Gefühl her für mich wirklich etwas anderes. Mich hat es sehr glücklich gemacht. Danach sind wir zurück zu der Feier gegangen. Wir haben uns ständig angeschaut, und es lag ein Knistern in der Luft. Ich wollte nur noch in ihrer Nähe sein.

Im Voraus hatte ich mit einigen Mannschaftskolleginnen abgemacht, dass ich eine kleine Gruppe von fünf Leuten zum Übernachten mit zu mir nach Hause nahm, Birte gehörte auch dazu. Ich hatte ein großes Zimmer, und da hatten wir am Nachmittag schon ein paar Luftmatratzen aufgepustet. Nach der Feier liefen wir alle los zu mir, saßen noch etwas bei uns in der Küche und aßen etwas, dann gingen wir alle schlafen. Dabei blieb es auch erst einmal.

Am nächsten Tag besuchte Birte mich nach der Arbeit und wollte wissen, was jetzt los sei. Sie erzählte mir, dass sie sich von Katja trennen wolle, dass das Beziehungsende schon viel zu lange im Raum stünde. Ich konnte ihr leider noch keine Antwort geben, wie es weitergehen sollte, ich musste erst mal für mich schauen, wie das Ganze überhaupt läuft. Ich konnte nicht einfach sagen: »Ok, wir sind jetzt zusammen.« Das war für mich damals ein Riesending.

So vergingen ein oder zwei Wochen, in denen wir uns zwar sahen, aber nicht klärten, ob wir zusammen waren oder nicht. Es war auch nicht so, dass wir jeden Tag rumknutschten, sondern es war immer erst ein bisschen reserviert, aber trotzdem irgendwie liebevoll von beiden Seiten, eher nach dem Motto: Trau ich mich oder trau ich mich nicht? Ich weiß noch, dass ich Angst hatte, dass es zu weit ging, in meinem Kopf herrschte ein totales Chaos. Aber Birte machte es wirklich gut, sie ließ mich einfach in meinem Tempo vorgehen. Sie ließ mich den ersten Schritt auf sie zu gehen, dann wartete sie ab, ob ich bereit für den nächsten Schritt war. Sie ließ zwar nicht locker, aber es war überhaupt nicht so, dass sie mich bedrängte, und das hat mir sehr geholfen.

Etwa zwei Wochen lang sahen wir uns jeden Tag, sie kam nachmittags zu mir, und wir verbrachten die Zeit zusammen in meinem Zimmer, bis sie am frühen Abend wieder ging. Dass sich etwas zwischen uns anbahnte, blieb weiterhin erst mal völlig geheim, Birte hatte ja noch nicht Schluss gemacht mit Katja. Irgendwann kam es dazu, dass sie den ganzen Abend blieb, und dann ging die erste Fummelei los. Aber nach wie vor ließ ich nicht zu, dass es über einen gewissen Punkt hinausging, und schickte sie nach Hause – heute weiß ich, dass so was auch ganz schön quälend und gemein sein kann.

Schließlich war es soweit, und wir verbrachten die erste Nacht miteinander. Da war es so, dass ich am nächsten Tag total durch den Wind war, weil sie mir komplett die Angst genommen hatte. Da war nichts mehr mit »Zu viel Nähe« oder »Geht mir alles zu schnell«. Gott sei Dank waren diese ganzen Gefühle und Unsicherheiten mit dieser Nacht aufgehoben. Sie nahm mich an die Hand, aber ich bestimmte das Tempo. Ich glaube, daraufhin verließen wir eine Woche lang nicht das Zimmer. Das fühlte sich toll an, wir redeten viel miteinander, und ich erweiterte meinen gesamten Horizont praktisch um das Doppelte. Das war natürlich auch sehr viel Stoff für den Kopf, der verarbeitet werden wollte, aber ich hatte wirklich ganz tolle Gefühle in mir drin. Ich war sehr glücklich zu dem Zeitpunkt. Und auch einfach verliebt. Das war das erste Mal in meinem Leben, dass ich in jemanden verliebt war und das nicht vor diesem Menschen geheim halten musste, sondern dass von ihm etwas zurückkam. Das war natürlich auch toll fürs Herz.

Blöderweise stand für mich kurz darauf wieder eine dreiwöchige Schwedenreise mit Olaf und Sabine an, was natürlich ein denkbar ungünstiger Zeitpunkt war. Dieses unausgesprochene Ding – sind wir zusammen, ja oder nein, irgendwie schon, oder auch nicht? – stand immer noch im Raum. Ich wusste, dass Birtes Gespräch mit Katja noch ausstand, das war aber erst geplant, wenn ich schon in Schweden sein würde.

Als ich losfuhr, hatte ich natürlich Angst, aufs Abstellgleis zu geraten. Drei Wochen sind eine lange Zeit, und da das mit Birte und mir nicht hundertprozentig geklärt war, hatte ich natürlich auch die Befürchtung, dass sie sich letztendlich doch für Katja entschied und ich überhaupt zu nichts Stellung nehmen konnte. Es war ein einziges Zittern und Bangen, dass, wenn ich wiederkam, alles nicht mehr so sein würde wie bei der Abfahrt. Ich hatte natürlich auch Angst vor Katjas Reaktion – wie würden die beiden mit der Trennung umgehen? Wir waren ja alle in einer Clique, alle verstanden sich super miteinander und unternahmen viel gemeinsam. Wie würde das danach laufen? Würden Birte und Katja sich noch verstehen, würde Katja sauer auf mich sein? Und drei Wochen lang diese Fragen nicht beantwortet zu bekommen, ist ganz schön brutal. Vor allem, wenn das alles auch noch so neu ist.

In den drei Wochen hatte ich also genügend Zeit, mir die ganzen Dinge vorwärts und rückwärts durch den Kopf gehen zu lassen und vor allem mich in die ganze Sache reinzusteigern. So tauchten natürlich auch unvermeidliche Fragen auf wie »Ist es denn wirklich so, dass ich in sie verliebt bin, oder habe ich mir das alles nur eingebildet?« Wenn man nicht mit jemandem drüber sprechen kann, schon gar nicht mit der Person, mit der man es erlebt hat, dann verselbstständigt sich so was im Kopf schon mal schnell, gerade wenn man auch noch in der Wildnis ist, wandert oder Kajak fährt. Da hat man sowieso viel mehr Zeit zum Nachdenken, und das kann einen wirklich wahnsinnig machen.

Als ich aus dem Urlaub zurückkam, ging ich nicht erst nach Hause, sondern ließ mich von Sabine und Olaf direkt am Sportplatz rauswerfen. Ich wusste, dass alle dort noch sitzen würden, weil unsere Mannschaft an diesem Tag ein Spiel gehabt hatte. Ich weiß noch, dass mir der kleine Weg hoch zum Clubhaus ewig lang vorkam und mir mein Herz bis zum Hals schlug. Ich wusste ja nicht, wie ich empfangen werden würde, wenn ich da plötzlich in der Tür stand – es hätte alles sein können, von Konfettiregen bis Bomben.

Ich nahm allen Mut zusammen und betrat das Clubhaus. Katja war schon nach Hause gefahren, Birte saß nur noch mit einer Handvoll Leuten da. Als wir uns gegenüberstanden, sah ich sofort, dass alles gut war, weil sie sich so tierisch freute, mich zu sehen. Wir sind uns natürlich in die Arme gefallen und haben uns erst mal fünf Minuten lang nur gedrückt. In diesem Moment hat mein Herz geklopft, weil ich so erleichtert war, dass nicht das Schlimmste eingetroffen war, was ich mir in Schweden ausgemalt hatte. Das war ja auch damals mein großes Problem – sich auf etwas einzulassen, und wenn man zurückkommt, ist bestimmt alles vorbei, alles weg.

Dass dies aber nicht passiert war, machte mich sehr glücklich. Es gab keine Barrieren, keine Berührungsängste, wir konnten sofort reden, und alles war genauso wie zu dem Zeitpunkt, als wir uns verabschiedet haben. Birte sagte mir sofort, dass sie und Katja sich einvernehmlich getrennt hatten und dass es auch für beide in Ordnung ging. Wahrscheinlich würde es noch eine Zeit dauern, bis das Ganze endgültig auseinanderdividiert sein würde, aber grundsätzlich würden sie sich noch gut verstehen.

Dann gingen wir vor die Tür und setzten uns hin, um über die vergangenen Wochen zu sprechen, was alles passiert war. Wir waren sehr ehrlich miteinander und sprachen auch über meine Ängste und Zweifel, die sich breitgemacht hatten. Dann verabschiedeten wir uns relativ schnell vom Sportlerheim und gingen zu mir nach Hause. Ich glaube, wir haben die ganze Nacht lang gequatscht. Und ab diesem Zeitpunkt waren Birte und ich zusammen.

Einen Monat lang ließ ich das Ganze noch unausgesprochen, dann öffnete ich mich Sabine. Erstens wusste ich ja, dass sie schon etwas ahnte, und zweitens hatte sie auch bemerkt, dass Birte jeden Tag zu uns nach Hause gekommen war. So kam es also, dass Sabine mich einfach fragte, ob wir ein Paar sind, und ohne groß nachzudenken, sagte ich nur: »Ja, sind wir.« Und damit war die ganze Sache offiziell. Nach und nach erfuhren es auch die anderen Familienmitglieder und engsten Freunde.

Ich beschloss auch, es in der Firma zu erzählen. Ich ging etwas früher zur Arbeit, fing meinen Ausbilder ab und fragte ihn, ob ich fünf Minuten mit ihm reden könne. Und da erzählte ich ihm, dass ich mit einer Frau zusammen bin und dass ich hoffte, dass es im Betrieb kein Problem sein würde. Er reagierte total cool darauf und sagte: »Was du in deiner Freizeit machst, ist deine Sache, deswegen bist du nicht anders als vorher.« Dann sprach ich mit dem Chef und den Gesellen, und so nahm es immer weiter seinen Lauf. Auch beim Fußball war es dann offiziell, weil es sowieso jeder hätte sehen können, dass wir total verknallt waren. Auch Birte hatte zweieinhalb Jahre Versteckspiel hinter sich und hatte nun ihre Eltern eingeweiht, sie hatte keine Lust mehr auf diese Heimlichtuerei. Ihre Mutter und ihr Vater hatten es natürlich auch geahnt, zweieinhalb Jahre mit einer anderen Frau gehen auch nicht unentdeckt an Eltern vorbei. Deshalb war das Outing zu Hause für sie auch nicht ganz so schwierig.

Dann sprach sich das Ganze auch rum, und diejenigen, die mich direkt darauf ansprachen, bekamen halt die ehrliche Variante, so wie es war. Mit denen, die nicht auf mich zukamen, sprach ich auch nicht weiter darüber. Für mich waren die wichtigsten Leute eingeweiht, und die waren alle cool damit. Und ich wusste damals schon, wenn jemand damit nicht klarkam, dann war das sein Problem, nicht meins.

Die Reaktionen in meinem Umfeld waren aber durchweg positiv und verständnisvoll. Wie gesagt, war es damals noch eine andere Zeit, Homosexualität war immer noch etwas Außergewöhnliches. Es ist ja leider so, dass Menschen mit neuen Dingen oftmals erst Probleme haben, oder sie sagen zumindest, sie haben keins, können es aber vom Kopf her nicht so richtig verarbeiten. Zum Glück ist die Gesellschaft diesbezüglich etwas offener geworden, und in der heutigen Zeit ist es sicherlich einfacher, so einen Schritt zu wagen.

Als ich mit Birte zusammenkam, machte ich mir eigentlich gar nicht so viele Sorgen darum, weil ich einen guten Background hatte. Ich wusste, dass Sabine und Olaf mich dafür nicht verurteilen oder abwerten würden. Ich wusste auch, dass ich gute Freunde hatte, denen es egal war, mit wem ich zusammen war. Die fremden Leute um mich herum, die meine Lebensweise vielleicht nicht mochten, waren für mich auch eher unwichtig. Ich beschloss, mich nicht mit deren Problemen zu befassen, ganz einfach weil ich kein Problem gesehen habe. Alles, was für mich wichtig war, was ich geregelt haben wollte, hatte ich sehr schnell in Angriff genommen, den Rest drum herum konnte ich sowieso nicht beeinflussen. Klar rechnete ich auch damit, mal blöd angemacht zu werden, was aber erst sehr viel später passieren sollte, da war ich bereits zum ersten Mal verheiratet.

Ich war damals mit meiner Frau Madlen auf einem Fest in Albersdorf, wo viele Leute waren und Bands spielten. Wir schauten einer Musikgruppe zu und standen ein bisschen seitlich von der Bühne, Madlen stand hinter mir und hatte ihre Arme auf meine Schultern gelegt. Auf einmal kam eine Frau auf uns zu, sichtlich angetrunken mit Kippe im Maul, und sagte zu mir: »Ihr Scheißlesben, ich hab hier ein kleines Kind, das soll so was nicht sehen!« Ich sagte nur zu ihr: »Es ist halb eins in der Nacht, vielleicht sollte dein kleines Kind mal besser ins Bett gehen und schlafen.« Daraufhin nahm sie ihre brennende Zigarette aus dem Mund und schnipste sie mir ins Gesicht. Ich sah nur rot und ging auf sie los, ich packte sie und drückte sie gegen einen Zaun. Bevor aber Schlimmeres passierte, sah ich, wie das kleine Kind neben uns stand und weinte, weil ich seine Mutter am Schlafittchen hatte und es Angst um sie hatte. Sofort ließ ich von der Frau ab und entfernte mich, und danach habe ich erst mal angefangen zu weinen. Weil ich erschrocken war über mich selbst, dass ich mich wegen so etwas prügeln muss – schließlich hatten wir ganz normal zusammengestanden und auch nicht irgendwie provozierend gewirkt. Wie gesagt, die Frau war etwas angetrunken und dementsprechend auch nicht mehr Herr ihrer Sinne, was die ganze Sache aber nicht entschuldigt. Ich dachte in dem Moment auch nicht weiter drüber nach, ich reagierte einfach nur, das war wie ein Schalter, der sich umlegt. Niemand lässt sich gerne eine brennende Zigarette ins Gesicht schnipsen.

Leider ist es immer noch so, dass Leute Angst vor Homosexuellen haben, obwohl man heutzutage eigentlich denken könnte, dass dies doch nun wirklich kein Ding mehr ist, worüber man sich aufregen sollte. Mich wundert, dass es heute manchmal noch sehr steinzeitmäßig behandelt wird. Wenn man jemanden beschimpfen muss, nur weil er anders lebt, dann ist das für mich schon eine Sache, die von wenig Intelligenz zeugt. Ich denke, dass jeder Mensch so leben sollte, wie er oder sie sich glücklich fühlt. Klar darf jeder dazu seine eigene Meinung haben, und wenn die nicht meiner Meinung entspricht, dann kann ich das auch akzeptieren. Ich muss aber nicht akzeptieren, für meine Lebensweise beschimpft zu werden. Wenn jemand sagt: »Das ist nicht meine Welt«, dann sage ich: »Okay, das muss auch nicht so sein, deine Welt ist auch nicht meine, ganz einfach.« Ich denke, wenn man den anderen einfach lässt und für sich selbst beschließt, nichts damit zu tun haben zu wollen, ist das völlig in Ordnung. Aber man muss schon respektvoll miteinander umgehen. Man muss die Lebensweise der anderen nicht mögen, kann sie aber durchaus tolerieren, oder nicht?

Im Hinblick auf meine Begegnung auf dem Fest finde ich es immer besonders krass, wenn Eltern davon ausgehen, dass ihre Kinder irgendwie umgepolt oder auf andere Gedanken gebracht werden. Aus Erfahrung kann ich sagen: Das ist eine Sache, die kann kein Mensch auf der Welt ändern, entweder ist es in dir drin oder nicht. Da kannst du nichts gegen machen, das ist weder eine Krankheit noch etwas, das du selbst beeinflusst. Es ist, wie es ist.

Ich war mir jedenfalls sicher, dass ich auf Frauen stehe, und ich wollte das auch nicht im Privaten mit mir rumtragen. In diesem Gefängnis wollte ich nicht bleiben. Ich habe mich bewusst entschieden, diesen Weg zu gehen. Mit allen Konsequenzen und mit allem was da dranhängt. Ich wusste, dass es unausweichlich sein wird, und wie bei allen Dingen, die so schwierig sind, schiebt man das auch erst einmal vor sich her. Bevor das mit Birte losging, gab es für mich ja auch keinen Grund, mich zu outen, weil ich ja niemanden hatte. Als ich diese Beziehung begann, hatte ich jemanden an meiner Seite und stand nicht allein vor der Aufgabe. Damals war es einfach der richtige Zeitpunkt, weil die Beziehung ja gerade angefangen hatte, und ich wusste, dass ich kein Geheimnis mehr daraus machen wollte. Für mich wäre es ausgeschlossen, so etwas mein ganzes Leben lang für mich zu behalten. Es gibt ja zum Beispiel auch viele Menschen, die eine Alibi-Ehe führen, aber in Wirklichkeit ganz andere Gefühle haben, aber für mich war ganz klar, dass es bei mir nicht der Fall sein darf und wird.

Ich habe mit meiner Lebensweise jedenfalls nicht bewusst provozieren wollen, ich habe mich nicht mit Birte in der Öffentlichkeit abgeknutscht, weil ich das generell blöd finde. Trotzdem machte ich kein Geheimnis daraus, und ich glaube, das war von Anfang an gut, weil die Leute sich dadurch weder bedroht noch irgendwie abgeschreckt fühlen mussten. Ich wählte den moderaten Weg und lebte es nicht in allen Einzelheiten in der Öffentlichkeit aus, ich versteckte es aber auch nicht. Ich bin nicht der Mensch, der seine Gefühle an die große Glocke hängt, ich würde mich unter keinen Umständen mit jemandem auf eine Parkbank setzen und denjenigen ablecken, wie man das ja manchmal sieht – ich denke dann immer nur: Leute, geht doch besser nach Hause. Und das ist völlig egal, ob es sich um zwei Frauen handelt, zwei Männer oder einen Mann und eine Frau. Es hat einfach damit zu tun, dass das Private besser im Privaten bleiben sollte.

Für mich war es toll, dass ich endlich so lieben konnte, wie ich wollte. Die Beziehung mit Birte, die insgesamt drei Jahre dauern sollte, hat für mich alles sehr verändert. Sie brachte mir damals ganz viel bei und heilte meine Beziehungsunfähigkeit. Und heute ist Birte meine beste Freundin, wir sind jetzt fast 30 Jahre miteinander befreundet.

Es waren natürlich lebensverändernde Zeiten für mich, und auch wenn der Kopf gerade mit etwas ganz anderem beschäftigt war, musste auch der Alltag irgendwie bewältigt werden. So ging ich weiterhin meiner Ausbildung nach und arbeitete viel. Natürlich habe ich in dieser Zeit meine Gedanken oft woanders gehabt, und da sind mir auf der Arbeit so einige Missgeschicke passiert, die das Nervenkostüm meines Chefs arg strapaziert haben müssen.

Ab und zu hatte ich Werkstattdienst, das mochte ich immer gerne, weil ich da allein sein und die Sachen über den Tag in Ruhe abarbeiten konnte. Außerdem hatte ich dann Zeit, über meine neue Lebenssituation nachzudenken und den einen oder anderen Gedanken zu sortieren.

Als Malerbetrieb tauschten wir auch Scheiben aus, und so hatten wir im Lager oftmals neue Scheiben stehen, die irgendwo eingesetzt werden sollten. Die alten Scheiben, die wir ausgebaut hatten und nicht mehr brauchten, standen ebenfalls im Lager, allerdings an anderer Stelle. Irgendwann kurz bevor es auf Montage ging, meinte mein Chef nur beim Rausgehen zu mir: »Kerstin, bitte mach die alten Scheiben schön klein und pack sie in den Container, sodass noch möglichst viel Müll hineinpasst.«

Ich nahm mir also mit dem Hammer die nächstbeste Scheibe vor, ein buntes Ding, das offenbar in irgendeiner Kirche ausgebaut worden war. Natürlich sah ich zu, dass alles wirklich sehr klein war, damit es auch in den Container passte. Eine halbe Stunde später kam der Chef zurück und wollte mit mir Scheiben einsetzen fahren, und er fragte mich, wo die kleine bunte Scheibe geblieben sei, ob ich sie schon auf den Wagen geladen habe. Als er meinen erschrockenen Blick sah, wusste er sofort, dass die Scheibe nicht mehr da war.

Dann schloss er die Werkstatttür und schrie mich erst mal eine halbe Stunde lang an. Es war tatsächlich eine Kirchenscheibe gewesen, schön verziert mit Gestänge in der Mitte und Schnörkeleien, die kostete etwa 2000 DM. Nun musste mein Chef die Scheibe neu bestellen, was einige Wochen dauern würde. Außerdem musste er dem Kunden absagen, und wir hatten jetzt gerade erst mal nichts zu tun. Das war natürlich richtiger Mist. Heute lachen wir beide darüber, wenn wir in kleiner Runde zusammensitzen und die alten Geschichten auf den Tisch kommen.

Das nächste große Ding passierte mir auf einer Baustelle, wo wir mit einem Airlessgerät Kellerwände gespritzt haben. Das ist ein Gerät mit einer Spritzpistole, durch die mit gewissem Druck Farbe gegen Wände oder ähnliche Flächen gesprüht wird. Der Chef bediente das Gerät und ich als Lehrling musste immer hinter ihm herlaufen, damit er den Schlauch nicht in den Weg bekam. Ich bin nicht sehr gut in Technik, und vor unserem Einsatz wollte der Chef mir das Airlessgerät erklären. Leider redete er immer sehr schnell, und man traute sich nicht wirklich nachzufragen, weil er immer sehr hektisch war in solchen Momenten. Er wollte schnell loslegen, und man sagte dann immer nur: »Jajaja, Amen«, und los ging's. Jedenfalls erklärte er mir das Gerät so: »Wenn du diesen Knopf hierhin drehst, baust du den Druck auf, wenn du ihn dahin drehst, baust du den Druck ab, und dann machst du das und das und das – hast du alles verstanden?«

Und ich nur: »Jo, alles verstanden.«

Dann legten wir los und spritzten die Kellerräume durch. Am Ende sagte er: »Jetzt sind wir fertig, stell bitte den Druck ab.«

So stand ich vor dem Gerät und wusste leider nicht mehr, in welche Richtung man den Druck auf- oder abbaute. Also drehte ich einfach, wie man das eben so macht, alle großen Schalter nach links, denn man weiß ja, dass sie normalerweise nach links aus- und nach rechts angehen. Leider baute ich dadurch den Druck aber auf, und als mein Chef die ganzen Schrauben von seiner Spritzpistole gelöst hatte und dann einen Test an der Wand machen wollte, schoss die ganze Farbe durch den Schlauch und spritze alles in der Umgebung voll, auch meinen Chef. Sein ganzes Gesicht war weiß, sogar von seinen Wimpern tropfte es herunter. In dem Augenblick bekam ich einen Lachanfall, weil er so lustig dabei ausgesehen hat. Man kann sich vorstellen, was dann los war auf dieser Baustelle. Alle Dachdecker, Maurer und Zimmerleute hatten sich oben an der Treppe versammelt, um sich vergnügt anzuhören, was mein Chef mir jetzt zu sagen hatte. Das war sehr übel, danach hat er den ganzen Tag nicht mehr mit mir gesprochen.

Da waren noch viele andere Sachen, zum Beispiel hatte ich ein Zimmer komplett falsch tapeziert, das Muster passte überhaupt nicht zusammen. Oder ich kam auch hin und wieder mal ordentlich zu spät. Solche Schludrigkeiten konnte mein Chef gar nicht leiden, und das hat er mir auch heftig zu spüren gegeben. Er war hart, aber dennoch gerecht. Disziplin und Pünktlichkeit standen ganz weit oben auf seiner Liste, in dem Punkt war er schon ein bisschen wie Bert, aber er hatte immerhin Menschlichkeit. Wie gesagt, heute lachen wir ziemlich oft über diese ganzen kleinen und größeren Malheure.

Und mit den Jahren wusste ich immer mehr, dass mir die Strenge meines Chefs und dieses strukturierte Arbeiten sehr weitergeholfen haben. Ich hatte damals nicht die größte Geduld, eine Aufgabe von Anfang bis Ende mit immer demselben Fleiß fertigzumachen. Ich fing immer sehr gut an und hörte dann eher mittelmäßig auf, weil ich keine Lust mehr hatte. Meine Ungeduld war wirklich sehr groß. Das war aber eine Sache, die für meinen Chef gar nicht ging, die ich lernen musste – von Anfang bis Ende konzentriert bei der Sache zu bleiben. Er hatte ja bei mir gesehen, dass ich meinen Job im Grunde gut machte, deshalb ließ er auch nicht locker. Er legte immer viel Wert darauf, dass ich viele Sachen lerne, dass ich zur Gesellenprüfung dann auch wirklich über alles Bescheid wusste und den praktischen Teil sehr gut umsetzen konnte. Er brachte mir auch die alten Maltechniken bei, zum Beispiel das Malen mit einer Hühnerfeder. Bei uns war es immer ein Zusammenspiel von Zuckerbrot und Peitsche, und das hat bei mir extrem gut funktioniert. Letztendlich sollte ich meine Gesellenprüfung auch mit »Gut« abschließen, und die verschiedenen Dinge, die ich in dem Betrieb gelernt hatte, sollten mir sehr zugute kommen, als ich mich später als Malerin selbstständig machte.

Ich wollte nach der Lehre nicht weiter in dem Betrieb arbeiten, weil ich große Probleme mit den Arbeitszeiten hatte. Jeden Tag so früh aufstehen zu müssen, das war für mich ein unmögliches Lebenskonzept. Ich nahm zunächst verschiedene Arbeiten auf Baustellen an, ohne irgendwo angestellt zu sein. Dort konnte ich mir meine Arbeitszeit selbst einteilen und war mal von 9 Uhr bis 18 Uhr vor Ort, dann wieder von 12 Uhr bis 22 Uhr, aber ich war immer da und lieferte gute Arbeit ab. Ich wollte aber gerne selbst entscheiden, wann und wie lange ich Mittagspause mache, ob ich mich zwischendurch einfach mal hinlege oder ob ich vielleicht mal den Mittwoch frei brauche. Als Angestellte in einer Firma wäre das nicht möglich. Das war auch wieder dieses Freiheitsgefühl, dieses Ding mit den festen Strukturen. Ich hatte keine große Lust darauf, dass mir immer irgendjemand sagt, wann ich wo zu sein habe und was ich zu tun habe. Außerdem verdiente man als Selbstständiger ganz gut, wenn man es ordentlich anging. Ich wusste, dass ich meinen Beruf gut konnte, daher dachte ich: Warum soll ich in einer Firma arbeiten, wenn ich auf diese Weise viel mehr Geld verdienen kann?

In der Ausbildungszeit ging es schon los, dass ich mit meinem Chef sprach, ob es okay wäre, wenn ich noch Arbeiten nebenbei machte, zum Beispiel wenn ich bei meinen Freunden irgendetwas renovierte. Für ihn war es kein Problem, und so fing es an, dass ich mir einen kleinen Kundenstamm aufbauen konnte. Diese Leute hatten dann natürlich auch wieder Freunde, Bekannte und Verwandte, die etwas renoviert haben wollten, da kam das eine zum anderen. Ich hatte immer gut zu tun und musste auch nie Werbung machen. Wenn ich wenig zu tun hatte, arbeitete ich wieder mal für einen Monat in der Firma als Hilfskraft oder ging auf eine Großbaustelle. Zwischendurch machte ich sogar mal was ganz anderes und arbeitete im Solarium. Ich habe wirklich alles gemacht, worauf ich gerade Lust hatte. Und irgendwann begann ich offiziell meine Selbstständigkeit. Da war ich allerdings schon 23.

Während der Ausbildungszeit hatte ich noch bei Olaf und Sabine gewohnt, aber am Ende war es schon ein schleichender Übergang, dass ich immer mehr mit bei Birte wohnte, die damals noch zu Hause bei ihren Eltern lebte. Sie hatte in dem Haus ihren eigenen Bereich, und irgendwann zog ich gänzlich in Liesbüttel aus und bei Birte mit ein. Zur Familie Voss hatte ich gar keinen Kontakt mehr, das war mit der Zeit eingeschlafen. Irgendwann erfuhr ich über einige Ecken, dass Mutti Voss gestorben war, da war ich schon sehr traurig. Sie war ja wie eine richtige Mutter zu mir gewesen, und dass sie nicht mehr da war, war schon irgendwie sonderbar. Da war ich vielleicht gerade seit zwei oder drei Monaten 18.

Jedenfalls wohnten Birte und ich etwa ein halbes oder ein Dreivierteljahr bei ihren Eltern, jedoch war es für mich damals nicht das Richtige, ich wollte eine eigene Wohnung haben.

Birte war Krankenschwester und entschloss sich irgendwann, eine Hebammenschule zu besuchen und sich weiterzubilden. Sie bekam eine Ausbildungsstelle in Kiel, und so suchte ich mir meine eigene Wohnung in Bunsoh, ein kleines Dörfchen bei Albersdorf. Am Wochenende sahen wir uns immer, allerdings war es damals auch schon so, dass wir uns immer mehr auseinanderlebten. Birtes Leben spielte sich mehr und mehr in Kiel ab, und ich arbeitete damals im Solarium, wo ich mich in eine ältere Frau verliebte, sie hieß Gabi und war 42, ich war damals 21. Ich brauchte offenbar einen Vergleich, ob das mit meiner Beziehung alles so richtig war oder nicht – wie das bei jungen Menschen so ist, muss man Dinge ausprobieren, um zu wissen, was man will und was nicht. Und so fing es langsam an, zwischen mir und Birte zu bröckeln. Zu dem Zeitpunkt stritten wir bereits viel, sie blieb dann auch öfters in Kiel, um dort ihr Ding zu machen. Ich merkte auch, dass sie nicht mehr so ganz bei der Sache war, bei ihr hatte ein neuer Lebensabschnitt begonnen, auch bei mir war alles neu, nur erlebten wir das alles nicht gemeinsam, und so haben wir uns einfach nicht mehr gut verstanden.

Irgendwann begann ich mit Gabi eine Affäre, die etwa zwei Monate dauerte. Danach war bei mir die Luft raus, ich merkte, dass es nicht das war, was ich wollte. Offenbar wollte ich einfach nur meine Neugier befriedigen. Ich beendete die Sache auch, weil das alles für mich zu beengend war. Ich wollte nicht in die nächste Beziehung schlittern.

Diese Affäre hatte nicht im Geheimen stattgefunden, ich hatte relativ schnell mit Birte darüber gesprochen. Sie war sehr enttäuscht und tierisch sauer, und natürlich war es auch schwierig für mich, weil sie meine erste große Liebe war und ich das Ganze nicht einfach so aufgeben wollte. Ich wusste aber damals auch nicht, wohin mit mir und warum das so war, warum mir das jetzt passieren musste, dass ich diese Gefühle Gabi gegenüber nicht abstellen konnte. Ich wollte aber auch nicht so unehrlich sein und irgendetwas starten, bevor ich mit Birte sprach. Wir beschlossen dann eine Trennung auf Zeit, und als ich wieder mit Birte zusammenkam, war es anders zwischen uns. Wir blieben trotzdem noch für ein weiteres halbes Jahr zusammen, dann verliebte sie sich in eine Frau aus ihrer Hebammenschule.

Wir trennten uns endgültig, und ich erlebte meinen ersten unfassbar großen Trennungsschmerz. Ich wollte nicht wahrhaben, dass es mit Birte jetzt vorbei war und dass ich sie nicht zurückholen konnte. Außerdem machte ich mir Vorwürfe, das Ganze durch meine Affäre ausgelöst zu haben. In Wirklichkeit hatten wir uns sowieso schon auseinandergelebt, die Luft war einfach raus. Aber wir mochten uns einfach gerne, da fällt eine Trennung natürlich sehr viel schwerer, vor allen Dingen, wenn es sich um die erste große Liebe handelt. Als Birte mit ihrer neuen Freundin zusammenkam, sollten wir erst mal zwei Jahre lang keinen Kontakt mehr haben. Das Ganze musste sich erst einmal richtig legen, bevor wir wieder miteinander sprechen konnten. Zu der Zeit nahm ich auch sehr viel ab, ich hatte immer eine sportliche, normale Figur gehabt. Mit dem Liebeskummer sah ich das erste Mal in meinem Leben aus wie ein kleiner Hungerhaken. Mein Kummer war sehr groß, und dadurch, dass wir sehr viel Zeit miteinander verbracht hatten, wusste ich nun auch nicht, was ich in meiner Freizeit machen sollte.

Eine gute Ablenkung damals war, dass ich ein neues Hobby entdeckt hatte – das Glücksspiel. So kam es, dass ich immer öfter in die Spielhalle ging und mich an den Spielautomaten setzte. Von früh morgens bis spät abends zockte ich, um meine Gedanken auszuschalten. Aus dem Hobby wurde rasend schnell eine Sucht, und in den kommenden Monaten und Jahren sollte ich am Spielautomaten unfassbar viel Geld verlieren.

KAPITEL 5

ABGERUTSCHT IN DIE SPIELSUCHT

ALS ICH 18 WAR, ging ich mit meinen Freunden öfter mal in die Spielhalle, weil es dort einen Billardtisch gab. Zuerst waren wir auch einzig und allein wegen des Billardspielens dort, aber von Anfang an übten diese ganzen bunten Spielautomaten, die dort an der Wand vor sich hin flimmerten und lustige Geräusche von sich gaben, eine merkwürdige Faszination aus.

Es gab in der Halle einen Bereich, wo nur Spielautomaten hingen. Auf der einen Seite waren ungefähr zehn Automaten nebeneinander, auf der anderen Seite ebenfalls. Ich weiß noch, wie ich beobachtete, dass ein Spieler dort drei oder vier Automaten gleichzeitig bediente. Ich fragte mich nur, wie das möglich war – man konnte sich doch gar nicht auf alle Automaten gleichzeitig konzentrieren. Jedenfalls war ich neugierig und wollte einfach mal wissen, wie so ein Ding funktioniert. Irgendwie musste das ja Spaß machen, wenn die Leute immer mit so viel Ausdauer davorsaßen und leidenschaftlich die Knöpfe drückten.

Ich muss gleich dazu sagen: Spielautomaten sind für viele die Einstiegsdroge in die Spielsucht. Das Ganze ist ja auch relativ einfach, man kann sich, ohne sich irgendwo anmelden oder bemerkbar machen zu müssen, an ein Gerät setzen und loslegen. Bei mir fing es an, dass ich einfach aus Neugier mal 5 DM – das war kurz vor der Umstellung auf den Euro – in einen Kasten reinsteckte. Ich drückte die Knöpfe, die bunten Räder begannen sich zu drehen und stoppten nacheinander. Man brauchte drei gleiche Symbole, um zu gewinnen, und wie es der Zufall so wollte, gewann ich beim ersten Mal gleich 300 DM. Die eingefleischten Spieler neben mir schauten natürlich angesäuert zu mir herüber. Ich weiß noch, wie ich mich damals darüber wunderte – es war einfach Glück, dafür konnte ich ja nichts. Erst viel später, als ich selbst Unmengen an Geld in diesen Automaten versenkt hatte, sollte ich kapieren, warum sie so sauer waren. Wenn da jemand mit einem Heiermann ankommt und den Kasten leerräumt, während man selbst schon so viel verballert hat, dann ist das wirklich ein total beschissenes Gefühl. Aber in jenem Augenblick, als ich mit meinem ersten Versuch gleich so viel Geld gewann, fühlte sich das natürlich total toll an, das will man noch mal erleben!

Als wir am nächsten Tag erneut Billard spielen gingen, setzte ich mich irgendwann wieder vor einen Automaten und steckte 5 DM hinein. Und wieder gewann ich – dieses Mal 100 DM. Damit war der Grundstein gelegt, ich hatte offenbar ein glückliches Händchen für diese Dinger. So kam es, dass ich meistens nur noch nebenbei Billard spielte und mich immer mehr den Kästen widmete. Das verselbstständigte sich dann mit der Zeit, und ich ging schließlich das erste Mal allein in die Spielhalle, nur aus dem Grund, dort am Automaten zu spielen. Dann kamen die ersten paar Male, wo ich Geld verlor, aber trotzdem war ich total angefixt von der ganzen Sache, weil ich gemerkt hatte, man *kann* gewinnen.

Zu dem Zeitpunkt gab es noch die Jackpots, und immer wenn man die knackte, ging oben auf dem Kasten eine Leuchte an, es war ein Riesentamtam. Wenn man Geld in den Kasten schmiss, wurde immer ein Cent auf den Jackpot-Betrag gepackt, und nach einer gewissen Zeit wurde wieder ein Cent auf den großen Jackpot gebucht. Je nachdem wie lange der Automat lief. Der Jackpot schraubte sich also mit der Laufzeit immer höher. Alle Geräte waren an dieses Teil angeschlossen, und so hatte man immer die

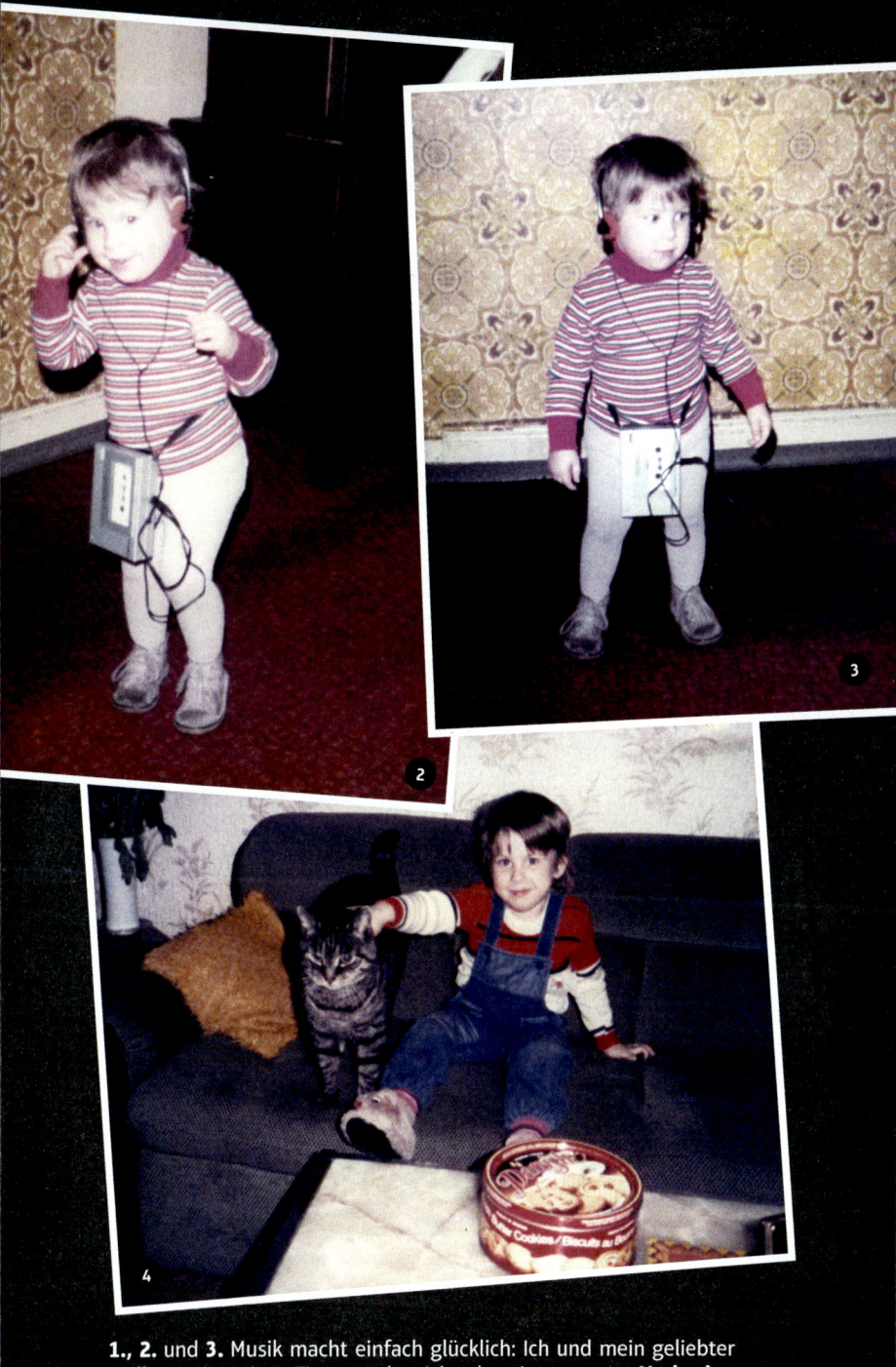

1., 2. und **3.** Musik macht einfach glücklich: Ich und mein geliebter Walkman (1984). **4.** Tiere mochte ich schon immer gern. **Vorherige Seite:** Fotoshooting an der Grünentaler Hochbrücke, Schleswig-Holstein (2018).

1. Mein großer Bruder Robert und ich. **2.** und **3.** Ich konnte damals schon reinhauen. **4.** Robert und ich spielen Ponyreiten. **5.** Motorräder haben mich immer schon fasziniert. **6.** Gute Laune am Morgen. **7.** Da kann man schon mal einschlafen …

1. Alles rosa und 'ne krasse Friese (1990). **2.** Hüpfburgen sind mega-toll! (1989). **3.** Einschulung in Berlin (1988). **4.** Robert, mein kleiner Bruder Phillip und ich. **5.** Phillip und ich: Der Kleene hat bei mir Urlaub gemacht (2002).

Theodor-Storm-Realschule Hanerau-Hademarschen

Bezeichnung und Name der Realschule

Zeugnis

Kerstin Ott , geboren am 17.01.1982

Vorname, Name

Schuljahr 1994 / 95 1. Halbjahr

Klasse: R 7

Allgemeine Beurteilung

Verhalten in der Schule: Kerstin störte zuweilen den Unterricht.

Lernverhalten: teils ausreichend, teils unzureichend

Schulbesuch: 2 Tage versäumt, ----- mal verspätet.

Fachliche Beurteilung

Fach	Note	Fach	Note
Deutsch	4	Mathematik	5
		Biologie	-----
Schrift	4	Chemie	5
Englisch	5	Physik	
Französisch	5	Sport	2
	-----	Kunst	-----
		Musik	-----
ev./kath. Religion	3	Technik	3
Philosophie	-----	Textiles Werken	-----
Erdkunde	5	Hauswirtschaft	-----
Geschichte	4		
Wirtschaft/Politik	-----		

~~Er/Sie hat an Wahlpflichtkursen mit folgendem Ergebnis teilgenommen:~~

1. -----
2. -----
3. -----

~~Er/Sie hat an folgenden Arbeitsgemeinschaften teilgenommen:~~ Volleyball-AG

Bemerkungen: Im Fach Mathematik waren die schriftlichen Leistungen teilweise, die mündlichen Leistungen völlig ungenügend. Die Versetzung erscheint ausgeschlossen.

~~Er/Sie steigt auf / ist versetzt nach Klassenstufe~~ -----

~~ist schrägversetzt nach~~ -----

~~wiederholt die Klassenstufe~~ -----

Konferenzbeschluß vom 23.01. 19 95

25557 Hanerau-Hademarschen , 27.01. 19 95

Schulleiter(in)

Klassenlehrer(in)

gesehen:

Bewertung der Leistungen: 1 (sehr gut), 2 (gut), 3 (befriedigend), 4 (ausreichend), 5 (mangelhaft), 6 (ungenügend).

1. Mein legendäres Realschul-Zeugnis (1995). **2.** Urlaub in Schweden mit Sabine und Olaf. **3.** Mein geliebter Alex mit Lady auf der Koppel in Liesbüttel. **4.** Kajak fahren in Schweden. **5.** Mein 12. Geburtstag (1994). **6.** Auftritt mit Rolf Zuckowski: Ich bin das zweite Kind rechts von ihm.

1. Bei der Arbeit (ca. 2002). 2. Auf unserem Hof in Liesbüttel – man beachte die Wahnsinnsmütze (2000). 3. Das muss etwa 1999 gewesen sein ... 4. Kleiner Scherz bei einer Feier. 5. Mein Auftritt beim Talent-wettbewerb in Pahlen.

Im Namen

des Landes Schleswig-Holstein

ernenne ich

Frau Kerstin Ott

unter Berufung in das Beamtenverhältnis

auf Widerruf

zur

Polizeimeisteranwärterin

Eutin, den 02. August 2004

Polizeidirektion
für Aus- und Fortbildung
und für die Bereitschaftspolizei
Schleswig-Holstein

Jürgen Kobza

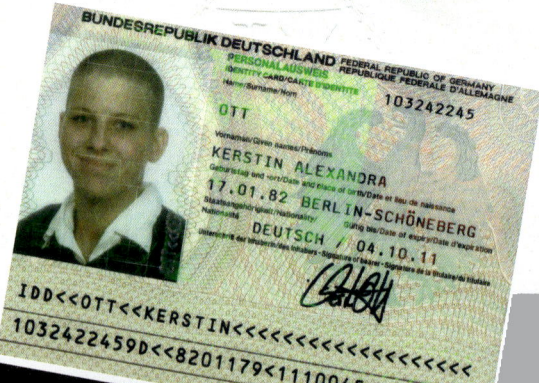

1. Ausbildung bei der Polizei. **2.** Mein Ausweis – die Frisur war eine verlorene Wette … **3.** Ausbildung bei der Berufsfeuerwehr. **4.** Einladung für »begabte Lehrlinge« von der Malerinnung Schleswig-Holstein. **5.** Karolina (nicht im Bild) und ich malen unser erstes gemeinsames Bild.

1. Einmal quer durch Deutschland: Mit diesem Fahrrad fuhr ich von Bayern nach Norddeutschland (2009). **2.** Nachdenklich nach vielen Kilometern auf dem Rad … **3.** Das ist Wilson, mein Wegbegleiter auf der Fahrradtour. **4.** Momentaufnahme: Supersauer, nachdem ich einen Wahnsinnsberg hochfahren und dann umdrehen musste. **5.** DJ-Time: Ausgeflippte Laune! **Letzte Seite:** Fotoshooting an der Grünentaler Hochbrücke (2018).

Möglichkeit, den großen Jackpot der Spielhalle zu gewinnen. Der ging teilweise hoch bis 10.000 DM.

Ich wollte den Jackpot knacken, und ich wollte Freispiele gewinnen. Das machte mir einfach Spaß. Durch immer wieder kleinere Gewinne bekam man auch bei kleineren Einsätzen eine längere Spielzeit – und hatte weiterhin die Hoffnung auf einen großen Jackpot-Gewinn. Und durch das sogenannte Hochdrücken konnte man den Gewinn auch erhöhen. Verlor man allerdings, war die gesamte Gewinnsumme weg.

Der Chef des Ladens kam immer wieder mal rum und steckte als Teaser etwas Geld in den Kasten, wohlwissend dass man dann immer schön bei der Sache blieb. Das fixte mich natürlich noch mehr an. Meistens hatte man den ganzen Tag nichts Besseres zu tun, als auf den Chef zu warten, bis der wieder mit etwas Geld um die Ecke kam.

Das Adrenalin beim Spielen war unfassbar. Während du spielst, stehst du die ganze Zeit unter Spannung, und du hast größte Glücksgefühle, wenn du etwas gewonnen hast. Was um dich herum passiert, bekommst du irgendwann gar nicht mehr mit, weil du dich so sehr auf die Sache konzentrierst.

Da ich sehr geräuschempfindlich bin, hatte ich anfänglich immer Probleme mit dem Piepsen und Dudeln der Automaten, die machen sehr viele verschiedene Geräusche. Wenn ich abends nach Hause kam, drehte sich alles in meinem Kopf, und ich hatte das Gefühl, diese blöden Melodien immer noch zu hören. Das war immer sehr skurril. Im Laufe der Zeit gewöhnte ich mich aber dran. Wenn hinter mir an Kasten 2 ein Geräusch ertönte, wusste ich schon, ohne hinzugucken, wie hoch der Gewinn war. Ich wusste immer, was der Automat hinter mir gerade machte. Irgendwann war ich auch in der Lage, fünf Kästen auf einmal zu bedienen. Nach einer gewissen Zeit reichte mir die eine Sache nicht mehr, ich wollte mehr. Blöderweise verlor ich dadurch dann auch fünfmal so viel Geld. Die Gefühle dazu gingen wirklich von himmelhochjauchzend bis zu Tode betrübt, und das von einer

Sekunde zur anderen. In einem Moment konnte man der absolute Glücksritter sein und 1000 DM gewinnen, und im nächsten Moment war man der absolute Loser, der wieder seine ganze Kohle verspielt hat.

Anfangs hielt ich es ein Jahr lang durch, dass ich mir schwor, niemals mehr als 50 DM am Tresen in Münzgeld einzuwechseln. Ich wusste damals schon: Wenn ich das mache, ist alles zu spät. Als ich dann doch das erste Mal über 50 DM gewechselt hatte, dachte ich nur: Jetzt bist du genau mittendrin in dem Kreislauf, wo du niemals sein wolltest. Es war mir aber egal, denn ich hatte jetzt Geld zum Spielen, und es musste gespielt werden. Diese Gefühle, dieses schlechte Gewissen, schiebt man auch immer irgendwie weg. Das kommt erst durch, wenn die Kohle weg ist. Dann erst macht man sich klar: Ich habe gerade alles verspielt, was ich in der Tasche hatte.

Irgendwann ging es auch los, dass ich mir vom Kunden Materialgeld geben ließ, um damit zu spielen. Das Materialgeld bekam man, um eben die Sachen kaufen zu können, die für beispielsweise Renovierungsarbeiten gebraucht wurden, damit man als Maler nicht so sehr in Vorkasse gehen musste. Ich verspielte also das Materialgeld und musste dann jemand anderen anpumpen, um wieder Materialgeld zu haben. Dann ging ich am nächsten Tag wieder arbeiten, ließ mich abends vom Kunden auszahlen, um demjenigen sein Geld zu geben, das er mir für das Materialgeld geliehen hatte. So fing der Teufelskreis an.

Bei der Arbeit konnte ich mich nicht mehr so richtig konzentrieren, weil ich den Drang verspürte, unbedingt in die Spielhalle zu müssen. Der Gedanke ging bei mir schon mittags los, ich konnte es kaum abwarten, Feierabend zu machen. Ich machte meine Arbeit so, dass es für den Kunden okay war, dass ich pünktlich Feierabend machte, keine Stunde länger, was ja auch gar nicht ging, weil ich von der Konzentration her nichts mehr leisten konnte. Ich musste mir auch jeden Tag aufs Neue überlegen, wie ich dem Kunden erklärte, warum ich schon wieder ausgezahlt werden wollte. Das macht man eigentlich nicht jeden Tag, denn für den Kunden ist es viel zu aufwendig und irgendwann auch nur noch nervig.

Das führte dazu, dass ich mich beim Kunden oftmals kleiner und auch angreifbarer machen musste, der konnte dann ja auch ganz anders mit mir verhandeln und seine Vorteile aus der ganzen Situation ziehen. Das war ein Gefühl, dass ich wirklich sehr schlecht aushalten konnte. Aber sobald ich die Kohle in der Hand hatte, war es mir egal, da bin ich direkt in die Spielhalle gefahren.

Ich frage mich heute, was mich in die Spielhalle und an die Spielautomaten getrieben hat. Zum einen war es sicherlich so, dass es mir gefiel und damals auch sehr guttat, dass ich den Kopf einfach abschalten konnte. Wenn ich vor so einem Kasten saß, hatte ich keine anderen Gedanken mehr. Zu dem Zeitpunkt war das genau das Richtige, es war die Zeit, als es mit Birte auseinanderging, da schwirrten mir immer zu viele Gedanken im Kopf herum. In der Spielhalle war das alles einfach wie weggeblasen. Jeder Spieler, mit dem ich mich damals unterhielt, sagte: »Diese Ruhe hier gönn ich mir.« Aber das ist totaler Schwachsinn, man hat gar keine Ruhe, man steht, wie gesagt, unter Dauerstrom. Man hat die Aussicht auf einen möglichen Gewinn im Kopf und muss den Spieltrieb befriedigen, der, so glaube ich, in vielen Menschen einfach vorhanden ist. Dass daraus eine Spielsucht entstehen kann, hätte ich, als ich zum ersten Mal 5 DM in den Automaten gesteckt hatte, natürlich niemals für möglich gehalten.

Zum anderen waren es sicherlich auch die sozialen Kontakte, die man sich innerhalb dieser Gemeinschaft aufbaute. In der Spielhalle lernte ich sehr viele nette Leute kennen, ich konnte da immer hingehen und traf mindestens ein bekanntes Gesicht, mit dem ich dann auch quatschen konnte, aber nicht musste. Gespräche und Menschen sind in Spielhallen immer sehr unverbindlich. Man ist in der Spielhalle auch immer willkommen – was ja klar ist, schließlich wollen die ja deine Kohle. Die Läden haben die ganze Nacht geöffnet, und so kannst du, egal zu welchem Zeitpunkt, deine Langweile abschalten oder deinen Stress abbauen. Und auch noch Geld gewinnen. Dass es genau das Gegenteil ist, dass man sich von den wirklichen Freunden komplett abschottet, dass man Geld verliert anstatt zu gewinnen, dass man seinem eigenen Leben irgendwann einfach nur noch hinterherläuft und es nicht mehr einholen kann – das alles sind Sachen, die man weder hören noch sehen will, die man gedanklich einfach vermeidet.

Mit 20 wurde die Spielerei bei mir dann richtig extrem, ich verlor sehr viel Geld, verspielte eigentlich alles, was ich verdiente. Gott sei Dank machte ich damals keine nennenswerten Schulden, es war immer so, dass ich das, was ich mir geliehen hatte, mit dem nächsten Verdienst wieder zurückzahlen konnte und auch getan habe. Zu der Zeit war es auch so, dass ich mit meiner Arbeit viel verdiente. Pro Tag kamen sicherlich 200 Euro zusammen, die wanderten aber meistens komplett in den Automaten. Das war eine ganz schlimme Zeit, in der ich mich auch zunehmend ganz klein gefühlt habe. Ich bekam auch Probleme, meine Miete zahlen zu können, aber irgendwie konnte ich mich immer wieder herauswinden. Oftmals bezahlte ich später als abgemacht, aber immerhin zahlte ich, und so konnte ich diese Hindernisse immer irgendwie umschiffen.

Aus heutiger Sicht ist es ein kompletter Wahnsinn, was für ein Lügenkonstrukt ich mir damals aufgebaut habe, um an Geld zu kommen. Ich legte mir immer einen Plan zurecht, was ich tun musste, damit ich abends auf jeden Fall noch in die Spielhalle konnte. Ein Beispiel: Ich hatte 500 Euro verdient und brauchte dringend neue Klamotten. Also kaufte ich mir für 200 Euro neue Sachen und verplante die restlichen 300 für die Spielhalle. Als ich die 300 Euro verzockt hatte, wusste ich: Okay, ich habe noch 200, ich muss nur die Klamotten zurückbringen. Das tat ich dann und verdaddelte den Rest dann auch noch. In weiser Voraussicht hatte ich die Preisschilder an den Klamotten gelassen, um sie zurückgeben zu können – das war Selbstbeschiss pur.

Während dieser Zeit lernte ich Tobi kennen, der zu einem guten Kumpel werden sollte. Er hatte einen sehr guten Job bei einer Versicherung und verdiente viel Geld, und dementsprechend viel Schotter versenkte er in den Spielautomaten. Sehr viel mehr als ich, manchmal sogar 2000 Euro am Tag, einfach weil er die Möglichkeit dazu hatte. Wenn mein Geld alle war, habe ich oft einfach nur neben ihm gesessen, ihm beim Spielen zugeschaut und mich mit ihm unterhalten.

Tobi war ein superschlauer Typ, der sich sogar mal die Mühe machte, die Jackpot-Zyklen zu errechnen. Immer wenn der Jackpot in der Spielhalle ausgelöst wurde, machte Tobi sich Notizen, und irgendwann fand er heraus, dass sich das Ganze auf bestimmte Weise wiederholte. Er fing an, die Abstände zu zählen, wann der Jackpot irgendwas aufrundete, und dann rechnete er sich aus, an welchem Gerät der Jackpot ausgelöst würde. Er hatte eine Wohnung gegenüber der Spielhalle, von der aus man sehen konnte, wie hoch der Jackpot war, und so konnte er seine Beobachtungen stets weiterführen. Als er verstanden hatte, wie das ganze System funktionierte, nutzte er es schamlos aus und setzte auf alle Automaten oder eben auf diejenigen, die gerade frei waren.

Irgendwann erzählte er mir von seiner Entdeckung. Ich weiß noch, dass ich ihn für diese verrückte Idee und seine Intelligenz tierisch feierte. Ich fand das megawitzig, und es war mir ein völliges Rätsel, wie man überhaupt darauf kam, da etwas mitzuschreiben. Leider wurde er etwas übermütig und verriet sich, als er eines Abends vor den Automaten saß, großspurig von zehn herunterzählte und bei null auf einen bestimmten Kasten zeigte, auf dem dann die Lämpchen angingen und diese Jackpot-Melodie durch die ganze Halle dröhnte. Damit war klar, dass er geschnallt hatte, wie das Ganze funktionierte, und danach wurden die Automaten natürlich alle umgestellt.

Der Betreiber dieser Spielhalle hatte ein Alkoholproblem, und er holte oftmals aus dem Dönerladen direkt nebenan Bier, das er unter den Gästen verteilte. Er selbst trank dann natürlich fleißig mit. Er verwaltete auch die Schlüssel für die Geräte, mit denen man zum Beispiel Sonderspiele extra einstellen konnte. Da Tobi ja ein sehr guter Kunde war, konnte er dem Betreiber immer gut Sonderspiele und andere Sachen abschwatzen. Vor allem wenn der betrunken war, nutzte Tobi die Chance. Man konnte bei diesen Kästen auch einstellen, wie hoch die Gewinne sein sollten, und irgendwann war es mal so, dass der Betreiber so betrunken war, dass er Tobi die Schlüssel in die Hand drückte und auf seinem Barhocker einschlief. Für uns folgte eine paradiesische Nacht in der Spielhalle, alle ließen sich die Automaten zu ihren Vorstellungen einrichten, und Tobi stellte sich 600 Sonderspiele oder irgend so einen Quatsch ein. Die Angestellten des Ladens waren die ganze Zeit nur dabei, die Geräte wieder aufzufüllen, weil Tobi einen nach dem anderen plünderte. Aber das sollte danach nie wieder vorgekommen. Ich denke, der ganze Spaß hatte die Spielhalle ungefähr 10.000 Euro gekostet.

Jedenfalls litt Tobi so wie ich unter schwerster Spielsucht, und er hatte auch jahrelang mit Selbstmordgedanken zu kämpfen. Vor einiger Zeit habe ich ihn mal wieder getroffen, er spielt immer noch. Das größte Problem bei ihm war, dass er hohe Kredite bei der Bank bekam, weil er so ein hohes Einkommen hatte. Dementsprechend hatte er auch hohe Schulden. Keiner aus seiner Umgebung wusste von seiner Sucht. Das muss auch ein Wahnsinnsdruck gewesen sein. Bei mir lief das alles in einem kleineren Rahmen ab, aber ich denke, ich habe auch etwa 1000 Euro im Monat dort gelassen. In der gesamten Zeit meiner Spielsucht habe ich bestimmt ein Einfamilienhaus durchgebracht.

Ich hatte damals eine Kreditkarte, mit der ich im Monat 2000 Euro abheben konnte, die benutzte ich dann auch immer fleißig. Nach vier Wochen musste ich die Beträge von meinem Bankkonto zurückzahlen, was ich natürlich nicht konnte. Wenn ich mich abends auf den Weg zur Spielhalle machte, ging ich vorher mit dieser Karte zum Automaten und zog Geld, wobei ich bei jeder Transaktion 5 Euro zahlen musste. Das wurde natürlich sehr teuer für mich, denn ich holte mir 100 Euro, die waren dann weg, und so musste ich wieder 100 Euro holen, das war total dämlich. Als ich nach den ersten vier Wochen merkte, dass ich 2000 Euro in den Miesen war und nicht wusste, wie ich die zurückzahlen sollte, nahm ich die Karte und schnitt sie kaputt. Ich dachte nur: Nein, damit kann ich nicht umgehen, das wird mich ruinieren. So weitsichtig war ich dann doch noch, zum Glück. Ich ließ die 2000 Euro dann als Dispo umschreiben und habe die nach und nach abgestottert. Jeder, der schon mal knietief im Dispo steckte, weiß, wie schwierig es ist, das zurückzuzahlen, und auch wie teuer das ist.

Meine Freunde bekamen das alles gar nicht mit. Ich ging nach wie vor einmal in der Woche zum Fußballtraining, aber generell sah ich die anderen nun seltener an den Wochenenden, weil ich eben in der Spielhalle war. Ich habe dann meinen sozialen Bereich nur in diese Spielhalle verlegt. Denn das waren auch alles so arme Schweine wie ich, das passte irgendwie. Zu der Zeit arbeitete ich auch immer sehr viel, von daher war es auch gar nicht so, dass ich tagelang und stundenlang mit Freunden rumhing, deswegen konnte ich das Ganze nach außen hin gut verbergen.

Damals war ich ja zunächst noch mit Birte zusammen, sie war dann in Kiel in der Ausbildung. Deshalb bekam sie auch nicht viel davon mit, und am Anfang war sie ja sogar mit dabei gewesen, als wir Billard spielen gingen. Birte hatte sich nie viel aus den Automaten gemacht, und später kam sie nicht mehr mit in die Spielhalle. Sie merkte nicht, wie viel ich spielte, sie dachte immer, dass ich arbeiten bin. Meine Kosten waren damals relativ gering, ich hatte meine Miniwohnung in Bunsoh und ernährte mich meistens von Nudeln mit Ketchup oder Toastbrot. Da Birte in Kiel war, hatte ich immer genug Zeit, um durch Arbeit an Geld zu kommen, ohne dass irgendwelche finanziellen Einbrüche irgendwie auffielen. Ich fuhr morgens zur Arbeit und von dort aus direkt in die Spielhalle, sodass keiner es mitbekam. So konnte ich immer sagen: Ich war noch arbeiten. Manchmal war ich sogar bis spät nachts da, musste am nächsten Morgen früh hoch und zur Arbeit, das waren wirklich harte Zeiten.

Nachdem Birte und ich uns getrennt hatten, dauerte es zwei oder drei Monate, bis ich Madlen kennenlernte. Abends war ich oft in Heide unterwegs, der einzigen größeren Stadt im Umkreis. Dort gibt es den Schuhmacherort, eine Kneipenstraße im Stadtzentrum, wo ich mich gern aufhielt. Mit Matze, einem Kumpel, den ich aus der Spielhalle kannte, ging ich abends in eine der Kneipen, und dort arbeitete Madlen als Bedienung. Ich hatte ja noch meine Trauerphase nach Birte, und ich war gar nicht darauf aus, jemanden kennenzulernen, auf keinen Fall. Jedenfalls saßen Matze und ich in dieser Kneipe, aßen etwas und blödelten herum. Ich pickte mir immer irgendeine Frau in dem Laden heraus und sagte zu Matze: »Wenn ich will, kann ich die heute Abend abschleppen.« Dann setzte er wieder einen drauf und sagte: »Wenn ich will, kann ich die heute Abend abschleppen.« Das ging eine Zeit lang so weiter, bis ich auf Madlen zeigte und sagte: »Wenn ich die Bedienung da anbaggern würde, dann würde ich sie abschleppen können.« Er winkte aber nur ab und sagte: »Ach, du spinnst ja.« Das Ganze wurde schließlich zu einer kleinen Wette.

Ich merkte, dass Madlen und ich uns sympathisch waren, und immer wenn ich was bestellte, war es ein sehr netter Umgang miteinander. Also schrieb ich, als wir loswollten, hinten auf den Bon einfach meine Telefonnummer drauf, dann verließen wir den Laden. Ich sagte zu Matze: »Pass auf, ich schwöre dir, sie ruft an!« Am nächsten Abend piepste mein Handy, und ich hatte eine SMS bekommen von einer Nummer, die ich nicht kannte. Und tatsächlich war es Madlen. Ich wollte damals keine neue Beziehung, mir ging das eigentlich viel zu schnell, aber Abenteuer haben mich auch immer sehr angezogen.

Madlen schrieb, dass sie sich sehr über meine Nachricht auf dem Bon gefreut habe und ob ich nicht Lust hätte, nächstes Wochenende noch mal in den Schuhmacherort zu kommen und meine Tanzschuhe mitzubringen. Daraufhin zerbrach ich mir erst mal den Kopf darüber, was ich jetzt zurückschreiben konnte, schließlich wollte ich auch lustig und cool darauf antworten. Letztendlich schrieb ich, dass ich am kommenden Wochenende ganz bestimmt noch mal in den Schuhmacherort kommen und mich freuen würde, sie wiederzusehen. Natürlich sagte ich auch gleich Matze Bescheid, dass ich unsere kleine Wette gewonnen hatte.

In der nächsten Woche war ich wieder mit Matze in der Kneipe, mit ihm war ich in der Zeit oft unterwegs. Madlen war wieder am Arbeiten, und immer wenn sie mal fünf Minuten Zeit hatte, kam sie bei uns vorbei und unterhielt sich mit uns. Ich war merkwürdigerweise sehr verschüchtert, weil es einerseits merklich in eine Richtung ging, die ich gar nicht wollte oder zu der ich nicht bereit war. Andererseits war ich aber abenteuerlustig genug, um es nicht dabei zu belassen. Und dieses Flirten mit einer fremden Frau hat mir gutgetan, weil diese Zeit nach der Trennung, in der ich mich gerade befand, natürlich nicht so witzig war. Ich merkte, dass von der anderen Seite auch Interesse kam, was ich in dem Moment natürlich großartig fand.

Und so haben wir uns immer näher kennengelernt. Immer wenn ich nach einem gemeinsamen Treffen nach Hause ging, haben wir eine Million SMSen hin und her geschrieben, man könnte fast sagen, dass wir mehr Textnachrichten geschrieben als miteinander gesprochen haben. Zu dem Zeitpunkt waren unsere Gespräche auch immer noch etwas ungelenk, vor allem von meiner Seite aus, weil ich so unsicher war. Mein Kumpel Matze lachte sich immer tot über mich, er konnte gar nicht glauben, dass die sonst so toughe Kerstin auf einmal so zahm war.

Madlen wagte schließlich den ersten Schritt und fragte mich per SMS, ob ich mit ihr mal essen gehen wolle. Das ging mir wiederum zu schnell, das war mir alles schon zu nah und eng und zu Rendezvous-mäßig. Außerdem hätte ich gerne meinen Kumpel dabeigehabt, sozusagen als Puffer, damit auch ja nichts zu schnell ging. Also antwortete ich: »Ja, ich habe Lust auf Essen gehen – kann ich meinen Kumpel mitbringen?« Das fand sie natürlich nicht so lustig und schrieb, dass sie sich eigentlich lieber mit mir allein treffen wolle. Ich wollte das nicht vergeigen, also schrieb ich zurück: »Okay, dann komme ich alleine.«

Daraufhin schob ich erst mal richtig Panik, weil ich auch Angst davor hatte, dass wir gemeinsam am Tisch sitzen und plötzlich diese peinliche Stille herrscht. Dass ich nicht weiß, was ich sagen soll oder was ich eigentlich von ihr will. Ich merkte ja, dass Interesse bestand, ich wusste aber nicht genau, welches Interesse. Das war ein wenig nach dem Motto: Irgendwie ja, aber ja wirklich? Das war nicht so, dass ich mir hundertprozentig sicher sein konnte, dass Madlen ernstere Absichten hatte, es war aber auch so, dass ich wusste, dass ich eigentlich lieber keine ernsteren Absichten haben wollte. Zu dem Zeitpunkt hatte ich einfach tierisch Angst vor einer Blamage.

Natürlich war es dann auch so, dass unser erstes Date ein Albtraum war. Madlen hatte einen Kumpel namens Halit, der in einem Restaurant in der Nähe vom Schuhmacherort gearbeitet hatte. Dort hatte sie ein Tisch reserviert und ihm offenbar gesagt, dass sie sich mit jemandem treffen würde, den sie ganz interessant fand. Halit hatte das Ganze ein wenig falsch verstanden und hatte einen Tisch hergerichtet mit zwei romantischen Kerzen, Bonbons mit einem kitschigen »Love« darauf, Blütenblättern und allem möglichen anderen Quatsch. Als ich das sah, wäre ich beinahe wieder rückwärts aus dem Laden rausgegangen. Ich dachte natürlich, dass Madlen das so arrangiert hatte, und da gingen für mich sofort die Scheuklappen hoch. Die peinlichen Momente des Schweigens am Tisch waren vorprogrammiert.

Der Start des Abends war dann natürlich auch sehr holprig für beide Seiten, weil auch ihr das sehr peinlich war, dass Halit den Tisch so vorbereitet hatte. Wir waren praktisch zeitgleich im Restaurant angekommen, und als Halit unsere schockierten Gesichtsausdrücke sah, lachte er sich kaputt darüber, dass er da völlig über die Stränge geschlagen hatte. Er fand das eher belustigend, statt zu denken: Oh Scheiße, das habe ich jetzt nicht so toll gemacht. Aber wir beide fanden das erst mal nicht witzig. Madlen hatte sich wahrscheinlich die ganze Zeit gefragt: Was muss die jetzt von mir denken? Ich dachte nur: Oh Gott, was soll denn jetzt dieser Hochzeitstisch?

Am späteren Abend mussten wir darüber aber auch schon wieder lachen. Irgendwann hatte sich das Ganze natürlich aufgeklärt und ich mich wieder beruhigen können. Wir sind dann irgendwann rüber in den Schuhmacherort gegangen in den Laden, in dem Madlen arbeitete, und haben dort den Abend weiter zusammen verbracht. Auch ihr Freund Halit kam noch vorbei, und ich lernte ihre beste Freundin Jenni kennen, die ebenfalls in der Kneipe arbeitete. Jenni sollte einige Zeit später der Grund sein, warum ich das Lied *Die immer lacht* schrieb.

Mir fiel sofort auf, dass diese Truppe, die ich da nun kennengelernt hatte, sehr liebevoll miteinander umging. Das fand ich richtig großartig. Bei denen gab es nicht, so wie ich das von meinen Freundschaften her kannte, dieses kurze Umarmen, sie nahmen sich richtig in den Arm und freuten sich aufrichtig, wenn sie sich sahen – und das, obwohl sie sich jeden Tag sahen. Die Atmosphäre in dieser Runde war einfach total schön, sehr locker, witzig und liebevoll. Ich genoss die Zeit mit ihnen und wollte unbedingt ein Teil dieser Gruppe sein. Ab diesem Zeitpunkt ging ich sehr oft in diese Kneipe und stellte sogar das Spielen merklich zurück, was mir damals aber gar nicht auffiel, weil der Fokus eben auf anderen Dingen lag. Zwar ging ich trotzdem noch jeden Tag spielen, aber nicht so extrem, weil ich meine Zeit jetzt auch für diese neuen Bekanntschaften nutzte.

An einem anderen Abend, als Madlen wieder in der Kneipe arbeitete, ließ ich mich wieder mit Matze im Schlepptau dort blicken, und es wurde ein feuchtfröhlicher Abend. Danach ging ich mit zu ihr nach Hause, wo es dann zum ersten Sex kam, der für mich etwas überfordernd war. Sie war etwas älter als ich und hatte auch sehr viel mehr Erfahrungen mit wechselnden Beziehungen. Ich war bis dahin in einer Beziehung gewesen und hatte eine Affäre gehabt, bis dahin reichte mein Horizont.

Sie war experimentierfreudig, was das Ganze betraf, zum Beispiel erzählte sie mir, dass sie auch auf Gruppensex stand, ob mit Frau oder mit Mann war ihr egal. Sie hatte schon den einen oder anderen Sexpartner gehabt, was mich natürlich tierisch unter Druck setzte, weil ich wusste, dass ich längst nicht so erfahren war. In dieser Nacht war es auch so, dass sie mich komplett überrannt hat, ganz anders als Birte, die sehr vorsichtig war und eher mir die Führung überlassen hatte. Madlen hingegen war richtig fordernd, was mir erst einmal richtig Schiss machte, aber ich wollte auch nicht als kleines Dummerchen dastehen. Ich wollte nicht zugeben, dass mir das Ganze irgendwie nicht so ganz geheuer war, also machte ich mit.

Irgendwas in mir wurde angeheizt, weiterzumachen und weiter einzutauchen in die ganze Geschichte mit Madlen. Danach sahen wir uns fast jeden Tag. Das war dann auch eine richtig tolle Zeit, weil die Abende und Tage einfach schön waren. Wir merkten schnell, dass wir den gleichen Humor hatten, ihre Freunde waren supernett zu mir, und ich kam sehr schnell in diese Runde hinein und wurde ein fester Bestandteil davon.

So kam es dann auch, dass wir zusammenzogen. Wir schmissen auch von Anfang an unsere finanziellen Mittel zusammen, weil keiner von uns dieses »Das ist meins, das ist deins«-Ding mochte. Generell entwickelte sich das alles sehr schnell, viele Dinge entschieden wir aus dem Bauch heraus. So war es nach acht Monaten sogar soweit, dass wir heirateten, ein sehr spontaner Entschluss, der eher so aus einer Laune heraus entstand. Auf dem Weg vom Einkaufen nach Hause hatte sie einfach so zu mir gesagt: »Also, ich würde dich heiraten.« Und ich sagte: »Ich würde dich auch heiraten.« Und das war's. Es gab keinen romantischen Antrag oder Ähnliches, es kam einfach so zustande. Wir heirateten also standesamtlich in Heide, und auf einmal waren wir Frau und Frau Ott. Das Gefühl war am Anfang schon seltsam, schön seltsam.

Trotz all der Neuerungen in meinem Leben und dem neuen Freundeskreis ließ sich mein Spieltrieb nicht lange zurückdrängen, er kam schleichend zurück. Es hatte zwei Monate geklappt, dann fing ich wieder an, mich selbst zu bescheißen nach dem Motto: »Ach komm, nur 2 Euro, das ist ja nichts.« Und dann: »Okay, ich nehme mir jetzt vor, für die gesamte Woche nur 50 Euro zum Spielen zu nehmen, das kann ich mir ja leisten.«

Wenn man Alkoholiker ist, also einmal diese Linie überschritten hat, dann ist man für immer Alkoholiker oder trinkt eben gar nichts mehr. Als Alkoholiker kannst du nicht sagen: Okay, ein Glas gönne ich mir heute Abend, danach höre ich wieder auf. Wenn man sich dann dieses eine Glas gönnt, ist man wieder drin, hat wieder Blut geleckt. Und so ist das auch mit der Spielsucht.

Ich war also wieder komplett hineingerutscht. Madlen verschwieg ich natürlich zuerst, dass ich in der Daddelhalle mein Geld verzockte. Ich verpackte das Ganze meistens mit der altbewährten Ausrede, ich müsse länger arbeiten, oder ich arbeitete nur sieben statt acht Stunden und ging dann eine Stunde spielen. Mit der Zeit verlor ich wieder viel Geld und musste mir ständig Gedanken machen, wie ich am selben Abend an Geld komme. Damals ließ ich mir wieder skurrile Sachen einfallen, zum Beispiel überredete ich den Kunden, mir schon zwei Wochen vor Beginn der Arbeiten das Materialgeld auszuzahlen, was in der Branche schon sehr ungewöhnlich war.

Ich habe zu dem Zeitpunkt sehr viel gelogen, weil ich vor Madlen natürlich immer verheimlichen musste, dass ich mal wieder nichts verdient hatte. Da wir alles Finanzielle teilten, ging das irgendwann so nicht mehr, deshalb musste ich langsam mit der Sprache rausrücken. Ich sagte ihr, dass ich ab und zu in Spielhallen ginge und ein bisschen zockte, verkaufte ihr das aber so, dass es nichts Dramatisches sei, sondern eher eine Art Hobby. Ich ließ nicht durchblicken, dass es bei mir schon eine Sucht war und dass es finanziell für uns schlimm werden könnte.

Damit ging dann auch so ein Katz-und-Maus-Spiel zwischen uns los. Eigentlich sollte ich Geld vom Arbeiten mit nach Hause bringen, hatte aber oftmals nach dem Arbeiten direkt alles verloren. Dann ging erst mal wieder die Suche los: Wer leiht mir heute Abend was, damit das nicht auffällt? Das, was man eigentlich mit dem Geld vorhatte, geht nicht mehr, weil es nicht mehr da ist. Man ist in Gedanken immer nur dabei, die wichtigsten Rechnungen irgendwie begleichen zu können, ist aber dauernd im Zwiespalt mit dem Gedanken: Vielleicht sollte ich das Geld nehmen und versuchen, was zu gewinnen, damit ich dies bezahlen und trotzdem noch jenes haben kann. Das war immer nur ein Löcherstopfen von links nach rechts, ein einziges Umschichten. Diese Zeit war ganz schrecklich. Da ich und Madlen zusammen waren, musste ich ja nun auch Rechenschaft über die Finanzen ablegen. Vorher war das egal, da habe ich meine Sachen bezahlt, den Rest habe ich verzockt. Für mich war das damals nicht schlimm, ich hatte niemanden, also konnte ich auch den ganzen Tag oder den ganzen Abend in der Daddelhalle verbringen.

Natürlich ahnte Madlen irgendwann, wie schlimm es wirklich war. Aber das hat komischerweise nicht häufig zu Streit geführt, weil ich erstens nach wie vor keine großartigen Schulden hatte, und wenn ich wirklich alles Geld in der Spielhalle verballert hatte, konnte ich mir immer irgendwo so viel leihen, dass ich wenigstens einkaufen gehen oder andere nötige Dinge erledigen konnte. Man kann an einer Hand abzählen, wo es mal nicht geklappt hatte, wo Madlen ganz allein für gewissen Dinge aufkommen musste. Es lief also erst einmal alles so weiter, ohne dass irgendjemand von uns Schaden davon nahm.

Nachdem sie Bescheid wusste, führten wir ganz viele Gespräche darüber, weil mir wichtig war, dass sie merkte, dass ich sie nicht hintergehen möchte, sondern dass ich mich einfach nicht daraus befreien konnte. Und dass ich auch so ehrlich sein wollte, wie es ging. Manchmal konnte ich nicht immer am selben Tag mit der Wahrheit herausrücken, aber ich versprach ihr, immer alles zu gegebener Zeit zu berichten, sodass sie immer genau Bescheid wusste, wie es gerade wirklich um mich und uns stand. Daran habe ich mich auch gehalten. Ich konnte das oftmals nicht am selben Tag aussprechen, weil es an sich schon schlimm genug war, das Ganze für sich allein zu verdauen – wieder dieses ganze Geld verballert zu haben, wieder umsonst gearbeitet zu haben. Damit muss man ja auch für sich selbst wieder jeden Tag aufs Neue klarkommen.

Wie gesagt, versuchte ich, das Ganze so offen wie möglich vor ihr zu handhaben. Das ging natürlich nicht immer, weil eine Sucht eben eine Sucht ist, und die kann man schlecht finanzieren, wenn man so wenig Mittel zur Verfügung hat. Mir war das klar, und ich verstand auch, dass ich mir irgendwie Grenzen setzen musste. Madlen fing irgendwann an, Geld zu verstecken, das ich ihr gegeben hatte, damit ich es nicht verspiele. Schließlich wollte ich trotz der Spielsucht weiterhin meinen Teil zu unserem Leben beitragen. Aber gleichzeitig machte ich mich auch auf die Suche nach dem versteckten Geld.

An ein Beispiel kann ich mich noch erinnern, da habe ich tatsächlich ein Geldversteck von ihr gefunden und es natürlich geplündert. Ich ging mit meiner Beute spielen und wusste, dass sie erst spät nach Hause kommen würde, weil sie ja noch arbeiten musste. Gegen 21 Uhr hatte ich das ganze Geld schon verballert und hatte noch etwa drei Stunden Zeit, mir zu überlegen, warum das Geld weg war. Ich wusste ja, dass sie ein Teil von ihrem heute verdienten Trinkgeld dazulegen würde, so wie sie es immer tat, und sie würde sofort sehen, dass da kein Geld mehr war. Also klapperte ich meine Möglichkeiten, wo ich mir Geld leihen konnte, ab, aber dummerweise ging das schief – ich erreichte niemanden oder bekam nichts. Also überlegte ich mir eine wasserdichte Ausrede: Ihr Geldversteck war so eine Art Abseite in unserer Wohnung, wo Sachen verstaut wurden, die man eigentlich gar nicht mehr brauchte. Meine Idee war nun, ihr vorzugaukeln, dass ich heute nach der Arbeit urplötzlich so viel Bock gehabt hätte, diese Abseite leerzuräumen, und den ganzen Krempel direkt zum Müllplatz gefahren habe – natürlich ohne zu sehen, dass da Geld versteckt war. Diese Geschichte zog ich also durch, und es lief genauso, wie ich es mir gedacht hatte: Sie kam nach Hause, machte die Schranktür auf und sah, dass nichts mehr drin war. Sie fragte: »Wo sind denn die ganzen Sachen hin?«, und ich antwortete ganz unschuldig: »Die habe ich heute zur Müllabfuhr gefahren.«

Madlen bekam einen Schreck. »Oh nein, da war Geld drin, ich hatte da was versteckt!«

Ich sagte nur: »Das wusste ich nicht. Ich habe das jetzt einfach weggefahren, weil mich das so genervt hat …«

Und diese Geschichte beließ ich so für bestimmt drei oder vier Wochen. Erst dann konnte ich damit rausrücken, dass ich es gefunden und verzockt hatte. Das war nämlich ein Tag, an dem ich mal 2000 Euro gewonnen hatte. Eine schlechte Nachricht kann man besser überbringen, wenn es vorher eine gute gibt. Was das Vertrauen anging, war es für sie jedes Mal bestimmt eine Katastrophe, wenn sie von mir hörte, dass ich sie vor zwei, drei Wochen wieder belogen hatte, und das auch noch so glaubhaft. Das tat mir jedes Mal leid, jedoch wusste ich mir nicht besser zu helfen.

Man könnte sich jetzt fragen, warum sie das so lange ignoriert, toleriert, mitgemacht hat. Aber sie musste ja auch erst einmal für sich verstehen, worum es eigentlich geht – ist es eine ernsthafte Bedrohung oder ist es keine? Identifiziert man es als eine Bedrohung, muss man erst einmal dahinterkommen, was genau es überhaupt ist. Und das alles braucht seine Zeit. Bei Madlen war es so, dass sie natürlich zunächst auch so ein Riesenfragezeichen im Kopf hatte. Zuerst reagierte sie mit Unverständnis, warum ich das Spielen überhaupt so toll fand, sie konnte sich gar nicht vorstellen, warum ich nicht einfach aufhörte, warum ich da nicht wieder rauskam. Und ich konnte ihr das immer nur erklären anhand des Raucher-Beispiels: Man weiß, Rauchen ist ungesund, es bringt einen auf kurz oder lang um, aber man kann es einfach nicht lassen. Bei Madlen war es blöderweise so, dass sie hin und wieder sagen konnte: »Ich rauche jetzt mal für eine Woche nicht«, und das tat sie auch tatsächlich eine Woche lang nicht. Sie war offenbar nicht annähernd so suchtaffin wie ich, also war das nicht das wirkungsvollste Beispiel.

Jedenfalls verstreichen einfach unendlich viele Wochen, bis der Partner überhaupt erkennt: Das geht so nicht weiter, du verzockst das ganze Geld, und ich häng da mit drin. Madlen ist schon so eine Art Co-Abhängige geworden, die sich wohl oder übel mit der ganzen Angelegenheit auseinandersetzen musste, weil wir nun mal verheiratet waren. Und irgendwann hatte sie durch unsere Gespräche auch gemerkt, dass es existenzbedrohend war, was ich da machte. Denn es wurde ja immer schwieriger, die Miete zusammenzubekommen, wir zahlten immer öfter auf den letzten Drücker oder mit Verspätung, und da musste auch sie manchmal den Kopf hinhalten und dem Vermieter sagen: »Tut mir leid, du kriegst das Geld erst nächste Woche.« Das waren alles Sachen, die sie so irgendwann nicht mehr wollte. Das verstand ich auch.

Aber bis dahin probierte sie viele Taktiken aus, um zu verstehen, was ich durchmachte, und mir da rauszuhelfen. Ich weiß noch, wie sie mir sagte: »Irgendwann komme ich mal mit in die Spielhalle und spiele mit. Ich will wissen, wie sich das anfühlt, was dich daran so begeistert.« Die Idee fand ich total doof, weil das ja meine Kopf-ausschalten-Zeit war, die ich ja auch genoss, und ich hoffte, dass sie diese Idee schnell wieder vergaß, aber ein paar Tage später traf sie mich in einer meiner bevorzugten Spielhallen. Ich spielte gerade an fünf Spielautomaten gleichzeitig, da stand sie auf einmal hinter mir. Ich lief knallrot an, weil ich am Morgen noch stolz verkündet hatte, alles würde besser werden. Und nun sah sie mich, wie ich im Wahn an den fünf Kisten stand und überall 200 oder 300 Euro drauf hatte.

Sie holte sich erst mal einen Kaffee, setzte sich zu mir und ließ sich von mir erklären, wie ein Spielautomat funktioniert. Nachdem ich erst mal gefühlte tausend Stunden gebraucht hatte, um überhaupt mit dieser Situation zurecht zu kommen, legte ich los. Mir war klar, dass ich Madlen damit nicht süchtig machen würde, sie war einfach nicht der Mensch dafür. Sonst hätte ich das auch nicht übers Herz gebracht, denn das war ja so, als würde man jemandem eine Heroinspritze anbieten, obwohl man selbst weiß, was das Zeug anrichtet. Es war klar, dass sie nicht den Bezug dazu haben würde, dass sie einfach nicht dafür gemacht war.

Sie hatte, wenn man das so sagen kann, kein Talent fürs Spielen, und sie war auch relativ schnell soweit, dass sie wieder nach Hause wollte. Sie sagte noch: »Ich hoffe, du bleibst nicht mehr so lange«, und genau das passierte auch. Ich konnte mich danach gar nicht mehr wohlen Mutes in der Spielhalle aufhalten, weil ich natürlich ein megaschlechtes Gewissen hatte. Ich drückte also alle Automaten ab und ging nach Hause.

Madlen wollte mich unterstützen, das habe ich auch bemerkt. Aber diese Co-Abhängigkeit halte ich auch für mindestens genauso schlimm, weil du deinen Partner nicht schützen kannst. Du kannst ihn nicht trösten, du kannst auch nicht sagen: Alles wird gut. Du kannst einfach nur alle Geschütze auffahren, um das Ganze zu bekämpfen, oder gehen. Letzteres wollte sie nicht, aber irgendwann war ihr klar, dass es so nicht weitergehen konnte. Wir drehten uns im Kreis.

Ich für meinen Teil hasste mich zunehmend für das alles, und mit diesem Gefühl kam ich irgendwann nicht mehr zurecht. Ich kam mir wie der absolute Versager vor, so hatte ich mich in meinem ganzen Leben noch nicht gefühlt. Ich war immer in der Lage gewesen, mich eigenhändig aus problematischen Lagen zu befreien, ich habe mein Glück immer selbst in die Hand genommen. Aber damals war es so, dass ich mich wirklich wie ein Verlierer gefühlt habe, wie jemand, der einfach nicht vom Fleck kommt. Die Spielsucht engte mich und mein Leben ein, es wurde alles viel extremer, ich habe mit der Zeit auch immer heftiger gespielt. Und ich habe mit jedem Monat nicht nur mehr Geld verloren, sondern immer auch ein Stückchen Selbstbewusstsein, ein Stück von mir selbst. Und irgendwann stand ich mit dem Rücken zur Wand. Ich wusste, es gibt weder finanziell noch emotional den Weg vor oder zurück. Ich kann mich nicht mehr bewegen, weil ich festgebunden bin. Es war wieder dieses Eingesperrtsein, jenes Gefühl, das ich am allerwenigsten aushalten konnte. Und das ist mit den Monaten einfach immer schlimmer geworden.

Ich kann mich noch an ein einschneidendes Erlebnis erinnern, wo dieses Gefühl ganz besonders schlimm war. Ich hatte eine Kundin, für die ich damals oft arbeitete und mit der ich mich sehr gut verstand. Ich erledigte also wieder mal eine Malerarbeit bei ihr, und da sie damals eine Woche im Urlaub war, hatten sich um die 800 Euro angehäuft, die für mich ausstanden. Dieser Betrag war eben auch nur zustande gekommen, weil sie im Urlaub war, sonst hätte ich mich jeden Tag auszahlen lassen. Jedenfalls ging ich nach der Arbeit in die Spielhalle mit 100 Euro, die ich noch in der Tasche hatte. An diesem Tag arbeitete dort eine junge Frau als Aufsicht, die mich schon kannte und wusste, dass ich eine Stammkundin war. Als meine 100 Euro weg waren, versuchte ich mein Glück bei ihr und sagte: »Pass auf, gib mir doch bitte mal 100 Euro und lass die anschreiben. Ich fahre nachher noch zu meiner Kundin, von der bekomme ich noch Geld, dann gebe ich dir das wieder.« Das tat sie tatsächlich auch, sie gab mir 100 Euro aus der Kasse, was die Angestellten aber niemals dürfen, weil die Spielhallenbesitzer genau wissen, dass man Spielern nie trauen darf. Ein Spieler ist normalerweise nicht so drauf, dass er das Geld wirklich wieder zurückzahlt, sondern der ist dann weg und kommt nie wieder. Aber die Angestellte vertraute mir, aus welchem Grund auch immer. Und für mich war es ja auch so, dass ich ihr das Geld wiedergeben wollte, im Hinterkopf hatte ich ja die 800 Euro, dann würde das kein Problem sein. Dummerweise waren die aber eigentlich schon verplant, ich musste davon verschiedene Dinge wie Material und Einkäufe bezahlen. Das hatte ich in dem Augenblick aber verdrängt.

Jedenfalls ließ mich die junge Frau weiter anschreiben. Wieder ein Hunderter, und dann noch einer. Als ich 600 Euro verspielt hatte, wurde mir auf einen Schlag klar, dass ich nur noch 200 hatte, danach wäre alles futsch. Mir wurde schlecht, ich fing total an zu zittern und war den Tränen nah, und ich wurde richtiggehend wütend. Ich fing an, gegen den Kasten zu schlagen, weil es mich so ärgerte – ich wusste genau, ich brauchte 30 Euro nicht mehr anzunehmen, ich brauchte mehr. Also ging ich auf Risiko und drückte immer weiter hoch, und immer ganz kurz bevor ich am Ziel war, ist mir der Kasten abgeschmiert. Das macht einen fuchsteufelswild, vor allem wenn man weiß, dass man schon 600 Euro darin versenkt hat. Das Miese ist ja auch, dass man zwischendurch wieder geködert wird mit einem Gewinn, der zwar gut ist, aber nicht so gut, als dass du ihn abdrücken kannst. Zwischendurch gewinnst du dann mal 200 Euro, und du denkst, okay, jetzt habe ich immerhin nur noch 400 Euro Minus – ich nähere mich der Sache wieder langsam an. Und wenn ich wieder bei null bin, drücke ich sofort raus und gehe. Dann kommt noch ein Gewinn, jetzt hast du 400 Euro zurückerwirtschaftet, also nur noch 200 im Minus. Eine Glückssträhne! Also du drückst du es nicht ab, du gehst noch mehr auf Risiko. Weil jetzt bist du ja schon so dicht dran, dass du vielleicht sogar ins Plus kommen könntest. Innerhalb von zehn Minuten ist dein Erspieltes dann weg. So schnell kann das gehen. Man konnte den Einsatz so hoch ansetzen, dass in 5-Euro-Schritten abgebucht wurde, das habe ich blöderweise gemacht, und alle sieben Sekunden waren 5 Euro weg.

Am Ende, als von meinen 800 wirklich nur noch 100 Euro übrig waren, ging ich noch mal zu der Angestellten, der ich ihren inneren Gewissenskonflikt und zunehmende Sorge um ihr Geld schon ansehen konnte, und sagte: »Gib mir bitte noch ein Mal 100 Euro.« Das tat sie auch, und ich wusste, das sind die letzten 100, danach ist alles vorbei. Mein Zittern wurde stärker, auf einmal bekam ich es mit der Angst zu tun. Was mache ich, wenn ich jetzt nichts mehr gewinne, wie soll ich so eine große Summe aufholen? Wie erzähle ich das zu Hause, was für eine Ausrede lasse ich mir einfallen, woher soll ich Geld bekommen, damit ich das wieder zurückzahlen kann? Der einzige Ausweg war, an diesem Abend noch zu meiner Kundin zu fahren und abzurechnen – aber dafür müsste sie erstens zu Hause und zweitens bereit sein, um diese Uhrzeit noch mal zur Bank zu fahren. Ich griff zum Handy und rief sie an, mir war es egal, wie spät es schon war, und zum Glück war sie zu Hause und hatte sogar schon das Geld geholt, weil wir am morgigen Tag sowieso abrechnen wollten. Erleichtert fuhr ich zu ihr, holte das Geld ab und heulte auf dem ganzen Rückweg wie ein Schlosshund. An der Spielhalle angekommen, ging ich schnurstracks zur Angestellten und überreichte ihr das Geld, und ich konnte deutlich sehen, wie erleichtert sie war, dass ich mein Wort gehalten hatte. Jahre später sollte ich sie zufälligerweise wiedertreffen, da verriet sie mir, dass sie so einen Riesenschiss gehabt hatte, das Geld nicht zurückzubekommen, dass ihr das Ganze eine Lehre gewesen sei, so etwas nicht noch mal zu tun.

Jedenfalls waren meine 800 Euro nun weg. Und dann saß ich noch eine ganze Stunde im Auto auf dem Parkplatz, weil ich mich nicht nach Hause traute. Weil ich wusste: Entweder heute oder spätestens morgen muss ich beichten, was los ist. Ich fühlte mich einfach hundsmiserabel.

Irgendwann kam ich zu Hause an, und Madlen merkte natürlich sofort, dass mit mir was nicht stimmte.

»Was ist los?«, fragte sie.

»Nix, alles ist gut«, antwortete ich trocken.

Ich konnte einfach nicht sofort mit der Sprache rausrücken. Ich wusste, dann würde ich die nächsten zwei Stunden durchheulen und mich wieder kleinmachen und sagen müssen, morgen würde alles besser werden. Eben das Übliche, was ich immer so abspulte. Ich sagte nur, dass ich einen beschissenen Arbeitstag gehabt habe, aber ich spürte schon, dass Madlen mir nicht glaubte, sie wusste, dass irgendwas in der Richtung wieder los war. Ich war ihr aber dankbar, dass sie mich in dem Augenblick nicht weiter nötigte, etwas dazu zu sagen und Farbe zu bekennen.

Das Problem war nun, dass ein 800 Euro großes Loch in unserer Haushaltskasse klaffte und dass Rechnungen bezahlt werden mussten. Also ging für mich wieder die Suche nach jemandem, der mir das Geld leihen konnte, los. Ich rief meinen früheren Ausbilder an und fragte ihn, ob er mir mit 800 Euro aushelfen könne. Ich erzählte ihm, dass irgendein Kunde nicht bezahlt habe und ich ihm das Geld auch erst etwas später wiedergeben könne, wenn der Kunde dann bezahlt habe und so weiter. Zum Glück konnte er mir aushelfen, und ich musste dann die folgenden Tage und Wochen ordentlich ranklotzen, um das Geld erst mal wieder reinzuarbeiten. Glücklicherweise bekam ich einen größeren Auftrag, und so zahlte ich es ihm einen Monat später zurück. Mein jüngstes Erlebnis in der Spielhalle war so einschneidend gewesen, dass ich nun genau wusste: An dieses Geld darf ich auf keinen Fall ran, das kann ich nicht zum Zocken nehmen, das geht nicht. Mein Ausbilder wird mir sonst nie wieder vertrauen. Es ging hier um eine Vertrauensperson, da merkte ich: Stopp, hier würde ich jetzt eine rote Linie übertreten.

Ich konnte nicht mehr in den Spiegel schauen. Die Tage, an denen ich wegen meiner Spielsucht niedergeschlagen war, waren so viel geworden, dass ich mich in einem grundsätzlich schlechten Zustand befand. Ich musste mir dringend Gedanken machen, wie es mit mir weitergehen soll. Ob das mein ganzes Leben lang das vorherrschende Thema bleiben soll, ob ich für immer am Existenzminimum oder schlimmer herumkrebsen will, obwohl ich eigentlich gutes Geld verdiente. Ob ich meine Beziehung mit Madlen oder die zu meinen Freunden und Bekannten aufs Spiel setzen wollte.

Ich glaube, dass ich grundsätzlich ein sicherheitsdenkender Mensch bin, was sicherlich durch meine gesamte Geschichte erklärbar ist. Und das hat mir wahrscheinlich letztendlich auch den Arsch gerettet. Denn ich merkte irgendwann: Ich muss aufhören mit dem Spielen. Ich darf nie wieder einen einzigen Cent in so einen Kasten reinstecken. Sonst werde ich alles verlieren und irgendwann auf der Straße landen. Mir war aber auch klar, dass ich das allein regeln musste, knallhart, ohne Kompromisse. Also setzte ich mir selbst die Pistole auf die Brust und sagte mir: Entweder ich höre von allein damit auf oder ich lasse mich einweisen. Das war der einzige Ausweg, den ich für mich sah. Erst Jahre später sollte ich begreifen, dass die Möglichkeit der Therapie für mich von Anfang an gar nicht in Frage kam. Eingesperrt sein in einer Einrichtung war für mich gar keine Option. Ich hatte mir geschworen, niemand würde noch mal über mich bestimmen, niemand würde mir mehr sagen, was ich darf und was nicht. Und vor allem war ich damals absolut nicht bereit, mich meiner Vergangenheit zu stellen, diese ganzen Ereignisse und Erlebnisse aus meiner Kindheit und Jugend aufzuarbeiten – und das wäre sicherlich passiert, wenn ich mich hätte einweisen lassen. Im Grunde bin ich also eher vor dieser Therapie geflüchtet und habe so meine Spielsucht überwunden. Ich zog mich selbst aus der Spielsucht, um mich nicht mit der eigenen Vergangenheit konfrontieren zu müssen.

Ich musste also etwas tun. Irgendwo hatte ich mal gehört, dass, wenn man sich selbst Hausverbot gibt, ein Spielhallenbetreiber einem nichts auszahlen dürfe. Tut er es doch, könne man ihn verklagen. Das hatte ich irgendwo aufgeschnappt, ob es stimmte oder nicht, wusste ich nicht, es war mir aber auch egal. Jedenfalls machte ich als ersten Schritt kleine Zettel fertig mit einem Passfoto von mir und schrieb darauf: »Mein Name ist Kerstin Ott, und ich bin spielsüchtig. Hiermit erteile ich mir Hausverbot für Ihren Laden.« Davon druckte ich ungefähr 30 oder 40 Stück aus und verteilte sie im Umkreis von etwa 50 Kilometern in jeder Spielhalle. Ich wollte den Radius so groß wie möglich machen, damit es für mich sehr schwer werden würde, nach der Arbeit schnell zum Zocken zu kommen. So hätte ich noch mal 50 Kilometer bis zur nächsten Halle fahren müssen. Man kann so eine weite Strecke nicht einfach so fahren, ohne dass es jemandem im Familien- oder Bekanntenkreis auffällt.

Ich weiß noch, wie groß die Überwindung für mich war, in die erste Spielothek zu gehen, mich sozusagen komplett zu entblößen und den Leuten den Zettel zu reichen. Mir war klar, dass ich mich da von meiner schwächsten Seite zeigen würde, deshalb wählte ich eine Spielhalle, in der ich zuvor noch nicht gewesen war und man mich nicht kannte. Dort wurde ich auch wirklich sehr schräg angeschaut, als ich den Zettel über den Tresen reichte. Offenbar war es bis dahin noch nicht vorgekommen, dass sich jemand auf diese Art und Weise von der Sucht lösen wollte. Ich bekam auch nur ein hämisches Lächeln zurück nach dem Motto: Auf diesem Weg wirst du das sowieso nicht schaffen.

Aber mit jedem Zettel, den ich abgab, wurde mein Gefühl besser und änderte sich komplett innerhalb der ersten Stunde. Ich bin immer fröhlicher in die Spielhallen reingegangen. Schließlich traute ich mich auch in die hinein, in der ich am meisten gespielt hatte. Zu den Angestellten, das waren überwiegend Frauen, hatte ich immer ein sehr gutes Verhältnis, weil ich viel Zeit dort verbracht und man sich ja dann auch ein wenig kennenlernt hatte. Wenn bei den Angestellten mal gerade nicht viel los gewesen war, hatten sie sich mit einem Kaffee zu mir gesetzt und sich mit mir unterhalten. Sie hatten auch das ein oder andere Mal mitgefiebert, wenn ich spielte, und hatten auch mitbekommen, wie niedergeschlagen ich bei verlorenen Spielen war. Als ich also in dieser Stamm-Spielothek meinen Zettel abgab, freuten sich alle und machten mir Mut. Nachdem ich fast ganz Dithmarschen abgeklappert hatte, wusste ich, ich hatte mir wirklich selbst die Möglichkeit genommen, einfach mal schnell irgendwo hinzufahren. Und nachdem ich die Zettel verteilt hatte, hätte es mir mein Stolz auf jeden Fall verboten, mich jemals wieder in einer dieser Spielotheken blicken zu lassen. Und das war meine Rettung. Ich war vom Charakter her immer ein sehr stolzer Mensch, ich hätte danach nicht mehr sagen können: »Ach, lass mich doch bitte noch ein Mal bei dir spielen.« Das wäre für mich nicht in Frage gekommen. Und danach habe ich auch nie wieder gespielt. Nie, nie wieder.

Eine Zeit lang war es dann so, dass ich immer noch zu meiner Stamm-Spielothek zum Kaffeetrinken gefahren bin, was im Nachhinein gesehen eigentlich kompletter Wahnsinn war, weil die Gefahr eines Rückfalls schon extrem hoch war. Mir fiel es anfangs auch schwer, nicht zu spielen, mir juckte es schon sehr in den Fingern. Ich fuhr aber immer noch dorthin, weil ich meine plötzliche Freizeit nicht mit irgendetwas anderem auffüllen konnte. Mit irgendetwas Sinnvollem oder was annähernd genauso viel Spaß machte. Das Problem war: Finde erst mal im Privaten oder im Hobbybereich etwas, das dich so in Adrenalin versetzt wie das Spielen, das gleichwertig vom Gefühl ist. Ich glaube, das könnte man gut vergleichen mit jemandem, der Drogen nimmt, der immer diesen absoluten Kick hatte und jetzt aufhören muss. Der diese Leere nun anders füllen muss, um einen Ausgleich zu erschaffen, der einigermaßen dem Kick nahekommt.

Aber wie gesagt, mein Stolz hielt mich letztendlich davon ab. Noch einmal hinzugehen, Geld zu wechseln, die Knöpfe zu drücken – das ging einfach nicht mehr. Irgendwann fing tatsächlich auch die Freude darüber an, dort sitzen zu können und sich nicht der Sucht hinzugeben. Und plötzlich taten mir all diejenigen, mit denen ich immer dort zum Zocken gesessen hatte, leid. Es war kein Triumphieren, sondern nur die Erleichterung darüber, dass ich es geschafft hatte. Ich konnte den Laden verlassen und hatte immer noch mein Geld in der Tasche, sogar Kleingeld. Eine Sache hat ein Spieler nie: Münzgeld. Das war immer das Erste oder Letzte an einem Spieltag, was im Kasten landete. Ich hatte diesen Absprung jetzt tatsächlich geschafft, nach sieben Jahren Spielsucht. Und das war ein echtes Hochgefühl.

Mir passiert es bis heute immer noch, dass ich manchmal nachts träume, in einer Spielhalle zu sitzen. Madlen und ich hatten die Spielsucht damals »das Biest« getauft. Das war daraus entstanden, dass, wenn ich versuchte ihr zu erklären, warum ich wie ferngesteuert immer zu den Automaten ging, es für sie am leichtesten war, dem Ganzen eine Art Gesicht zu geben. Um einfach leichter zu erklären, was in mir los war und dass dieses Biest meine Gedanken beherrschte. Sie kam auf diese Idee. Und ich fand, dass es damit wirklich gut beschrieben war.

Ab und zu spricht dieses Biest auch heute noch in Träumen zu mir, dann sitze ich wieder in so einer Spielhalle an einem Kasten, und mein Unterbewusstsein will mir immer noch weismachen, dass es doch eigentlich Spaß gemacht hat. Man sagt ja: einmal süchtig, immer süchtig. Ich kann bestätigen, dass da etwas Wahres dran ist. Diese Sache mag dich vielleicht nicht mehr tagtäglich begleiten, aber sie sucht dich immer mal wieder heim. Sie lässt dich nie ganz in Ruhe. Gerade in schwachen Momenten, wenn man selbst nicht sehr gefestigt ist oder die Akkus leer sind, wird diese Stimme lauter. Aber sie hat nicht mehr diese Macht über mich. Wenn ich die Stimme des Biestes heute höre, kann ich ohne Probleme sagen: »Halt die Fresse, von dir will ich gar nichts hören. Hau ab, du hast keine Macht mehr.« Früher war das natürlich genau andersherum, da war diese Stimme immer vorherrschend. Und ich bin ihr gefolgt.

Als ich es geschafft hatte, die Spielsucht zu besiegen, sollte sich mein und unser Leben wieder ein wenig normalisieren. Ich hatte auch wieder Geld, um mir Dinge leisten zu können, zum Beispiel neue Klamotten. Nicht nur, weil ich gerade welche brauchte, sondern weil ich einen Pulli ganz einfach schön fand. Und ich konnte nun guten Gewissens die Preisschilder entfernen.

Die Wochen vergingen, und ich fuhr auch immer seltener zum Kaffeetrinken in die Spielhalle. Allein schon, weil ich nicht mehr spielte, distanzierten und entfremdeten ich und meine dortigen Bekannten uns immer mehr. Ich teilte ja nicht mehr die Sorgen und Probleme der anderen Spieler, und sie wussten auch, ich war raus, ich steckte da nicht mehr drin. Also suchten sie sich auch eher jemanden zum Reden, den dieselben Dinge bewegten. Sie wollten nicht ständig mit jemandem reden, der es geschafft hatte, was durchaus nachvollziehbar für mich war.

So fing es damals an, dass mir diese Kontakte egaler wurden und ich mich neu orientierte. Tagsüber ging ich arbeiten, und abends hielt ich mich zunächst oft in der Kneipe auf, in der Madlen arbeitete. Dann ergab sich für mich ein kleiner Nebenjob, den ich dankend annahm, um die Freizeit, die ich nun hatte, sinnvoll zu füllen: Ich fing an, in der Kneipe nebenan als Tresenkraft zu arbeiten. Dort war es dann auch meine Aufgabe, für die passende musikalische Beschallung in dem Laden zu sorgen. Der Besitzer hatte einen Koffer voll mit diesen kleinen MiniDiscs, die es damals noch gab – das waren kleine Disketten-artige, wiederbespielbare Tonträger, quasi ein Übergangsding von der Kassette zur brennbaren CD. Jedenfalls stand dort dieser Koffer mit ganz vielen musikalischen Schätzen darin – Rockmusik, Oldies, neuere Hits, alles was man für einen guten Abend brauchte. Ich fing also an, verschiedene Sachen aufzulegen, was bei den Leuten merklich gut ankam. Und auch ich erkannte, dass ich fürs Auflegen irgendwie ein Händchen hatte. Es war also an der Zeit, mich ein wenig mehr mit meiner alten Leidenschaft, der Musik, zu beschäftigen.

KAPITEL 6

DIE SACHE MIT DER MUSIK

UM ZU ERKLÄREN, wie ich zur Musik gekommen bin, muss ich erst mal wieder zurück in meine Kindheit springen. Es gibt ein Foto von mir, da bin ich erst zwei oder drei Jahre alt, darauf habe ich meinen Walkman umgehängt und Kopfhörer aufgesetzt, und ich lausche völlig abwesend der Musik. Das Foto beschreibt sehr gut mein Verhältnis zur Musik. Sie war schon immer ein wichtiger Bestandteil meines Lebens, war immer ein Begleiter. Sie hat mich in eine andere Welt gebracht.

Ich bin in einem sehr musikalischen Haushalt aufgewachsen, vor allem meine Mutter hat immer viel und vor allem laut Musik gehört. Sie drehte die Stereoanlage manchmal sogar abends auf, sodass ich nicht mehr schlafen konnte. Ich kann mich noch daran erinnern, dass sie immer auch viel melancholische Musik laufen hatte, die hat mich als Kind schon sehr berührt.

Mein Bruder Robert und ich haben auch viel Musik zusammen gehört. Ich erinnere mich noch, dass wir uns mal diese Riesenkopfhörer geteilt und wir uns darauf unsere damaligen Lieblingslieder vorgespielt haben, das machten wir den ganzen Nachmittag und sangen lauthals mit.

Ich habe auch gern für mich alleine Musik gehört, nicht ständig und immer, weil ich schon als Kind lärmempfindlich war und Dauerbeschallung nicht ertragen konnte, aber ich habe mir durchaus Zeit fürs Musikhören genommen. Die Lieder, die ich hörte, spiegelten auch immer meinen Gemütszustand wieder. Wenn ich zum Beispiel traurig war, machte ich mir melancholische Musik an. Für mich war Musik immer mit Gefühl verbunden. Sie war für mich ein Ausdruck, mich in eine Sache mehr reinzusteigern oder mich aus etwas herauszuholen.

Ich hörte eher ruhige Sachen, vor allem Tracy Chapman hatte es mir damals angetan, was für ein Kind in meinem Alter schon etwas Besonderes war. Generell hörte ich damals ganz andere Musik als alle meine Freunde um mich herum. Wie gesagt, hatte ich ein Kassettenabspielgerät, einen Walkman, richtig oldschool mit Kassette zurückspulen und Bandsalat und alldem. Ich erinnere mich noch an eine Kassette von Juliane Werding, die ich wirklich toll fand und immer gehört habe. Mit 8 oder 9 Jahren saß ich im Schulbus und hatte diese Kassette drauf, den Walkman voll aufgedreht, und natürlich konnten alle um mich herum hören, was ich auf den Kopfhörern hatte. Aber weil ich mir zu der Zeit schon Respekt verschafft hatte, traute sich keiner, mich blöd anzulabern. Aber ein bisschen gekichert haben die anderen Kinder schon. Ich jedenfalls wusste damals bereits, dass ich, was das Musikalische betrifft, schon ein bisschen anders gestrickt war als meine Freunde. Ich habe das gehört, was mir gefallen hat, und nicht, was gerade angesagt war. Ich mochte diese Charthits nicht so gern, ich stand eher auf alte Musik und eben auf Balladen.

Ich hatte einen anderen Zugang zur Musik als die Kinder rund um mich herum. Ich kannte damals auch niemanden, der so war wie ich. Aus heutiger Sicht betrachtet, war ich in dem Punkt wirklich wie ein Alien. Ich hatte auch immer das Gefühl, dass ich anders denke als die anderen, dass ich mir viel mehr Gedanken über Sachen machte als meine Freunde und Schulkameraden. So kam es auch, dass ich mit vielen Kindern nur oberflächlich etwas anfangen konnte. Ich habe mich immer eher an den Älteren orientiert.

Als ich bei Bert in Liesbüttel angekommen war, hatte mich Barbara ja gleich mit auf ihr Zimmer genommen, und dort verbrachte ich generell viel Zeit. Sie war 16 oder 17, und sie hatte immer Musik in ihrem Zimmer laufen. Ich kann mich noch daran erinnern, dass sie total auf die norddeutsche Band Illegal 2001 stand, die Anfang oder Mitte der Neunziger ein paar Hits gehabt hatte. Die waren gerade total in, und Barbara hatte immer deren Song *A7 (Ich lauf durch jede Wüste)* gespielt. Ich mochte das immer sehr gern, so schönen Klängen zu lauschen, dann fühlte ich mich wohl. Das hat Freude ausgelöst.

Wenn ich allein in meinem Zimmer war, nahm ich den Walkman abends zum Einschlafen, da hatte ich eine Oldie-Kassette, die ich immer rauf und runter hörte. Manchmal tauchte ich so in die Musik ein, dass ich Zeit und Raum vergaß und einfach lauthals mitsang. Da kam Bert hoch, klopfte laut gegen meine Zimmertür und ermahnte mich, dass ich so spät am Abend nicht so laut rumschreien dürfe und dass der Walkman gleich ausgemacht werden müsse, weil ich schlafen sollte.

Bei meinen Kassetten war es genauso wie mit dem Spielzeug, die hatte ich geklaut. Es waren diese bespielten Kassetten, wo meistens ein Album von einem bestimmten Interpreten oder diese Zusammenstellungen mit verschiedenen Hits drauf waren. Ich entschied damals auch oft nach der Optik und steckte mir eine ein, bei der ich den Interpreten gar nicht kannte. Ich fand das Cover ansprechend, und so hoffte ich, dass auch die Kassette gut sein würde. Ich weiß noch, dass ich eine von Celine Dion mitnahm, die ich nicht kannte und die auch noch auf Französisch gesungen war. Jedenfalls war dies eine Art von Musik, die ich damals so noch nicht gehört hatte, und sie gefiel mir sehr gut.

Die anderen Kinder in meinem Alter hatten immer zahlreiche Poster von irgendwelchen angesagten Künstlern oder Bands in ihren Zimmern hängen, und das war eine Sache, die ich nie verstanden habe – dass man Fan von irgendwem oder irgendetwas war. Ich fand das merkwürdig, jemanden so sehr zu verehren, das war für mich völlig abstrus. Ich hatte eine Klassenkameradin, die die Backstreet Boys total vergötterte, und sie war für mich völlig spooky – ich konnte mir das nicht vorstellen, dass sie sich von denen vorbehaltlos alles kaufte und gut fand. Ich hatte zu diesem Personenkult gar keinen Bezug, auch später, als ich selbst vor jubelnden Menschenmengen stehen sollte, fand ich das immer eher befremdlich.

Als schließlich CDs aufkamen und die Kassetten ablösten, hatte ich auch einen Player, aber da ich nicht so viel Geld hatte, lieh ich mir immer CDs von meinen Freunden. Da diese meistens sehr viel älter waren, hatten sie auch eher Oldies in ihrer Sammlung, und so konnte ich schon damals meine Musikkenntnisse dahingehend ausbauen. In meiner Klasse hörte man später Britney Spears und, wie gesagt, die Backstreet Boys, aber das gefiel mir alles nicht. Auch dieses ganze Soul- und & RnB-Zeugs war nicht mein Ding, und Techno fand ich auch ganz schrecklich.

Als Jugendliche ging ich nicht auf Konzerte, weil ich Menschenmassen nie mochte. Ich möchte nicht von jedem berührt werden, das gibt mir eine gewisse innerliche Unruhe. Ich sollte später mal mit einer guten Freundin zu einem Konzert von Pink gehen, und zum Bedauern meiner guten Freundin standen wir ganz hinten ganz am Rand, weil ich in dieser Masse sonst verrückt geworden wäre. Heute noch versuche ich, nicht in riesigen Menschenmengen zu landen, weil das ein totales Unbehagen in mir auslöst. Damit meine ich nicht meine eigenen Konzerte oder etwas in der Art, sondern eher wenn ich selbst mitten in einer Menschenmenge stehe. Ich mag es nicht, wenn ich nicht überblicken kann, was gerade vor sich geht, und wenn zu viele Menschen um mich herum sind, wird mir die Geräuschkulisse auch schnell zu viel. Generell habe ich die Dinge ja lieber selbst in der Hand und überlasse das Kommando nicht gerne anderen. Vor allen Dingen lässt es mir keine Ruhe, wenn ich nicht selbst entscheiden kann. Im Falle von Menschenansammlungen bedeutet das konkret: Ich möchte entscheiden, wann und wie ich den Raum oder Ort verlassen kann. Eben ein Überbleibsel meiner Kindheit.

Als Kind hörte ich aber nicht nur gern Musik, sondern mochte das Singen auch sehr gern. Die meiste Zeit sang ich vor mich hin, und auch beim Musikhören machte es mir großen Spaß, den Liedtext mitzuträllern, auch wenn er auf Englisch war – ich habe dann immer das gesungen, was ich verstanden habe. Unser Nachbar in Liesbüttel, dem das Niemandsland gehörte, hieß Molli. Er war Bauer, und bei ihm war ich immer zum Kühemelken. Er war ein ganz kinderlieber Typ und hatte nie was dagegen, dass ich jeden Tag angedackelt kam. Natürlich half ich ihm nicht wirklich, sondern dödelte da nur rum. Molli hatte eine Mama, die war schon Mitte 60 und saß immer mit auf dem Trecker, wenn wir zum Melken fuhren. Dabei sagte sie zu mir: »Ach, Kindchen, kannst du mir nicht noch was vorsingen? Du singst immer so schön.« Sie war die Erste, die mir sagte, dass ich gut singen könne.

In der Schule war es dann so, dass wir im Musikunterricht ja auch singen mussten, meistens waren das volkstümliche Lieder. Meine Musiklehrerin erkannte, dass ich singen konnte, und fragte mich, ob ich Lust hätte, mit Rolf Zuckowski einen Auftritt zu machen. Ich wusste zuerst gar nicht, wer das war, und da erklärte sie mir, dass es sich um den bekannten Kinderliedermacher handelte, der auch *In der Weihnachtsbäckerei* oder *Wie schön, dass du geboren bist* geschrieben hatte. Klar, diese Lieder kannte doch jeder! Meine Lehrerin sagte, dass er viele Konzerte gebe, sich dabei Kinder auf die Bühne hole und alle zusammen viel Spaß bei der Sache haben. Und dass sie jetzt eine Handvoll Kinder zusammensuche, die von unserer Schule mit in eines seiner Konzerte gewürfelt werden sollen. Das hörte sich für mich ganz aufregend und toll an, deshalb sagte ich sofort: »Ich mache mit!« Da war ich acht oder neun.

Nach einem kurzen Auswahlprozess kam ich also in diesen Kinderchor, und zu meiner Überraschung bekam ich sogar noch ein Lied zugeteilt, dass ich als Solo singen sollte. Normalerweise sangen alle Kinder die meisten Lieder mit Rolf im Chor, und nur ein paar ganz wenige Kinder wurden als Solisten ausgewählt – was mich natürlich ziemlich stolz machte. Die Kinder, die für den Auftritt ausgewählt worden waren, bekamen dann außerhalb der Schulzeit noch Musikstunden, wo meine Musiklehrerin überprüfte, ob wir textsicher waren und die Abläufe der Lieder kannten. Am Tag des Auftritts wurden wir in einen Bus gesetzt und zusammen mit unserer Musiklehrerin zu der Veranstaltungshalle gefahren. Meiner Erinnerung nach kamen auch noch Kinder aus anderen Schulen, die dann zusammen mit uns diesen großen Kinderchor bildeten, wir waren insgesamt bestimmt 25 Kinder.

Wir begannen mit der Probe, wo das gesamte Programm einmal durchgespielt wurde. Ich weiß noch, dass das Ganze auch gleich ganz toll klappte, da habe ich sehr gute Erinnerungen dran. Rolf Zuckowski, ein ganz, ganz netter Mann, nahm sich für die Kinder sehr viel Zeit und war sehr einfühlsam. Mein Solo-Lied hieß *Hallo Welt*, und als ich das probte, hörte ich meine Stimme das erste Mal durch ein Mikrofon in einem großen Saal. Das war eine neue Erfahrung für mich, und es hörte sich für meine Ohren ganz toll an. Es war nicht einschüchternd oder verängstigend, ganz im Gegenteil.

Dann begann der Auftritt. Ich war natürlich sehr aufgeregt, weil ich wusste, dass ich alleine singen müsste. Bert und Susan waren damals nicht im Publikum, aber viele andere Eltern und Kinder. Ich war ganz allein auf mich gestellt, was für mich aber auch kein Problem war. Dann sang ich mein Lied, und hinterher war ich sehr glücklich, dass ich meinen Text nicht vergessen hatte.

Das war meine erste wirkliche Bühnenerfahrung. Ich weiß noch, dass ich nach dem Auftritt sehr zufrieden mit mir und auch sehr aufgekratzt war. Da war ganz viel Adrenalin im Spiel, und ich weiß auch noch, dass ich eine längere Zeit brauchte, um wieder runterzukommen, weil Applaus für mich auch eine ganz neue Erfahrung war. Es war ein totales Hochgefühl.

Ein Jahr später sollte ich noch ein zweites Mal mit Rolf Zuckowski und dem Kinderchor auftreten, wieder mit einem eigenen Solo-Auftritt. Ich weiß noch, dass ich schon ein wenig stolz auf mich und meine Gesangskünste war. Man war schon ein Glückspilz, wenn man in dem Chor mitsingen durfte. Wenn man dann noch selbst ein ganzes Lied vortragen durfte, war das schon was Außergewöhnliches. Ich sang das Lied *Ich schaff das schon*, was sehr gut zu mir passte.

Rolf Zuckowski sah ich nur an dem jeweiligen Tag des Konzertes, das lief einfach so ab, dass wir hinfuhren, probten, auftraten und wieder abfuhren. Da blieb leider keine Zeit für Small Talk. Ich weiß noch, dass die Lehrerin sich einen Tag später in der Schule in seinem Namen dafür bedankte, dass alles so toll gelaufen sei. Viele Jahre später sollte ich ihn wiedertreffen, da waren wir beide Gäste bei der ECHO-Verleihung. Mein Musikproduzent Thorsten Brötzmann kannte ihn und stellte mich ihm vor. Thorsten hatte Rolf offenbar schon im Vorfeld erzählt, dass ich bei ihm mal mitgesungen hatte, erinnern konnte Rolf sich daran natürlich nicht mehr, weil er viele Konzerte mit vielen Kindern gegeben hat, aber er hatte sich sehr gefreut, dass ich plötzlich eine erfolgreiche Sängerin war. Daraufhin hatte er auch meine Geschichte weiterverfolgt, und als ich ihn beim ECHO traf, spürte man auf beiden Seiten diese aufrichtige Freude. Ich glaube, er war ein wenig stolz, mich damals schon in seinen Reihen gehabt zu haben. Er sagte auch, dass ihm meine Texte sehr gefielen und dass wir vielleicht irgendwann sogar mal was zusammen machen könnten. Das fand ich sehr nett von ihm. Und ich fühlte mich geehrt.

Die Auftritte mit Rolf hatten mir als Kind ganz doll Spaß gemacht, aber es war nicht so, dass es danach in mir den großen Wunsch auslöste, Musik zu machen. Ich war noch nie eine Träumerin und wusste damals schon, dass es gar nicht so einfach ist, als Musiker erfolgreich zu sein. Mir war klar, dass es der Traum vieler Menschen war und nur ganz wenige es schafften, und ich habe mich noch nie gerne mit Sachen beschäftigt, die mir so unerreichbar erschienen.

Mit 10 wollte ich dann unbedingt Gitarre lernen. Ich weiß noch, wie ich in der Schulaula bei einer Winterfeier stand und sah, wie andere Schüler dort ganz lässig mit einer Gitarre in der Hand standen und Weihnachtslieder spielten. Ich fand das so cool, dass ich dachte: Ich will auch unbedingt Gitarre spielen lernen! Alles, was in meiner Vorstellung irgendwie cool war, wollte ich auch immer für mich selbst haben. Zum Beispiel wollte ich auch immer ein Motorrad haben, ich hatte mir als kleines Kind schon vorgestellt, wie ich meine beste Freundin mit dem Bike von der Arbeit abhole. Das war so ein Kindheitsgedanke, den ich bis ins Erwachsenenalter mitgenommen habe – später sollte ich mir tatsächlich ein eigenes Motorrad zulegen. Ein anderer, immer wiederkehrender Gedanke war, dass ich Helden total cool fand, Menschen, die andere Leute retten – aus dem Grund sollte ich mich mit Anfang zwanzig bei der Feuerwehr und der Polizei bewerben. Zugegeben, auch das Bild des Musikers auf der Bühne fand ich damals schon sehr cool, ich fand es attraktiv, jemand zu sein, dem die Menschen zuhören und zujubeln. Aber wie bereits gesagt, war dieser Traum für mich eine Nummer zu groß, ich war damals schon realistisch genug, um zu wissen, dass ich mich darum nicht bemühen brauchte.

Jedenfalls war es nun so, dass ich unbedingt Gitarre lernen wollte. An der Volkshochschule gab es Nachmittagskurse, die zufälligerweise mein damaliger Klassenlehrer gab, ein ganz lässiger Typ, der bei den Kindern sehr beliebt war, weil er immer darauf achtete, gerecht zu sein. Volkshochschulkurse waren damals nicht teuer, und so bestand für mich auch eine Chance, das Ganze vom Jugendamt bewilligt zu bekommen, ich musste nur Bert irgendwie davon überzeugen. Der hatte mich damals zum Klarinettenunterricht gezwungen, was ich total scheußlich fand und was auch ein ziemlicher Krampf war. Alles, was mit Blasinstrumenten zu tun hatte, habe ich gehasst. Für mich war die Klarinette das Gruselinstrument schlechthin, es war für mich auch Horror, Noten zu lernen. Ich habe es gehasst, und ich habe es auch nicht begriffen – weil ich auch keine Lust hatte, mich damit zu beschäftigen. Wenn ich im Klarinettenunterricht etwas vorspielte, tat ich immer so, als würde ich mich nach den Noten richten, aber meistens spielte ich nur nach Gehör. Bert jedenfalls merkte, dass ich keine Lust hatte zum Lernen, und er sagte immer gebetsmühlenartig: »Du musst üben, du musst üben!«

Aber Klarinette spielen war unheimlich langweilig und so peinlich, da konnte man nicht mal spielen und gleichzeitig singen – wem kann man schon mit so einer Scheißklarinette imponieren? Alleine schon dieser hässliche Klarinettenkoffer sah so unendlich streberhaft aus. Es war ein Graus. Ich wollte doch immer eine coole Socke sein, und so eine Klarinette war einfach alles andere als das. Für mich war das gleichzusetzen mit Posaune, die übrigens der dicke Jo spielte. Heute noch finde ich Blasinstrumente blöd, außer Saxofon. Blockflöte finde ich auch fies.

Ich sprach damals mit Mutti Voss über meinen Wunsch, Gitarre zu lernen, und sie war es schließlich, die mir eine kaufte, sodass Bert auch dem Unterricht zustimmte. Ich hörte sofort mit Klarinette auf und fing mit dem Gitarrenkurs an, und Berts Sorge, dass ich wieder nicht üben würde, verpuffte im Nu. Hier musste mich niemand zum Üben auffordern, ich haute von ganz allein in die Saiten.

Die Gitarre von Mutti Voss habe ich heute noch. Ich bin kein materialistischer Mensch, der sehr an irgendwelchen Sachen hängt, aber diese Gitarre ist mir immer noch sehr heilig, sie hat bei mir einen Ehrenplatz. Ich lasse auch nur sehr ungern jemanden drauf spielen, weil es Mutti Voss ja nicht mehr gibt und ich Angst habe, dass das Instrument kaputt geht. Ich traue mich nicht mal, die alten Saiten auszutauschen, weil es irgendwie das Gefühl in mir auslöst, dem Instrument etwas von seinem Charme zu klauen. Das ist meine erste Gitarre, und die liebe ich einfach. Sie ist nur noch zum Anschauen und Liebhaben da.

Ich bekam also einmal die Woche Unterricht, und wir haben jedes Mal als Hausaufgabe einen bestimmten Gitarrengriff gezeigt bekommen, den wir bis zum nächsten Unterricht lernen sollten. Wenn man die Woche darauf einen weiteren Griff bekam, musste man bis zum nächsten Mal das Umgreifen von dem einem zum anderen Griff gelernt haben. Das Gute war, dass es mir immer schnell von der Hand ging und ich keine großen Probleme hatte oder Ewigkeiten dafür üben musste. Das lief einfach gut, und es hat mir Spaß gemacht.

Die Gitarre war damals ein ständiger Begleiter für mich. Das erste Lied, dass ich spielte, war *Bruder Jakob* – das hatte nur einen Griff, das G, und man hatte relativ schnell ein Erfolgserlebnis. Was ja auch wichtig ist, denn mit der verdammten Notenlehre bei der Klarinette hatte man ja die ganze erste Zeit gar nichts. Das war beim Gitarrespielen anders. Ich fing damals recht schnell an, eigene Melodien zu komponieren, noch ohne Text, das sollte erst etwas später kommen. Ich mochte weiche harmonische Melodien gerne und dachte mir irgendetwas aus, ohne mich an irgendwelche Noten halten zu müssen.

Ich glaube, mit 14 schrieb ich mein erstes Lied, komplett mit Melodie und Text. Dazu setzte ich mich draußen bei Voss auf eine Weide oder in unseren berüchtigten Graben und komponierte. Das Schöne war eigentlich, dass ich den Text nur für mich machte und das Lied auch nicht anderen vortrug. Das war für mich so eine Art Hobby, ohne überhaupt einen Gedanken daran zu verschwenden, zu welchem Zweck oder für wen ich dieses Lied denn nun geschrieben hatte. Für mich war das eher auch ein wenig Selbsttherapie.

Als ich viele Jahre später meinem Produzenten meine ganzen Lieder, die ich über die Jahre geschrieben hatte, vorstellen sollte, sagte er im Spaß zu mir: »Ey Kerstin, wenn ich deine Lieder höre, möchte ich mich am liebsten von der nächsten Brücke stürzen. Das ist wirklich so traurig, was du da schreibst.« Es war tatsächlich so, dass ich, wenn irgendetwas Einschneidendes oder Wichtiges passierte, ich das in den Liedern verarbeitete. Wenn ich ein trauriges Erlebnis hatte, packte ich das in einen Text.

Ein sehr trauriges Beispiel dafür war, als ich schon bei Sabine und Olaf wohnte und ein Mädchen aus einer anderen Gruppe zu uns zu Besuch kam. Es war zu dem Zeitpunkt sechs oder sieben Jahre alt und übernachtete bei mir im Zimmer, und mir fiel auf, dass es sich irgendwie merkwürdig verhielt. Ich war damals schon 14 oder 15 und sprach mit Sabine über das auffällige Verhalten des Mädchens, und Sabine verriet mir, dass es von seiner Mutter und von seiner Oma missbraucht worden war. Sogar noch zu einem Zeitpunkt, als man es schon aus seiner Familie genommen hatte – es war in einer Pflegeeinrichtung untergebracht, und die Oma und die Mutter besuchten es dort und missbrauchten es. Das hatte mich so platt gemacht, so wütend, dass ich ein Lied darüber schrieb.

Über meine Teenagerjahre hinweg habe ich immer mal wieder einen Song geschrieben, die dann in einer Schublade landeten. Zu jenem Zeitpunkt hing ich schon oft auf dem Marktplatz in Hademarschen herum, wo sich die Jugendlichen trafen. Damals kam auch öfter ein schon etwas älterer Mann dorthin, der Mitte bis Ende 30 war und von dem ich erfuhr, dass er ein kleines Tonstudio besaß. Irgendwie waren wir ins Gespräch gekommen, und so entstand die Idee, ein paar meiner Songs bei ihm aufzunehmen. Naiv wie ich war, dachte ich: Oh, das ist aber nett, dass ich mit ihm zusammen Musik machen kann. In Wirklichkeit war er aber nur an mir interessiert, was von meiner Seite ja eh aussichtslos gewesen wäre und was aus heutiger Sicht auch ein wenig merkwürdig erscheint – schließlich war ich 15, er Mitte 30.

Ich fuhr also eines Tages zu ihm, wo wir vier meiner Songs aufnahmen. Einer davon war ein Lied namens *Nur für dich*, das ich für meinen damaligen heimlichen Schwarm Simone geschrieben hatte. Ein paar Kilometer von Hademarschen entfernt, in Pahlen, wurde damals ein Talentwettbewerb angekündigt, und ich kam auf die glorreiche Idee, mich mit diesem Lied für Simone dort zu bewerben. Ich schickte also eine Kassette mit dem Song, den ich in besagtem Tonstudio aufgenommen hatte, dort hin, und man rief mich auch sofort an und sagte: »Herzlichen Glückwunsch, du bist mit dabei, du bist eine von zehn Leuten, die auftreten werden.«

Die Eiderlandhalle mit der Discothek Pahlazzo in Pahlen ist ein überregional bekannter Veranstaltungsort. Die Halle wurde seit jeher schon für Konzerte benutzt, unter anderem von bekannten Künstlern wie Nena, Peter Maffay, Sarah Connor oder Tokio Hotel. Die Disco war immer gut besucht, und der Talentwettbewerb war in den normalen Clubbetrieb integriert, was bedeutete, dass man in dem Discobereich ganz normal tanzen konnte, während der Wettbewerb gleichzeitig in der großen Halle stattfand. Man hatte das Ganze sehr gut beworben, und dementsprechend waren auch viele Leute gekommen. Als Hauptpreis winkte sogar ein Plattenvertrag mit der Option, den eigenen Song als Single zu veröffentlichen.

Mit dem ganzen Drumherum hatte ich mich damals gar nicht auseinandergesetzt, es ging mir auch nicht darum, den ersten Platz zu machen. Meine Intention war eigentlich nur, herauszufinden, ob ich tatsächlich singen und ein Publikum begeistern könnte, und natürlich Simone diesen Song zu präsentieren – in meinen Gedanken so helden- und Rockstar-mäßig, sodass sie vielleicht merken würde, was ich für sie empfand und sie sich für mich entscheiden würde.

Der ganze Abend sollte zu einer einzigen Katastrophe werden. Ich hatte allen meinen Freunden Bescheid gesagt, und generell war das Pahlazzo damals ein Anlaufpunkt für die Jugendlichen der Region gewesen, sodass viele Bekannte da waren, die nicht unbedingt wegen des Talentwettbewerbs gekommen waren. Ich kannte also sehr viele Leute im Publikum, was die ganze Sache viel schwieriger machte. Das ist auch noch heute so, wenn ich in Heide oder Umgebung auftrete und jedes zweite Gesicht kenne. Ich möchte dann unbedingt alles super machen, weil mich mit vielen Menschen vor Ort irgendetwas verbindet und ich natürlich möchte, dass sie stolz auf mich sind. Da entsteht eine andere Art von Erfolgsdruck, als sie von der Allgemeinheit wahrgenommen wird.

Anfangs ging ich die Sache noch recht gelassen an, zunächst überwog noch der Abenteuergedanke. Die Generalprobe lief für mich auch gut, ich spielte meinen Song fehlerfrei, und der Soundmann hatte alles so eingestellt, dass es sich für mich auch gut anhörte. Meine Stimme klang in diesem Raum einfach toll, worüber ich mich auch sehr freute. Vor dem Auftritt selbst hatte ich aber schon ein bisschen Bammel, weil ich überhaupt nicht wusste, wie man so etwas überhaupt macht. Muss ich einfach nur singen, muss ich mich auf besondere Weise bewegen oder bleibe ich einfach nur stehen? Die Frage hatte sich schnell erübrigt, weil es ein sehr langsames Lied und deshalb nicht viel Action gefragt war. Ich überlegte mir spontan eine kleine Showeinlage – im Mittelteil des Liedes wollte ich ein Feuerzeug schwenken, was das Publikum mir dann nachmachen sollte. Im Grunde war es ein eher plumper Versuch der Zuschaueranimation, um die gesangslose Zeit irgendwie zu füllen und meine Unsicherheit zu überspielen. Ich wusste es damals einfach nicht besser. Ich hatte einfach noch keine Bühnenerfahrung, außer damals mit Rolf Zuckowski, was auch schon so lange her war.

Während des Soundchecks hatte ich eher nur eine gewisse Grundnervosität, die man wohl immer vor einem Auftritt hat. Richtig schlimm wurde es eine Stunde vor dem Auftritt, als ich merkte, dass wirklich viele meiner Leute da sind, und bis dahin war auch nicht sicher, ob Simone überhaupt kam oder nicht. Als ich schließlich erfuhr, dass sie definitiv kommen würde, war ich natürlich in heller Aufregung. Ab diesem Zeitpunkt ging bei mir im Kopf gar nichts mehr so richtig von A nach B, sondern eher von A über Z nach H. Ich konnte nicht mehr richtig denken, konnte mich auch mit keinem mehr unterhalten, weil mein Kopf einfach dicht war. Ich schaute mir die Auftritte der anderen

Teilnehmer an, was auch ein Fehler war, weil mich das ebenfalls verunsicherte – das waren Bands oder Sänger, bei denen man gleich merkte, dass sie schon jahrelang Musik machen, die waren wahnsinnig gut.

Mit jeder Minute, die verstrich, wurde es schlimmer – ich weiß noch, wie ich meinen Puls spürte, wie die Halsschlagader regelrecht zuckte. Erst war es nur ein leichtes Unwohlsein, dann wurde mir richtig schlecht, ich musste zur Toilette rennen. Dann kam die Ansage, dass ich als Nächste dran sei, und so machte ich mich auf den Weg zur Bühne. Der Moderator, der mich ankündigte, war mir sehr unsympathisch, da war der Name schon Programm: Toni Tornado. Er war extrem forsch und machte immer total dämliche Ansagen, den hatte ich gleich gefressen. Vor allem holte er mich auf die Bühne und fing dann an, noch Ewigkeiten herumzuquatschen. Er stellte mir total dämliche Fragen und baute meine Unsicherheit noch weiter auf. Ich hatte sowieso schon so eine Angst und musste diese Minuten mit ihm zusammen auf der Bühne noch aushalten, bis er endlich fertig war. Das war pure Quälerei.

Ich war von alledem so irritiert und konnte mich aus diesem Gefühl auch nicht wieder befreien. Ich ging schon völlig atemlos in mein Lied, und mit Schnappatmung kriegt man auch nicht wirklich vernünftige Töne heraus. Heute, nach 400 oder 500 Auftritten, weiß man, wie das alles läuft, da kommt so was nicht mehr vor, aber damals war mir nicht klar, wo das alles auf einmal herkam und wie es wieder wegging. Nun war es aber so weit, der Moderator sagte so etwas wie »Bühne frei für Kerstin Ott!«, und das Publikum applaudierte.

Dann stand ich da.

Und alle haben mich angeguckt.

Das Ding war auch noch, dass der Song losging und erst einmal ein dreißig Sekunden langes Gitarrensolo kam, bevor der Gesang überhaupt startete. Ich stand also wie Falschgeld auf der Bühne, weil ich mir für dieses instrumentale Intro nichts überlegt hatte. Ich war auch noch überhaupt nicht in der Lage, mit dem Publikum zu sprechen, ich habe einfach nur dagestanden, abgewartet und auf den Boden geschaut.

Alles, was mich als Kind ausgemacht hatte, mein Mut, meine forsche, quirlige Art, all das war komplett verschwunden. Ich hatte mich in eine Situation begeben, in der ich nicht mehr die Kontrolle über das Geschehen hatte, in der ich auf einmal unvorbereitet im Mittelpunkt stand und bei der ich auch nicht wusste, wie ich da jetzt schnellstmöglich unbeschadet wieder herauskomme.

Es ist heute noch so, dass dieser Gegensatz bei mir besteht: Einerseits bin ich abenteuerlustig und probiere gern neue Dinge aus, aber andererseits stehe ich nicht gerne im Mittelpunkt, wenn ich nicht darauf gefasst bin. Dann ziehe ich mich immer erst einmal in mein Schneckenhaus zurück, muss erst abchecken, ob alles für mich okay ist, und ich mag Dinge nicht, bei denen ich nicht weiß oder bei denen ich nicht in der Hand habe, wie sie laufen werden. Leichter fällt es mir, wenn ich eine Sache schon ein paarmal gemacht habe und eine Art »So muss ich das machen«-Knopf bei mir drücken kann. Das entspannt mich.

Das Intro des Songs war nun um, und ich sollte anfangen zu singen. Ich hatte überhaupt keine Erfahrung mit Monitorboxen, also jene Lautsprecher, die auf der Bühne stehen, damit sich ein Sänger selbst gut hören kann. Beim Soundcheck hatte ich meine Stimme über die große Anlage im ganzen Saal gehört, das klang wirklich super, und nun hatte der Soundmann den Monitor angestellt, und ich wusste nicht, dass auf einmal meine Stimme von dort zurückkommt, und dann auch noch total trocken, ohne Effekte. Ich dachte nur, was ich höre, hören jetzt alle – meine Stimme klang einfach fürchterlich. Das versetzte mir einen weiteren Schlag der Verunsicherung, sodass ich nicht mehr wusste: Sang ich gut, sang ich nicht gut, konnte ich überhaupt singen? Dann konnte ich tatsächlich nicht mehr singen, weil ich mich vor lauter Aufregung verschluckte. Zu allem Überfluss versagte auch noch das Feuerzeug, das ich im Mittelteil als Showeffekt schwenken wollte – es war eine einzige Katastrophe. Ich sah, wie meine Freunde vor der Bühne mich mitleidig ansahen, weil sie merkten, dass einfach alles schiefging.

Dieser Auftritt hat sich für mich angefühlt wie eine Ewigkeit. Als ich endlich erlöst war, machte ich mich so schnell wie möglich auf den Weg zu den Treppen, die seitlich hinter dem Vorhang von der Bühne herunter in die Katakomben der Halle führten. Zum Glück musste ich mir nicht den Weg durchs Publikum bahnen oder mich sofort meinen Freunden stellen, ich konnte mich erst einmal in den Hinterbereich verziehen, was ich nun tat – und zwar so schnell wie ich konnte. Dort habe ich erst mal geheult, was das Zeug hielt, weil der Auftritt so grottenschlecht und mir das alles so peinlich war. In mir tobte ein Wirbelsturm, jede einzelne Pore meines Körpers war zittrig und in sich gekehrt, die Stimme in meinem Kopf sagte mir immer wieder: »Du hast es versaut, du bist ein Verlierer. Simone wird dich auslachen. Singen kannst du sowieso nicht, war doch klar, dass das peinlich wird.«

Ich musste dann noch zur Siegerehrung hoch, und ich glaube, letztendlich hatte ich den achten von zehn Plätzen gemacht, war also im unteren Feld gelandet. Das Schlimmste daran war, dass ich das Lied für Simone singen wollte, und die Bedeutung des Songs war aufgrund meiner miesen Performance total untergegangen.

Da waren einfach zu viele neue Sachen auf einmal passiert, die ich so schnell nicht verarbeiten konnte und die mich verunsicherten. Und dieses Horrorerlebnis führte schließlich dazu, dass ich mir noch am selben Abend schwor, mich nie wieder auf eine Bühne zu stellen. Ich würde mich nie wieder dieser Situation aussetzen, von Hunderten von Leuten angeschaut zu werden. Auch wenn ich jetzt so ungefähr wusste, was ich besser machen könnte, oder auch mit besseren Rahmenbedingungen und Umständen – ich würde nie wieder auf einer Bühne stehen. Das war so sicher wie das Amen in der Kirche. Mit diesem Tag war alles vorbei. Ich sang nicht mehr vor anderen, summte nicht mal mehr vor mich hin und spielte auch vor niemandem mehr Gitarre. Das Thema Bühne war gegessen. Irgendwann danach war ich mit Freunden auf der Kieler Woche unterwegs, wo es einen Karaoke-Wettbewerb auf einer großen Bühne gab. Meine Freunde versuchten, mich zu bequatschen, ich solle da doch mal mitmachen, ich könne das doch so gut und so weiter. Ich sagte aber Nein. Auch bei Karaoke-Abenden im kleinen Kreis war ich die Einzige, die nicht sang, jahrelang nicht. Wenn es mal so weit kam, dass ich einer Freundin ein Lied auf der Gitarre vorspielte, dann musste sie in einem anderen Raum sitzen und durfte mich nicht angucken. Die Klappe war gefallen, das ging nicht mehr. Ich habe mich einfach nicht mehr getraut, die Scham war zu groß.

Insgesamt hatte dieses Erlebnis dazu geführt, dass meine eigene Musik dann eine Zeit lang für mich nicht von besonderer Bedeutung war, ich habe sie eine Weile eher vernachlässigt. Hin und wieder schrieb ich Lieder oder sang ganz allein für mich, aber das kam wirklich eher selten vor. Als ich nach der Zeit der Spielsucht im Schuhmacherort in Heide in der Kneipe zu arbeiten begann, wo es diesen Koffer voller MiniDiscs gab, war es eigentlich das erste Mal, dass ich wieder mehr mit Musik in Berührung kam. Ich merkte beim Auflegen, dass der Spaß an der Sache recht schnell zurückkam und dass ich ein Händchen dafür hatte, passende Titel nacheinander anzumachen. Irgendwann ging es sogar soweit, dass ich meinen eigentlichen Job vernachlässigte und nur noch an der Musikanlage stand. Der Besitzer dieser Kneipe – ein totaler Chaot, der auch meistens selbst sein bester Gast war und manchmal tagelang nicht zur Arbeit kam und seine Angestellten mit dem ganzen Laden im Stich ließ – sagte schließlich: »Kerstin, ich muss dir sagen, das mit dir hinterm Tresen macht keinen Sinn mehr.« Ich dachte nur: Oje, ich bin entlassen. Aber er sagte weiter: »Du kannst viel besser Musik machen, deshalb wäre es schlau, wenn du keine Bedienung mehr machst, sondern nur DJ.« Ich fand die Idee eigentlich sehr gut, und obwohl es dafür viel weniger Geld geben sollte, machte es mir so viel Spaß, sodass ich das anfing und auch immer mehr ausbaute.

Ich stattete mich etwas später mit Laptop, externer Festplatte und einem DJ-Programm aus, sodass ich immer besser wurde. Ich hatte einen befreundeten DJ namens Dreier, der mir alles, was mit diesem Programm zu tun hatte, erklärte. Man darf sich das nicht so vorstellen wie bei den professionellen House-DJs, die einen Track in den anderen mixen und mit den Musikstücken ein wenig herumzaubern – bei mir war das tatsächlich ganz klassisch: Das eine Lied ist zu Ende, das nächste geht mit weichen Übergängen und ein ganz kleines bisschen gemixt wieder los. Trotzdem habe ich immer eine Party in Gang bekommen, weil ich sehr schnell raushatte, was an Musik gefragt war. Ich fing mit Rockmusik an, all diese alten Dinger wie Queen, AC/DC oder Hippie-Musik à la Woodstock. Meistens konnte ich schon an den Gesichtern oder am Alter der Menschen erraten, welche Musik sie gern hörten, und oft lag ich richtig. Das war ein tolles Gefühl, mit dem, was ich da mache, einen ganzen Laden beeinflussen zu können. Ob die Leute von der Stimmung her jetzt steil nach oben gehen oder einfach ruhig bleiben, hatte ich mehr oder weniger in der Hand. Und ich bekam auch sehr nettes Feedback und viel Dankbarkeit. Einige sagten, so eine tolle Musik hätten sie jahrelang nicht mehr gehört. Viele kamen dann auch immer wieder und wurden zu Stammkunden, und das Ganze sprach sich immer mehr rum.

Leider fing es dann an, dass es mit meinem Chef nicht mehr gut lief, er ließ uns Angestellte immer öfter übel im Stich mit den Betrunkenen und auch mit dem Bestellen der Bierfässer. Er war eigentlich für den Nachschub zuständig, und wenn er dann mal auftauchte und eine bestimmte Biersorte nicht auf dem Hahn war, machte er uns dafür verantwortlich. Also wechselte ich irgendwann in die Kneipe, in der Madlen arbeitete. Zuvor war ich ein klassischer Rock-DJ gewesen, und nun musste ich Chartmusik spielen, womit ich mich erst vertraut machen musste, was dann aber auch schnell klappte. Das waren dann so Sachen wie die Pussycat Dolls, Puff Daddy, Justin Timberlake und all diese Dinge. Ich hörte mir die Top 100 jede Woche immer komplett durch und sortierte dann für mich aus, was in mein Programm passte und was nicht. Natürlich spielte ich auch weiterhin mal Rockhits, eben alles, was eine Party in Schwung brachte.

Madlen und ich arbeiteten nun am selben Ort, und wir hatten supergeile Partynächte dort. Das Gute war, dass wir immer viel Zeit miteinander verbringen konnten. Am nächsten Tag musste ich morgens wieder als Malerin los, und abends ging es dann gleich weiter in der Kneipe. Manchmal war ich auch sieben Tage die Woche arbeiten, ohne Freizeit, aber ich habe das Musik-machen eh immer als Freizeit angesehen. Wie ich das damals alles geschafft habe, kann ich mir heute nicht erklären. Diese ganzen Nächte ohne Schlaf wären heute für mich nicht mehr machbar, das sind eben die kleinen, aber feinen merkbaren Dinge des Älterwerdens …

Oft habe ich die Leute zum Tanzen gebracht, was eher unge-wöhnlich war, denn zu der Zeit war es noch nicht so, dass man einen DJ vor Ort hatte und in einer Kneipe auch tanzte. Dort gab es meistens nur eine Playliste, die vor sich hin lief, ohne auf das Publikum und deren Wünsche einzugehen. Ich merkte, dass die Zeiten sich da so ein bisschen veränderten, dass dem DJ eine immer wichtigere Rolle in diesen kleinen Lokalitäten zukam. Dort, wo ich arbeitete, saß man und aß etwas oder bestellte sich Drinks. Aber wir machten nach und nach eine richtige Tanzbar daraus. Für mich war das immer toll zu sehen, wie die letzten Hemmungen der Leute fielen, sie auf die kleine Tanzfläche gingen und dort dann teilweise komplett ausrasteten. Ich wusste, dass so ein Abend mal locker zwei oder drei Stunden länger laufen konnte als üblich, wenn die Kunden musikalisch total zufrieden sind. Und bei mir war das auch anders als bei den DJs, die ihre Playlisten schon im Vorfeld komplett fertig hatten – ich habe mir immer vor Ort und in dem Augenblick überlegt, was ich spielen könnte, und das ist möglicherweise auch der Grund gewesen, warum das so gut geklappt hat. Ein wichtiger Bestandteil meiner DJ-Arbeit war, den Leuten ihre Liederwünsche zu erfüllen und sie so einzubauen, dass es ein rundes Bild ergab.

So ging ich dieser DJ-Tätigkeit eine Zeit lang relativ erfolgreich nach. Es passierte dann auch mal, dass ich zwischendurch kleine Experimente wagte. Zum Beispiel baute ich mal einen meiner selbstgeschriebenen Songs ein, ein Stück namens *Die immer lacht*. Das hatte ich zu einer Zeit geschrieben, in der es bei mir ganz düster aussah. Um zu erzählen, wie es dazu kam, muss ich nochmals zurück in die Zeit gehen, als ich spielsüchtig war und die Wolken über mir bedrohlich dunkel wurden.

KAPITEL 7

GANZ UNTEN

DIE ZEIT DER SPIELSUCHT überschnitt sich mit meinem Wunsch, mich beruflich noch einmal neu zu orientieren. Als Kind hatte ich schon diese Vorstellung gehabt, andere zu retten und ein Held zu sein, und so war es auch immer ein Traum von mir gewesen, Polizist zu werden, diesen Job fand ich unfassbar cool. Mit 18, als ich mit meiner Lehre fertig war, arbeitete ich zunächst als Malerin, fing aber auch an, mich bei der Polizei und auch bei der Feuerwehr zu bewerben.

Anfangs scheiterte ich immer an dem Eignungstest, nicht weil ich so schlecht war, sondern weil ich vor lauter Prüfungsangst im Diktat nicht klar denken konnte und eine Million Dinge falsch verbesserte. Jedes Jahr aufs Neue bekam ich diese Absagen mit dem Zusatz, dass ich im Diktat durchgefallen war und es doch nächstes Jahr wieder versuchen dürfte. Ich nahm mir irgendwann sogar Nachhilfeunterricht für deutsche Grammatik, weil ich dachte, ich bin zu blöd dafür.

Dabei war es bloß die Aufregung. Wenn man einen Traum hat, neigt man manchmal dazu, das Ganze zu sehr zu wollen, und verkrampft. Ich habe im Laufe dieser Zeit ein für mich wichtiges Buch kennen- und lieben gelernt, *Die Macht Ihres Unterbewusstseins* von Joseph Murphy. Dieses Buch ist heute ähnlich kostbar wie meine Gitarre von Mutti Voss. Es ist mir heilig. Und es hat mir damals geholfen, etwas ruhiger zu werden und meine Stärken zu sehen.

Mit 21 bekam ich schließlich eine Zusage von der Berufsfeuer-wehr der Bundeswehr. Ich war superstolz, weil es deutschland-weit nur zehn Ausbildungsplätze gab. Damals hatten sich mehr als 3000 Leute beworben, und ich hatte einen der raren Plätze ergattern können. Bei der Polizei blieb ich nach dem irgendwann doch erfolgreich absolvierten Eignungstest erst einmal auf der Warteliste. Also begann ich meine Ausbildung bei der Feuerwehr, die ich dann drei Monate später abbrach, als ich eine Zusage von der Polizei bekam. Ich freute mich riesig, dort angenommen wor-den zu sein, einer meiner Träume hatte sich erfüllt, und meine Hartnäckigkeit, einfach am Ball zu bleiben und das irgendwie zu schaffen, hatte sich mal wieder ausgezahlt.

Damals waren Madlen und ich gerade frisch zusammen. Wir zogen nach Eutin, über 140 Kilometer von Heide entfernt, wo die Polizeischule war und ich mit der Ausbildung begann. Allerdings merkte ich ganz schnell, dass das Ganze nichts für mich war. Ich fühlte mich eingeengt, dieser vorherrschende Befehlston, das Salutieren und das Aufstellen in Reih und Glied taten ihr Übriges. Ich war in eine Art Schockzustand geraten, mein Traumberuf hatte sich als etwas anderes als erwartet entpuppt. Ich wollte doch Katzen vom Baum retten und verirrte Omis sicher nach Hause bringen. Ich war so naiv und glaubte wirklich daran, dass ich, Kerstin Ott, dort aufschlage und dann alles für alle gut wird. Aus heutiger Sicht ist mir klar, dass das nur schiefgehen konnte.

Ich wollte nicht in dieser Akademie wohnen, also nahmen Madlen und ich uns eine Wohnung, sodass ich abends immer nach Hause gehen konnte. Aber die ganze Situation und Um-gebung drückte mir stark aufs Gemüt. Wie gesagt, war es die Zeit der Spielsucht, die mich sehr belastete, und dann kam noch diese neue Sache dazu, was mich komplett überforderte. Ich fing an, mich komplett zurückzuziehen und kaum noch mit anderen zu sprechen. Zum Spielen fuhr ich immer wieder zurück nach Heide, in meine gewohnte Umgebung, meistens an den Wochen-enden, wo ich meine Ruhe vor alldem hatte. Ich sagte Madlen, dass ich nach Heide fuhr, um dort zusätzlich noch Malerarbeiten zu übernehmen, was ich auch tat, aber die meiste Zeit verbrachte ich in der Daddelhalle. Da begann wirklich eine ganz dunkle Zeit für mich, weil ich voll in eine Depression abrutschte.

Aus heutiger Sicht ist es klar, warum ich depressiv wurde. Einerseits waren es die Umstände, andererseits auch all die ungeklärten Sachen aus meiner Vergangenheit, die in mir schlummerten und bei denen ich mich weigerte, sie mal aufzuarbeiten. Es baut sich immer mehr dieser Druck auf, und wenn der nicht kontrolliert abgelassen wird, fliegt einem das Ganze irgendwann um die Ohren. Damals war ich aber noch nicht bereit, mich der Vergangenheit zu stellen, und so rutschte ich immer tiefer in das Ganze ab.

Aber für das, was mich gerade in diesem Moment belastete oder bewegte, hatte ich nach wie vor das Ventil des Songschreibens. So kam es, dass ich auch in jener Zeit wieder verstärkt Lieder schrieb. Madlens beste Freundin Jenni, die ich damals im Rahmen der Clique vom Schuhmacherort kennengelernt hatte, war eine sehr gute Freundin von mir geworden, man kann sogar sagen, dass sie zu diesem Zeitpunkt die engste Freundin war, die ich hatte. Birte und ich hatten nach unserer Trennung zwei Jahre keinen Kontakt, wir sollten erst später zu den allerbesten Buddys werden.

Jedenfalls hatte Jenni zu der Zeit ebenfalls emotional eine ganz miese Phase. Sie fühlte sich körperlich sehr unwohl, hatte in ihrem Leben bereits sehr viele Sachen mitmachen müssen, die sehr unschön waren, war trotz allem aber nach außen immer ein absoluter Sonnenschein. Wenn man sie sah, dachte man nur: Der scheint die Sonne wirklich aus dem Hintern! Sie war warmherzig und hatte so ein sonniges Gemüt, dass sich die Menschen auch gerne mit ihr umgaben. Aber sie unterhielt sich nie über ihr eigentliches Wohlbefinden. Ich war da eine Ausnahme, mir vertraute sie sich an, und ihre Probleme waren tatsächlich so extrem, dass sie sich später Hilfe suchen musste und sechs Wochen lang in einer Therapie war. Ab und zu fuhr ich abends von meinem Polizeidienst los und besuchte sie in dieser Einrichtung.

Ich befand mich selbst in dieser dunklen Phase, fühlte mich schlecht und gar nicht wohl in Eutin mit der Ausbildung. Eines Nachmittags saß ich in meiner Küche und verspürte das Verlangen, mir die Gitarre zu schnappen und ein wenig darauf zu spielen. Innerhalb von fünf Minuten hatte ich einen Song geschrieben, komplett mit Melodie und Text, Letzteren hatte ich auf einen kleinen Zettel geschmiert. Der Song handelte von Jenni, und er war auch für sie:

Sie ist die eine, die immer lacht
Die immer lacht, die immer lacht, die immer lacht
Oh, die immer lacht
Und nur sie weiß, es ist nicht wie es scheint
Oh sie weint, oh sie weint, sie weint
Aber nur, wenn sie alleine ist
Denn sie ist, wie sie ist und was sie ist, es ist nicht, wie es scheint
Komm her, meine Süße, und reich mir deine Hand
Zeig mir, wer du bist, und du wirst sehen
Wie es ist zu lachen, ohne dabei zu betrügen
Oh, zu weinen, du wirst sehen, wie sie dich lieben
Oh, zu lieben, ich zeig dir, wie es geht
Sie ist die eine, die immer lacht
Die immer lacht, die immer lacht, die immer lacht
Oh, die immer lacht, und nur sie weiß, es ist nicht, wie es scheint
Oh, sie weint, oh, sie weint, sie weint
Aber nur, wenn sie alleine ist
Denn sie ist, wie sie ist und was sie ist, es ist nicht, wie es scheint

Als er fertig war und ich ihn das erste Mal durchgespielt hatte, dachte ich so bei mir: Das ist echt ein geiles Lied geworden! Ich freute mich, dass es so melodisch geworden und vom Text her genau das war, was ich Jenni sagen wollte. Ein paar Tage später packte ich meine Gitarre ein und fuhr zu ihr. Ich sagte ihr: »Ich habe dir ein Lied geschrieben, das kannst du dir gerne anhören, aber ich spiele es nur, wenn du in einem anderen Raum sitzt!« Ich traute mich nicht, vor ihr zu singen – wegen des Talentwettbewerbs. Ich setzte mich dann in das Badezimmer, wo es einen natürlichen Hall gab, was der Stimme noch ein bisschen mehr Volumen gab. Sie musste auf dem Flur Platz nehmen, dann saß ich dort auf dem Klo komplett im Dunkeln, damit ich mir sicher sein konnte, dass mich keiner sieht. Ich spielte ihr den Song vor, und danach fing sie tierisch an zu weinen und fiel mir in die Arme. Schluchzend sagte sie mir, wie toll sie das Lied fand, was mich natürlich freute. Dieses kleine Lied sollte mein Leben Jahre später grundlegend verändern.

Die Zeit in Eutin wurde für mich aber nicht besser, im Gegenteil. Nach fünf Monaten schmiss ich die Ausbildung bei der Polizei, und auch unsere Wohnung mussten wir aufgeben, was aber nicht ohne Probleme ging. Wir waren so naiv und hatten eine relativ teure Wohnung gemietet, die dann ohne meinen Lohn natürlich nicht mehr bezahlbar war. Madlen wurde dann auch noch von ihrem neuen Arbeitgeber in Eutin gelinkt – der hatte ihr versprochen, dass sie als Servicekraft mit leitender Funktion 1800 Euro im Monat plus Trinkgeld verdienen würde, aber letztendlich bezahlte er sie gar nicht. So hatten wir das erste Mal richtig hohe Schulden, weil keiner von uns mehr Geld verdiente, die restliche Miete aber trotzdem noch bezahlt werden musste.

Nach meiner Kündigung kehrten wir nach Heide zurück, aber unsere Lage wurde immer schlimmer. Wir hatten keine Wohnung in Aussicht, und Madlen konnte auch ihren Job in der Kneipe nicht zurückbekommen, weil der zwischenzeitlich anderweitig besetzt worden war. Es war Winter, was generell eine schlechte Zeit im Baugewerbe ist, und so hatte auch ich zu diesem Zeitpunkt keinen Auftrag, nicht mal etwas in Aussicht, das Telefon blieb stumm. Ich hätte es nie für möglich gehalten, dass mir so etwas mal passieren würde, aber nun war es tatsächlich so gekommen: Madlen und ich standen auf der Straße. Es war eine steile Kurve von »Krass, ich bin auf der Polizeiakademie« bis zu »Krass, ich bin obdachlos«. Man kann also sagen, wir hatten alles auf eine Karte gesetzt und waren kläglich gescheitert.

Aufgrund der ganzen Umzieherei hatten wir nicht mehr viele Sachen, unsere Möbel hatten wir der Arbeiterwohlfahrt gespendet, weil wir nirgendwo etwas unterstellen oder einlagern konnten. So packten wir das, was wir noch hatten, in unseren Skoda und wohnten fortan in dem Auto. Zwischendurch kamen wir noch für ein oder zwei Nächte bei Freunden unter, aber dann wurde es echt schwierig. Ständig hörten wir: »Klar, wir haben noch ein Gästezimmer, da könnt ihr drin wohnen«, aber letztendlich wollten die meisten das dann doch nicht, aus welchen Gründen auch immer. Da merkten wir, wer wirklich ein Freund und wer nur so ein Blabla-Mensch war.

Wenn wir keinen Unterschlupf fanden, pennten wir im Auto, was im Winter natürlich echt eine Scheißangelegenheit ist. Eine Zeit lang konnten wir bei Madlens Mutter unterkommen, die alleine lebte, aber auch ihr eigenes Leben hatte. Wir schliefen bei ihr auf dem Sofa, und alle fünf Minuten kam jemand ins Zimmer – es gab also keinerlei Privatsphäre. Ich stecke jetzt vollkommen in dieser Depression fest und war kaum noch ansprechbar, konnte mich auch mit Madlen nicht mehr großartig unterhalten, weil ich einfach nicht mehr konnte. Ich war total am Ende, konnte Gesellschaft nicht ertragen. Das Problem war nur, dass wir sehr viel Zeit hatten, aber keine Wohnung. Wir brauchtes dringend Arbeit, um aus diesem Teufelskreis irgendwie herauszukommen.

Madlen hatte irgendwann endlich Glück und fing in einem kleinen brasilianischen Restaurant in Heide an und bekam ihren Lohn auch jeden Tag ausgezahlt. Das waren wirklich sehr nette und korrekte Menschen. Ich dümpelte den ganzen Tag nur so vor mich hin und saß auch oft und lange in dem brasilianischen Restaurant und wartete darauf, dass sie Feierabend hatte. Ich hatte keine Möglichkeit, etwas anderes zu machen, es ging gar nichts.

Madlens guter Freund Halit vermittelte uns schließlich eine kleine Einzimmerwohnung in einer Einrichtung, die Menschen mit wenig Einkommen unterstützten. Nach drei Monaten hatten wir endlich wieder ein Dach über dem Kopf, und ich weiß noch, was für ein tolles Gefühl es war, als wir das erste Mal wieder die Tür hinter uns zumachen konnten. Für uns war diese obdachlose Zeit eine einschneidende Erfahrung. Man ist immer irgendwie fremdbestimmt, kann nicht zu jedem Zeitpunkt einfach nach Hause gehen und hinter sich die Tür abschließen, man hat keine Möglichkeit, mal runterzukommen oder für sich zu sein, man kommt nie zur Ruhe. Das war sehr kräftezehrend für uns damals.

Langsam schien das Glück zu uns zurückzukehren, denn auch ich hatte nun wieder Arbeit in Aussicht. In der Spielhalle hatte ich einen Handwerker kennengelernt, der ständig zum Arbeiten nach Dänemark fuhr und dort viel Geld verdiente. Madlen und ich hatten bis dahin innerhalb kürzester Zeit 10.000 Euro Schulden angesammelt, durch die teure Wohnung in Eutin und unser Auto, das damals noch nicht abbezahlt war. Das Ganze nahm immer größere Ausmaße an, weil auch immer mehr Mahngebühren dazukamen.

Der Handwerker aus der Spielhalle erzählte mir irgendwann, dass er von Montag bis Donnerstag in Dänemark auf Baustellen arbeite und im Monat ungefähr drei- bis viertausend Euro verdiene. Als er hörte, dass ich Malerin bin und gerade auf Jobsuche war, fragte er mich, ob ich nicht Bock hätte, mal mit ihm mitzukommen, weil man dort händeringend nach Handwerkern suchte – zu diesem Zeitpunkt herrschte in der dänischen Baubranche ein Wahnsinnsboom. Ich brauchte nicht lange überlegen und sagte: »Na klar, ich komme sofort mit!« Für mich war das natürlich irre, vier Tage arbeiten, zwar 12 bis 14 Stunden am Tag, dafür hatte man ab Donnerstagabend frei bis Sonntag. Und die Arbeitsorte waren immer recht nah hinter der Grenze. Was für mich also nie mehr als drei Stunden Fahrzeit bedeutete.

Und so war ich dann ein oder zwei Wochen später bereits auf dem Weg nach Dänemark. Das Ganze lief über eine Zeitarbeitsfirma, die ihre Arbeitskräfte an dänische Firmen verlieh. Mein Bekannter aus der Spielhalle arbeitete in seinem Bereich als Steinsetzer, ich in meinem Bereich als Malerin, wo ich mich auch recht schnell an die Spitze arbeitete. Ich war ja praktisch wie ein selbstständiger Arbeiter und nicht jemand, dem man alles erst einmal erklären musste, und ich konnte auch immer meine Gruppe, die mir zugeteilt wurde, gut zusammenhalten und sie auch führen. Das lief so gut, dass ich schon recht bald von einer anderen dänischen Firma abgeworben wurde.

Damals habe ich sehr schnell wieder Boden unter den Füßen bekommen. Ich holte sogar meinen großen Bruder Robert aus Berlin nach Dänemark, weil ich wusste, dass er auch gerade Arbeit suchte und zuverlässig ist. Mit Robert verstand ich mich auch gut, wir hatten über die Jahre hinweg immer Kontakt gehalten und waren auch ziemlich dicke, und ihn konnte ich zu der Zeit gut als seelische Stütze gebrauchen. Er hatte keinen Plan vom Malern, aber ich pries ihn der dänischen Firma als Geselle an, damit er dasselbe Geld verdiente wie ich. Ich wusste, dass wir über den Tag viel allein arbeiten würden, weil ich mir eben schon meinen Status erarbeitet hatte, und so konnte ich ihm in diesem Zeitraum alles Wichtige beibringen. In den meisten Fällen strichen oder verputzten wir riesige Flächen, teilweise um die 1000 Quadratmeter, und das kann man jemandem in relativ kurzer Zeit gut beibringen, wenn dieser einigermaßen talentiert ist und Lust hat, etwas zu lernen. Außerdem waren es letztendlich sowieso immer dieselben Handgriffe.

So waren Robert und ich zusammen in Dänemark unterwegs und tingelten von einer Baustelle zur anderen. Auch was meine Stimmung betraf, hatte ich wieder Oberwasser bekommen, das nächste halbe Jahr sollte es erst mal wieder bergauf gehen. Madlen und ich gingen unseren Schuldenberg an und arbeiteten anhand von Flipcharts heraus, wie wir das Problem am besten angingen und welchen Gläubiger wir als Erstes bedienen mussten. Jede zweite Woche bekam ich in Dänemark mein Geld bar auf die Hand, und davon nahmen wir immer mindestens die Hälfte, um die Schulden abzutragen. Das bedeutete, dass wir sehr schnell mit dem ganzen Thema durch waren, was natürlich ein tolles Gefühl war. Zu der Zeit war ich noch nicht von der Spielsucht geheilt und versenkte trotzdem immer noch einiges in den Automaten, aber ich habe immer die Hälfte zum Schuldenabbau abgegeben. So weit war ich damals schon. Denn ich wusste, dass, wenn ich es nicht machte, es uns das Genick brechen würde.

Außerdem half uns damals Madlens ehemaliger Chef Christof aus der Kneipe in Heide. Seine Frau Jeannette und er boten an, uns mit 2000 Euro auszuhelfen, die ich dann einfach mit Renovierungsarbeiten bei ihnen zu Hause abstottern konnte. Diese beiden Menschen haben seitdem so sehr einen Stein im Brett bei mir, dass ich ihnen heute noch dankbar bin. Entstanden ist daraus eine tiefe Freundschaft zu Jeannette, die ich wirklich in meinem Herzen trage.

In Dänemark kam es dann zu Veränderungen. Leider wurden wir von der Firma irgendwann nach Århus versetzt und mussten dort in einem Gefängnis arbeiten, was meiner Stimmung nicht wirklich guttat. Ein halbes Jahr lang durften mein Bruder und ich im Knast arbeiten, und der war riesig groß, der größte und sicherste Knast in Dänemark. Zuerst durften Robert und ich Fußleisten lackieren – und zwar, ohne Witz, insgesamt eine Länge von sieben Kilometern. Die ganzen Nagellöcher mussten so penibel verspachtelt werden, dass nicht im Ansatz zu sehen war, wo sich diese befanden. Warum das so superwichtig war, erfuhr ich erst später: Es bestand nämlich die Angst, dass die Knackis Schwachstellen finden und sich so eine Leiste leichter abbauen könnten.

Nach tausend Stunden Rumrobben auf den Knien und Fußleisten-Lackieren mussten wir drei Wochen am Stück nur Wände spachteln, dann wieder drei Wochen einfach nur streichen – man konnte kilometerweit die Wand entlang gucken, und man wusste, da ganz hinten am Ende muss man am Ende des Monats angekommen sein. Das war auf Dauer sehr deprimierend.

Noch schlimmer wurde es, als wir ein neues Projekt im Århuser Stadtteil Gellerup bekamen, eine Gegend, die von den Dänen selbst als Getto bezeichnet wird, weil es dort nur Hochhausblöcke und einen extrem hohen Zuwandereranteil gab. Dementsprechend waren dort viele Menschen arbeitslos, und die Kriminalitätsrate war sehr hoch. Wir wurden beauftragt, in diesen Häuserblocks die Treppenhäuser zu streichen, und für mich war es der reinste Horror, weil ich mich so unwohl fühlte. Dies war wieder eine der Situationen, die ich nicht komplett überblicken konnte, die ich nicht selbst im Griff hatte. Zumal die Tage sehr anstrengend waren, weil man dort nur die Treppen hoch und runter gelaufen ist, auch mal mit schweren Airlessgeräten, wenn man spritzen musste. Und wenn man sich von oben nach unten gearbeitet hatte und alles fertig gestrichen war, waren oben schon wieder die ersten Schmierereien an der Wand.

Die Zeit in Gellerup war hart. Während wir dort arbeiteten, versuchten Diebe, das Airlessgerät zu klauen – wir mussten das wirklich mit einer dicken Kette am Heizkörper sichern, weil man es uns sonst unterm Arsch weggeklaut hätte. Dann gab es auch mal eine Schießerei, ständig lag irgendwo Kacke im Treppenhaus, dann der ganze Lärm aus den Wohnungen und die vielen finsteren Gestalten, die einem den ganzen Tag begegneten – für so etwas war ich einfach zu sensibel. Und ich hasste es auch, eine Arbeit zu verrichten, die am nächsten Tag wieder zerstört ist, das hat für mich keinen Sinn ergeben, auch wenn es mir im Grunde egal war – wir machten ja abends Beweisfotos, dass wir fertig abgeliefert hatten.

Ich fuhr jedes Wochenende zurück nach Deutschland, allein schon weil ich spielen und auch nach Hause zu Madlen wollte. Zu dem Zeitpunkt war es mit meinen Depressionen wieder schlimmer geworden, das war wie eine einzige Trauerphase.

Wie gesagt, arbeitete ich mit meinem Bruder jeden Tag 12 bis 14 Stunden, wir sahen überall immer nur die gleiche Scheiße, und dann hatten wir auch Unterkünfte, die unter aller Sau waren. Wir wohnten in einem dunklen Keller bei einer älteren Frau mit einem ganz winzigen Fenster und ohne Dusche. Wir hatten nur ein Mini-Waschbecken im Kellergang, wo wir uns waschen konnten. Es gab keine Küche und nur einen kleinen Fernseher, wo man ausschließlich DVD gucken konnte, kein Fernsehprogramm. Mein Bruder und ich hatten so was von die Arschkarte gezogen. Robert pfiff sich, um die Umstände für sich irgendwie erträglicher zu machen, jeden Abend sein Bier rein. Ich dachte nur, wenn ich jetzt auch noch anfange zu trinken, dann werde ich bald bereit für die Kiste sein.

Das wurde alles so belastend, dass ich es nicht mehr abschütteln konnte. Ich wollte nach einem harten Arbeitstag einfach nicht mehr auf so einer ekligen, 50 Jahre alten Matratze in einem staubigen dunklen Keller liegen, mit fremder Bettwäsche aus dem Jahr 1960. Und dann am Tag auch noch ständig diese miese Umgebung. Ich wusste, dass ich nur da war, um Schulden abzuarbeiten, und am Anfang war das ja auch eine Belohnung. Aber zu jener Zeit hatte ich nur noch einen Gedanken: wozu dieser ganze Scheiß? Wieso muss ich das alles machen?

Ich wusste, dass ich dort nicht länger bleiben konnte, weil ich sonst kaputt gehen würde. Zu dieser Zeit erwachte in mir der Gedanke, dass ich wirklich was ändern muss. Hier kam alles zusammen: die Umgebung, die Spielsucht, meine Lage, meine Depression. Die Wände kamen immer näher, ich fühlte mich mehr und mehr eingeengt. Und außerdem bekam ich noch das Gefühl, dass Madlen mich betrügt. Und dieses Gefühl sollte mich dann auch nicht trügen.

KAPITEL 8

ES MUSS SICH
ETWAS ÄNDERN

DAS GEFÜHL, dass es zu Hause nicht mehr ganz rund lief, war schon seit einer Weile da. Ich war ja immer von Donnerstag bis Sonntag in Heide, montags bin ich dann ganz früh morgens losgefahren. Diese paar Tage zu Hause boten natürlich sehr wenig Zeit, um irgendwelche Dinge zu regeln, meistens kümmerte man sich um das, was unter der Woche liegen geblieben war. Madlen war am Wochenende immer bis spät in die Nacht arbeiten, und so war es auch meistens schon relativ spät am Tag, bis sie dann aufstand. Daraus entwickelte sich so ein Kreislauf, dass wir wenig ins Gespräch kamen und uns irgendwie gar nicht mehr nahe waren. Ich war sowieso total schlecht drauf, wusste nicht, wo oben und unten ist, und sah auch keinen Sinn mehr darin, immer wieder wegfahren zu müssen. Zu dem Zeitpunkt hatte ich das ja auch schon länger als ein Jahr gemacht. Ich hatte diese depressive Phase, wollte niemanden sehen und mich auch nicht unterhalten, und ich trug so meinen ganz eigenen Teil dazu bei, dass es sehr kühl wurde zwischen uns und sich beide Seiten sehr unwohl fühlten.

Es wurde immer mehr zur Qual, montagmorgens Richtung Dänemark aufzubrechen. Robert kam um 3 Uhr in der Früh zu uns, und dann schleppte ich mich in den Wagen und wir fuhren los. Ich hatte auf diesen ganzen Mist keine Lust mehr, ich wollte nicht ständig immer weg sein und in diesem Kellerloch schlafen müssen.

Und so beschloss ich kurzerhand an einem Mittwoch in Dänemark, genau jetzt meine Zelte abzubrechen und nach Hause zu fahren. Ich brachte es nicht übers Herz, Robert meine Entscheidung mitzuteilen, und so entfernte ich mich einfach von der Arbeit und klemmte ihm einen Brief unter die Sonnenblende vom Auto. Zum Glück konnte mein Bruder, der natürlich nicht so einfach hinschmeißen wollte und sich zum Bleiben entschied, mich total verstehen. Heute denke ich, dass es eine richtige Scheißnummer von mir war, ohne ein weiteres Wort zu gehen. Damals war ich aber einfach noch nicht so weit, den richtigen Weg zu gehen.

Auf der Arbeit reichte ich die sofortige Kündigung ein, was für die auch in Ordnung war, da ich meine Arbeit so gut wie erledigt hatte und so einen sauberen Abschluss machen konnte. Da ich immer mit Robert nach Dänemark gefahren war, brauchte ich jetzt eine andere Fahrgelegenheit nach Hause, und so kam meine beste Freundin Birte und fuhr mich zurück nach Deutschland. Nach dem Ende unserer Beziehung hatten Birte und ich zwei Jahre lang keinen Kontakt gehabt, ich war mit Madlen verheiratet und Birte hatte ebenfalls eine neue Beziehung. Während meiner Zeit in Dänemark war diese aber in die Brüche gegangen, und sie hatte unter großem Liebeskummer gelitten. Da sie jemanden zum Reden brauchte, hatte sie den Kontakt zu mir wieder aufgenommen. Ich weiß noch, wie sie mich todtraurig in Dänemark anrief und ich die ersten paar Minuten kein Wort verstand, weil sie so bitterlich weinte. Daraufhin habe ich mit ihr zwei Tage lang fast durchgehend telefoniert – hinterher hatte ich eine Rechnung von sage und schreibe 1000 Euro. Das war mir in dem Augenblick aber egal, denn zwischen Birte und mir gab es eine besondere Verbindung, das wusste ich damals schon. Und ich freute mich so sehr, dass wir nun endlich wieder Kontakt hatten.

Ich war also wieder zurück in Deutschland und musste mir erst einmal überlegen, wie es weitergehen sollte. Ich hatte ja schon ein Jahr lang nicht mehr in Heide als Malerin gearbeitet und musste jetzt erst mal zusehen, wieder an Aufträge zu kommen, weil meine ganzen alten Kunden natürlich dachten, dass ich in Dänemark arbeitete. Aber ich konnte die Kraft nicht aufbringen, mich ans Telefon zu setzen und irgendwo anzurufen. Da war nichts mehr in mir drin. Ich war völlig antriebslos, jegliche Fröhlichkeit und Willensstärke, die immer zu mir gehörten, waren einfach weg.

Immer belastender wurde auch die Geschichte mit Madlen, mit der ich mich einfach nicht mehr verstand. Während ich in Dänemark war, telefonierten wir häufig miteinander, aber in den Gesprächen war es schon merkwürdig gewesen zwischen uns, da hatte ich schon gespürt, dass irgendetwas nicht in Ordnung war. Damals fragte ich sie ganz direkt, ob sie jemanden kennengelernt hatte, was sie aber verneinte. Allerdings verriet sie sich schließlich mehr oder weniger in einem Gespräch, indem sie gewisse Andeutungen machte, die mich natürlich in helle Aufruhr brachten. Das Problem war aber, dass sie mit der Sprache nicht rausrückte und ich nicht genau wusste, ob da jetzt was war oder nicht. Ich musste mit diesem Gefühl erst mal leben.

Zu dieser Zeit kam bei Madlen das Thema Kinder auf, offenbar tickte ihre innere Uhr. Ich wollte keine Kinder, ich fand, dass wir selbst genug Probleme hatten, mit denen wir erst mal klarkommen mussten, und ich konnte mich auch schlecht auf dieses Thema einlassen. Auch rückblickend auf meine eigene Kindheit wusste ich, dass ich keine Kinder haben wollte, und diese tickende Uhr hatte ich schon mal gar nicht in mir drin. Madlen wollte es aber unbedingt und ließ von dem Thema auch nicht ab.

Sie hatte noch eine Schwester, die geistig leicht zurückgeblieben war und die in jener Zeit schwanger wurde. Da Madlens Schwester aufgrund der Behinderung auf Hilfe angewiesen war, wurde schnell klar, dass dieses Kind nicht bei ihr bleiben konnte. Und das war für Madlen natürlich ein Anstoß zu sagen: »Was hältst du davon, wenn wir das Kind zweimal die Woche zu uns nehmen? Die anderen Tage könnte es bei der Oma verbringen.« Ich fand die Idee total schrecklich, ich dachte nur: Jetzt noch ein Kind oben drauf, das ist für mich einfach zu viel des Guten! Wir hatten zu diesem Zeitpunkt auch einen Berner Sennenhund, Erik, mit dem man Gassi gehen musste und der natürlich auch seine Aufmerksamkeit brauchte, er war ein kleiner Rüpel, den man noch ein wenig trainieren musste, aber ich war in ihn verliebt, seitdem ich ihn das erste Mal gesehen hatte.

Ich wusste von vornherein, dass das alles zu viel wird. Madlen ließ sich aber nicht davon abbringen, also stimmte ich widerwillig den zwei Tagen, an denen das Kind bei uns sein würde, zu. Allerdings machte ich gleich mit ihr ab, dass ich für das Kind nicht den Babysitter spielen würde, dass ich nicht zu Hause bleiben würde, um auf dieses Kind aufzupassen, weil sie nachts arbeiten muss. Sie musste selbst zusehen, wie sie das regelt, was für sie auch in Ordnung war. Madlens Schwester brachte das Kind also zur Welt, wir klärten mit dem zuständigen Jugendamt alle Formalitäten, und plötzlich hatte ich jeden Mittwoch und Donnerstag ein kleines Baby zu Hause.

Wie es dann eben so läuft, veränderte sich das Ganze im Laufe der Tage und Wochen. Irgendwann war es soweit, dass ich tatsächlich über Nacht mit dem Baby alleine war. Ich war völlig überfordert, musste ständig gucken gehen, ob es überhaupt noch atmete, weil es so leise war. Die ersten drei Monate hatte es noch bei der eigenen Mutter gelebt, und wir hatten auch mitbekommen, dass das Baby ganz oft über längere Stunden im Bett liegen bleiben musste, weil die Mutter sich nicht kümmern konnte. So kam es, dass es sich gar nicht mehr von selbst gemeldet hatte, es schrie nicht und machte sich auch nicht bemerkbar, wenn es Hunger hatte oder wenn die Hose voll war. Für mich war das natürlich katastrophal, ich geriet völlig in Panik, weil ich nicht wusste, was das Baby brauchte und wann es was brauchte. Ich war ja noch sehr jung, war zu diesem Zeitpunkt vielleicht gerade mal

25 Jahre alt und hatte in Sachen Elternsein nun mal so überhaupt keine Ahnung.

Dieser Graben zwischen Madlen und mir wurde immer größer. Immerhin hatte ich mittlerweile die Kraft gefunden, mit dem Spielen aufzuhören, sodass ich wenigstens eine große Last von mir genommen hatte. Aber es gab noch so viele andere Baustellen in meinem Leben, dass ich gar nicht wusste, wo ich anfangen sollte.

Wir sind dann aus unserer Wohnung in ein kleines Einfamilienhaus gezogen, eine Doppelhaushälfte mit einem kleinen Garten. Dieser Umzug war eine Auflage vom Jugendamt gewesen, weil wir in der alten Wohnung zu wenig Platz für ein kleines Baby hatten. Blöderweise war es in dem Einfamilienhaus nicht erlaubt, einen Hund zu halten, und so hieß es also: entweder Erik oder Leonie, das Baby, abgeben. Der Hund war damals für mich wie ein richtiger Freund, den wollte ich nicht abgeben, aber Madlen setzte mir die Pistole auf die Brust und sagte: »Ich möchte Leonie behalten, ich möchte, dass sie bei uns wohnt, und ich werde nicht zulassen, dass sie in eine Pflegefamilie kommt.« Das Argument mit der Pflegefamilie konnte ich nur zu gut nachvollziehen, und so ließ ich mich erweichen – obwohl ich wusste, dass dies nun bedeutete, dass wir sieben Tage die Woche ein Baby haben würden.

Schweren Herzens musste ich mich von Erik trennen, was mich auch noch mal schwer traf und was ich bis heute noch nicht ganz verdaut habe. Ich liebe Tiere über alles, und ich bin der Auffassung, wenn man sich ein Tier anschafft, muss man sich auch darum kümmern und kann es nicht einfach wieder weggeben. Wenigstens fand ich eine gute Familie für ihn. Nachdem ich ihn dort abgegeben hatte, heulte ich den ganzen Weg nach Hause und die darauffolgenden Tage immer wieder so doll, obwohl ich wusste, dass er es in seinem neuen Zuhause richtig gut haben würde. Es war einfach furchtbar. Ich fühlte mich wie Abschaum.

Wir sind also mit Leonie umgezogen, und Madlen kümmerte sich hauptsächlich um sie. Was unsere Ehe anging, so herrschte mittlerweile absolute Funkstille. Madlen hatte so viele Sachen über meinen Kopf hinweg entschieden, sodass ich gar nicht mehr richtig hinterher kam. Ich leistete keinen Widerstand, weil ich auch nicht wollte, dass unsere Beziehung in die Brüche ging. Ich wusste genau, dass, wenn ich dieses Kind nicht akzeptierte, dann alles zu Ende sein würde.

Auf der einen Seite konnte ich Madlens Kinderwunsch nachvollziehen – wenn Frauen Kinder haben wollen, ist da meistens nichts mehr zu machen, dann muss eine Frau das auch durchziehen. Ich machte ihr deswegen auch keinen Vorwurf, ich dachte nur: Okay, mit der Zeit wird es vielleicht besser und ich gewöhne mich an das Kind. Ich kann zu diesem Familienkonstrukt sicher meinen Teil beitragen, sodass Madlen und Leonie glücklich sind und es für mich auch eine gute Geschichte wird. Das hat aber alles überhaupt nicht funktioniert, wir sind immer weiter auseinandergetrieben.

Meistens verließ ich morgens früh das Haus und kam erst spät abends wieder zurück, damit ich mit diesem Familienleben ja nichts zu tun hatte. Es ging sogar soweit, dass ich das Kind eine Zeit lang komplett ignorieren musste, weil ich mit dieser ganzen Sache nichts mehr zu tun haben wollte.

Zwischendurch bestätigte sich dann auch mein Verdacht, dass Madlen tatsächlich eine Affäre hatte, was zum ersten großen Bruch zwischen uns führte. Das Ganze kam heraus, als ich abends mit Birte auf der Pfingstfete in Albersdorf unterwegs war. Es war eine Riesenfeier, die über drei Tage ging, es gab einen Zeltplatz und viele Bands, man stand zusammen am Lagerfeuer und hat Musik gehört. Die Pfingstfete war etwas, das Birte und ich gemeinsam jedes Jahr machten, außer in der Zeit als wir keinen Kontakt hatten. Als wir noch zusammen Fußball spielten, hatte dieser Brauch, gemeinsam zur Pfingstfete zu gehen, angefangen, hatte dann diese zweijährige Pause und sollte jetzt wieder aufblühen. Wir freuten uns tierisch auf unser Event.

Wir waren also ausgelassen am Feiern, als Madlen auf einmal vor mir stand – eigentlich hatte sie zu Hause bleiben wollen. Sie gestand mir, dass sie, als ich in Dänemark war, eine Affäre mit einem jungen Mann hatte. Da bin ich natürlich erst mal komplett ausgeflippt, weil ich es geahnt hatte, ich hatte sie ja sogar direkt gefragt, und sie hatte verneint. Und gerade heute, wo ich mit meiner besten Freundin einen schönen Abend haben wollte, musste sie mir das erzählen?! Das war für mich unbegreiflich. Ich konnte ihr auch überhaupt nicht mehr vertrauen, wollte das auch gar nicht mehr, weil sie mir das so spät gebeichtet und mich so lange in dieser Ungewissheit gelassen hatte. Ich wollte wissen, wer genau das war, und als sie mir gestand, dass es ausgerechnet Benny war, ein guter Freund von mir, rastete ich komplett aus.

Tage später ging es mir immer noch so beschissen. Ich kam mit all diesen Neuigkeiten überhaupt nicht zurecht. Ständig kreisten in meinem Kopf diese Szenen, wie die beiden Sex miteinander hatten. Egal wo ich war, egal was ich tat, mein Kopfkino war in vollem Gange.

Es führte dazu, dass ich gar keine Lust mehr hatte, mich mit ihr zu unterhalten. Wir schwiegen uns nur noch an. Auch die gemeinsamen Abende in der Kneipe, wenn Madlen als Bedienung arbeitete und ich als DJ auflegte, waren extrem unangenehm. Trotzdem haben wir uns immer noch irgendwie über den Tag gerettet, aber beziehungsmäßig war es eine absolute Katastrophe.

Eines Abends, als ich in der Kneipe auflegte, kam eine blonde Frau herein, die ich sehr attraktiv fand. Da ich Madlens und meine Situation sexuell so frustrierend fand, dachte ich nur: Heute ist es so weit, die werde ich mir schnappen! An dem Abend zog ich wirklich alle Register und machte mich an diese Frau ran, sodass wir schon morgens, als die Kneipe schloss, vor der Tür knutschten. Ich ging allein nach Hause, und als ich am nächsten Tag aufwachte, hatte ich ein schlechtes Gefühl. Ich dachte nur: Das kann es auch nicht sein, einfach so fremd rumknutschen, und dann hast du ihr ja auch noch deine Nummer gegeben – was ist, wenn sie sich auch noch meldet? Das tat sie dann auch, und ich war fortan immer darauf bedacht, mein Handy nirgendwo liegen zu lassen, damit Madlen keinen Verdacht schöpfte. Für mich fühlte sich das aber so schlecht an, weil ich diese Unehrlichkeit selbst nicht ertragen kann. Ich entschied mich, bei der Frau anzurufen und mit ihr abzumachen, dass wir es bei diesem Kuss belassen und nichts weiter stattfinden wird.

Drei Wochen später kam sie aber wieder in die Kneipe, und es hatte einfach gefunkt zwischen uns. So begann ich eine Affäre mit ihr, die auch über Monate anhielt. Immer wenn ich meinen DJ-Abend beendet hatte, fuhr ich sie mit dem Auto nach Hause, und meistens kam es im Auto schon zum Sex. Zu Hause zog ich mich immer weiter raus und habe auch oft bei Birte gepennt.

Natürlich flog die ganze Sache irgendwann auf. Ich hatte mein Handy unbeachtet auf dem Tisch liegen lassen, und Madlen bekam mit, wie ich von der Frau eine Nachricht bekam. Sie fragte, wer das sei und was das solle, und ich versuchte erst gar nicht, mich rauszuwinden, ich sagte ihr, dass ich eine Affäre mit der Frau hatte. Einerseits war ich froh, dass es raus war, denn diese Geheimniskrämerei war einfach nichts für mich. Natürlich gab es einen Riesenkrach, wir haben beide viel geweint in dieser Zeit. Ich beschloss, für die nächste Zeit erst mal zu Birte zu ziehen, weil ich auch nicht wusste, wie das mit der anderen Frau weitergehen sollte, für die ich ja auch Gefühle hatte. Auf der anderen Seite wollte ich meine Ehe nicht einfach so wegschmeißen.

Madlen und ich beschlossen, die Beziehung erst einmal auf Eis zu legen. Wir wollten einfach gucken, wie wir ohne einander klarkamen. Heute weiß ich, dass ich sie damals tief verletzt habe mit dieser ganzen Geschichte. Damals war ich blind und vollgestopft mit Gefühlen. Jedenfalls hielten wir ein oder zwei Wochen durch, danach beschlossen wir, es doch wieder miteinander zu versuchen. Wir wussten, dass es sehr, sehr schwer werden würde, weil so viel zwischen uns vorgefallen war, viele Sachen, die überhaupt nicht gepasst haben und die eine Beziehung einfach zum Scheitern bringen. Eines davon hätte eigentlich schon gereicht, um eine intakte Ehe kaputt zu machen. Aber wir wollten nicht so schnell aufgeben. Ich beendete meine Affäre, was sich auch richtig für mich anfühlte, und zog wieder zu Hause ein.

Dann tauchte Jette in unserem Leben auf. Sie war eigentlich eine gute Bekannte von Madlens Freundin Domi, und über irgendwelche Umwege hatten wir in der Zeit mehr miteinander zu tun. Jette und ich wurden »Homies« – so nannten wir uns immer. Wir unternahmen viel miteinander, hörten gemeinsam Musik und hatten die gleichen Interessen. Madlen und Jette hatten eigentlich gar nicht viel miteinander zu tun. Madlen sagte sogar des Öfteren zu mir, dass sie Jette merkwürdig finde und eigentlich nicht so leiden könne. Das eine, was man hört … das andere, was man denkt … und die Realität, die passiert …

Zu Hause hatte sich wieder ein merkwürdiges Gefühl eingeschlichen, Madlen benahm sich mir gegenüber merkwürdig, irgendwas war da im Busch. Ich hatte auch mit Jette darüber gesprochen, dass es irgendwie merkwürdig war zu Hause, aber auch sie hatte keine Erklärung dafür.

Irgendwann lag ich auf dem Sofa, es klingelte an der Tür, und Madlen machte auf, die Tür war vom Sofa für mich nicht einsehbar. Es war Jette. Mir fiel sofort auf, dass so eine ganz merkwürdige Stille zwischen den beiden herrschte. Ich dachte nur: Okay, wenn man die Tür aufmacht, sagt man doch irgendwas, wenigstens ein Hallo oder so. Da war aber nichts, kein Geräusch, Jette stand einfach da in der Tür. Ich wusste sofort, dass hier irgendwas ganz verkehrt lief, und so stellte ich eine nach der anderen zur Rede. Nach vielem Rumlügen und Vertuschungsquatsch kam die Wahrheit raus, und ich brach innerlich zusammen. Meine Frau und meine derzeit engste Bezugsperson haben mich betrogen und belogen. Ich wollte natürlich wissen, wie lange schon und wo und wie und was daraus denn werden sollte, und alle Antworten waren niederschmetternd.

Damit war die Beziehung für mich natürlich tot. Ich zog komplett zu Birte, und gefühlsmäßig war das Ganze wieder ein wahnsinniges Auf und Ab. Natürlich war ich sehr enttäuscht, weil ich

Jette sehr in mein Herz geschlossen und mich ihr auch anvertraut hatte. Ich hatte ihr von meinen Problemen mit Madlen erzählt und wie es mir ging, und dass sie mich so hintergangen hatte, war für mich schon wie ein Hochverrat.

Die beiden zogen schon nach einer Woche zusammen in unser Einfamilienhaus, was die Angelegenheit für mich nochmals schwerer machte. Es fühlte sich an, als hätte man mich dort herausgenommen und jemand anderes reingesetzt, und dieser Jemand übernahm von heute auf morgen das, was eigentlich mir gehörte. Nach einer Woche holte ich meine letzten Sachen aus dem Haus und bemerkte, dass überall schon ein paar Familienfotos mit den beiden an der Wand hingen. Und das nach so kurzer Zeit.

Aus heutiger Sicht fragt man sich natürlich schon, warum ich nach Madlens erster Affäre überhaupt wieder zu ihr zurückgegangen bin. Es lief ja nichts mehr, für alle war es eine absolut nicht zufriedenstellende Situation. Es gab Enttäuschungen, Vertrauensbrüche, das Kind stand zwischen uns – da ist die Frage berechtigt, warum man das nicht viel früher beendet hat.

Heute kann ich das auch nicht mehr nachvollziehen, was mich dazu gebracht hat, das Ganze so in die Länge zu ziehen. Ich glaube, es war damals wieder das Problem, das, was ich mir selbst aufgebaut hatte, loslassen zu müssen. Diese Gefühle – es ist wieder alles vorbei, alles ist weg, ich muss wieder von vorne anfangen –, dieses Gefühl des Loslassens konnte ich schlecht ertragen. Vielleicht war die Beziehung auch einfach ein Rettungsanker in insgesamt turbulenten Zeiten, etwas Gewohntes. Ich bin ja ein Gewohnheitsmensch, und ich brauche diesen alltäglichen Ablauf auch, damit ich selbst weiß, wo ich stehe. Das gibt mir Sicherheit.

Ich glaube auch, dass ich zu diesem Zeitpunkt, als ich so depressiv war, keine Kraft hatte, damit vernünftig umzugehen. Ich hatte keine Kraft, um Dinge selbst zu entscheiden, ich war wie gelähmt. Wie gesagt, war ich immer ein fröhlicher, aktiver Mensch gewesen, und es war nicht meine Art, Dinge aus der Hand zu geben, aber ich konnte nicht anders. Und so ist es dazu gekommen, denke ich, dass daraus so eine ewig lange Geschichte wurde. Ich muss aber dazu sagen, dass Madlen und ich uns lange Zeit durch Gespräche gerettet haben. Wir haben uns ja verstanden. Wenn ich was gesagt habe, wusste sie immer, was ich meine, andersherum war es genauso, und ich glaube, das war die Hoffnung in meinem Kopf: dass wir uns im Grunde doch ähnlich sind. Ich dachte immer: Eigentlich verstehen wir uns doch, was ist denn los mit uns? Wir sind doch erwachsene Menschen, wir kriegen das schon hin. Wenn man nur hart genug daran arbeitet, wird es schon werden.

Letztendlich sieht man ja auch, dass beide Seiten total unzufrieden waren, aber nicht loslassen wollten und auch nicht konnten. Wir waren ja sehr lange zusammen, ich glaube, es waren sieben oder acht Jahre. Da fällt es natürlich schwer, wenn der erste große Knaller kommt, gleich zu sagen: Jetzt reicht's. Und so nimmt man immer noch einen Knaller mit, bringt selbst irgendetwas Blödes, und dann irgendwann ist das Maß voll. Ich kann sagen, dass unsere ersten drei Jahre wirklich gut waren, aber schon vor Dänemark hatten wir uns nicht wirklich gut verstanden, und dann wurde es immer schlechter – durch die Spielsucht, die Polizeigeschichte, die Depression, die Obdachlosenzeit, die Zeit, in der ich keine Aufträge hatte, das Unterwegssein in Dänemark, das Kind, die Lügen. Das alles innerhalb dieser paar Jahre. Das war viel zu viel, um es in dieser kurzen Zeit im Kopf bearbeiten zu können. Heute weiß ich auch, dass Madlen unendlich doll gelitten hat. Dass auch sie sich nach Liebe gesehnt hat, die ich ihr nicht gegeben habe. Dass auch sie ein offenes Ohr wollte oder eine Umarmung, vor der ich immer wieder davongelaufen bin.

In jener Zeit war Birte für mich auf jeden Fall die wichtigste Anlaufstation, wir waren wieder richtig fest miteinander geworden. Zwei Jahre lang hatten wir Funkstille voneinander gebraucht, um zu merken, dass wir doch nicht ohne einander sein können und wollen. Seitdem sind wir immer füreinander da. Es ist bis heute so, dass wir wissen, dass wir uns aufeinander verlassen können. Wenn ich irgendein Problem habe, weiß ich, dass ich damit zu Birte gehen kann. Und wenn man so eine Freundin hat, hat man es nicht nur gut, man hat es fantastisch.

Ich war also ausgezogen und wohnte bei Birte. Madlen und ich hatten zunächst noch versucht, weiterhin in Kontakt zu bleiben, aber das klappte überhaupt nicht, sodass wir den Kontakt komplett abgebrochen haben. Wir ließen uns scheiden, und das war auch der gute und richtige Schlussstrich unter der ganzen Sache.

Das Positive war, dass ich unbewusst eine Art Kettenreaktion in Gang gesetzt hatte. Mir war ja bei der Spielsucht klar geworden, dass ich an meinem Leben etwas ändern musste, und heute weiß ich, dass diese Erkenntnis zu weiteren Entscheidungen geführt haben, die mich aus meinem persönlichen Tief Stück für Stück wieder herausholten. Die Lähmung verschwand, ich konnte wieder Dinge in die Hand nehmen und entscheiden. Und mir wurde klar, dass vieles von dem, was mich in den vergangenen Monaten bedrückt, gelähmt und runtergezogen hatte, auch mit meiner Vergangenheit zu tun hatte. Da waren zu viele Sachen, die über mir hingen wie ein Schwert an einem seidenen Faden, die ich einfach mal aufarbeiten musste. Es war an der Zeit, dass ich mich meinen Dämonen stellte.

KAPITEL 9

NEUSTART

WÄHREND UNSERER EHE stand immer im Raum, dass Madlen sich beruflich weiterentwickeln wollte, sie war stets auf der Suche nach einer neuen beruflichen Richtung oder Idee, die sie verfolgen könnte. Wir kamen irgendwann auf die Idee, dass sie doch vielleicht Mentalcoach werden könnte, weil sie immer sehr verständnisvoll war und ein guter Zuhörer obendrein.

Sie recherchierte im Internet und fand einen seriösen Psychologen in Bayern, der unter anderem zertifizierte Kurse in Sachen Mentalcoaching gab.

Ich las mir die Sache durch und fand es auch sehr ansprechend, allerdings sollte das Ganze um die 10.000 Euro kosten, die wir natürlich nicht hatten. Dennoch war ich der Meinung, dass, wenn man etwas unbedingt will, es auch erreichen kann, und so sind wir Anfang 2009 nach Bayern gefahren, um wenigstens mal mit dem Mann zu sprechen, was denn unsere Möglichkeiten wären. Ich weiß noch, wie ich zu ihm sagte: »Weißt du, das, was du hier machst, finde ich total gut. Das wäre genau das Richtige für Madlen. Ich kann diese 10.000 Euro aber nicht bezahlen – wie wär's, wenn ich dir 500 im Monat zahle, bis der Betrag abgestottert ist?«

Ich sagte ihm auch ganz offen, dass es im Winter wegen geringer Aufträge sein könne, dass er mal einen Monat warten müsse. Ich gab ihm aber mein Wort, dass ich das auf jeden Fall bezahlen würde und er sich auf mich verlassen könne. So war das bei mir immer schon – wenn ich jemandem mein Wort gab, setzte ich auch alles daran, es zu halten. Das schien ich auch glaubwürdig rüberzubringen, denn der Psychologe vertraute mir, und so war die Sache abgemacht.

Madlen fing also diesen Unterricht bei ihm an, das war allerdings schon, als wir in der Trennungsphase waren. Trotzdem bezahlte ich die monatlichen 500 Euro erst einmal, bis es endgültig zur Trennung kam. Madlen sollte daraufhin 200 Euro im Monat beisteuern, was sie aus irgendeinem Grund aber nicht konnte, und so bekam ich irgendwann von dem Psychologen eine SMS mit der Mitteilung, dass Madlen ihren Teil nicht mehr bezahlte. Ich sagte ihm: »Tut mir leid, ich habe da keine Aktien mehr drin, wir haben uns getrennt. Was soll ich da jetzt machen?« Ich hatte ihm mein Wort gegeben, dass er sein Geld bekommt, und nun fühlte ich mich in seiner Schuld. Da kam mir eine Idee. Ich sagte: »Ich kann dir anbieten, den restlichen Betrag bei dir abzuarbeiten. Zum Beispiel könnte ich dein Haus von innen und außen streichen.« Den Vorschlag fand er gut, sein Haus brauche dringend einen neuen Anstrich, und so einigten wir uns auf diese Lösung.

Darüber hinaus hatte ich mir überlegt, dass es auch für mich eine gute Sache wäre, wenn ich diesen Mental-Kurs bei dem Psychologen machen würde, allerdings in abgespeckter Form – nochmals 10.000 Euro hätte ich nicht abarbeiten können. Jedenfalls beschloss ich, nach dem Ende dieses Kurses eine Fahrradtour zu machen, und zwar von Bayern nach Norddeutschland. Ich kaufte mir Landkarten mit Radstrecken drauf, einen Campingkocher, ein Zelt und Schlafsack, und dann machte ich mich mit dem Zug auf den Weg nach Bayern.

Das Ganze fand statt in Ohlstadt, ein kleines süßes Dörfchen in einer sehr ansprechenden Umgebung, von wo aus man sogar die Zugspitze sehen konnte. Der Kurs, der insgesamt eine Woche dauerte, tat mir sehr gut. Es war hilfreich, einmal mit einem richtigen Psychologen zu sprechen und an die vielen Dinge aus der Vergangenheit, die noch nie oder nicht zu Ende bearbeitet wurden, mal ranzugehen – einfach mal mit jemandem zu sprechen, der weiß, wovon er redet.

Es war mir wichtig, mir professionelle Hilfe zu holen, weil sich bei mir so viele Sachen aufgestaut hatten, die ich allein nicht mehr bewältigen konnte. Ich bin nicht weitergekommen in meinem Kopf. Der Kurs, den der Psychologe aufgestellt hatte, war so gut und so professionell, dass man zu den ganz tiefen Dingen vorstieß. Das war nicht so, dass man auf dem Sofa saß und einfach nur dessen Fragen beantwortete oder das ganze Leben erzählte. Es handelte sich um ein fein ausgearbeitetes Programm, mit dem man sehr schnell an die Substanz der Dinge kam und dann die nötigen Werkzeuge mitbekam, um diese Dinge zu bearbeiten. Das galt nicht nur in dieser Kurswoche, sondern man wurde vorbereitet, sich auch später noch hinzusetzen und diese Werkzeuge zu nutzen. So wusste man gleich, wenn man in einer bestimmten Situation steckte: »Die Ursache habe ich mir im Kurs erarbeitet, ich weiß also, wo das herkommt und warum ich mich gerade so fühle. Das Werkzeug, wie ich mich daraus jetzt befreien kann oder wie ich jetzt weiter vorgehen kann, habe ich mit auf den Weg bekommen.«

Ich merkte, dass auch etwas bei dem Kurs herumkam, dass etwas hängenblieb, dass es nicht so wie bei einem Motivationstraining nach zwei Wochen verpuffte. Ich lernte, mit Sachen so umzugehen, dass das Resultat für mich auch wirklich gut ist. Ich konnte Stärke daraus ziehen und habe mich auch selbst besser kennenlernen können. Ich wusste, warum ich in so düstere Phasen abgerutscht war, ich wusste, dass die Beziehung zu meiner Mutter und die Berliner Zeit noch nicht ganz abgeheilt war, die hatte mich in vielen Dingen sehr gelähmt und sehr verhalten gemacht. Auch die Zeit in Liesbüttel unter Bert, der Verlust meines Ponys, meine Angst vor Nähe und all diese Dinge. Ich erkannte sogar, warum ich während der Zeit mit Madlen auf die kleine Leonie so verhalten reagiert hatte. All diese offenen Themen konnte ich in dieser Zeit aufarbeiten oder zumindest so bearbeiten, dass sie einen Sinn ergaben, dass viele meiner Handlungen und Verhaltensmuster erklärbar wurden.

In dem Kurs wurden auch die eigenen Werte und Bedürfnisse erarbeitet. So ist einer meiner Werte, wahrhaftig zu sein. Dazu ein Beispiel: Wenn du weißt, dass du aus beruflichen Gründen eine Zeit lang viel mit Schnackern zu tun haben wirst, mit denen du normalerweise nicht so gut klarkommen würdest, es aber eben auf professionelle Weise tun musst, dann musst du dich dem für diese Zeit anpassen. Gute Miene zum bösen Spiel machen. Du musst dir aber auch klarmachen, dass du so was im privaten Bereich wieder ausgleichen musst. Das wiederum ist ein Bedürfnis, und das muss bedient werden, damit du deine Waage hältst, damit die unangenehmen Sachen so ausgeglichen werden, dass kein Ungleichgewicht in deinem Leben entsteht.

Jedenfalls fing ich an, mein Leben wieder auf Vordermann zu bringen, es wieder zu verschönern und lebenswert zu machen. Ich wollte wieder spontan und mutig sein, Dinge tun, die in den vergangenen Monaten einfach zu kurz gekommen oder verkümmert waren. Deswegen kam ich auch auf die zugegebenermaßen verrückte Idee, in zehn Tagen mit dem Fahrrad von Süddeutschland nach Norddeutschland zu fahren, ohne große Vorbereitung, ohne Nachdenken – einfach nur machen.

Durch die Schwedentouren mit Olaf und Sabine war ich auch immer gerne mit dem Zelt unterwegs, und ich wusste, dass ich nach dem Kurs ein bisschen Zeit für mich allein brauchen würde. Und ich wollte ein Abenteuer. Eines, das nicht etwas mit meiner aktuellen Umgebung zu tun hat, ich wollte etwas schaffen, ich wollte eine Sache haben, auf die ich wieder stolz sein und mich freuen konnte. Ich erhoffte mir davon, dass ich nach diesem Mental-Training alles einfach noch mal sacken lassen und einfach mal wieder ganz unbeschwert tolle und verrückte Sachen erleben kann.

Das Abenteuer ging schon bei der Anreise zu dem Kurs los: Ich war mit Fahrrad und Sack und Pack im Zug nach Bayern gereist, es war schon abends, und leider bin ich mit meinem Fahrrad nicht schnell genug aus dem Zug herausgekommen, sodass ich eine Station weiter fuhr als geplant. Es war 22 Uhr abends und mein Hotel war nun 30 Kilometer von mir entfernt. Schlau wie ich war, hatte ich mir keine Lampe ans Rad montiert, und so beschloss ich, diesen langen Weg nicht komplett im Dunkeln zu fahren. Das Hotel hätte ich möglicherweise eh nicht gefunden, und ich hatte auch einfach tierische Angst – ich hätte ja durch Wälder fahren müssen, und es war einfach viel zu dunkel. Als ich an eine Tankstelle kam, überlegte ich mir, dass ich doch dort bleiben könnte, die würde ja die ganze Nacht beleuchtet sein. Ich dachte mir: Diese Nacht pennst du hier, auf dem Bürgersteig bei der Tankstelle, da wirst du nicht so schnell geklaut.

Ich breitete also meine Isomatte auf dem Bürgersteig aus und kletterte in meinen Schlafsack. Dann kam ein Typ vorbei, der mich glatt für eine Obdachlose hielt, und stellte mir ein paar Pfandflaschen hin. Aber mir war alles egal, ich wollte nur schlafen. Als ich morgens aufwachte, standen zwei Putzfrauen über mir und blickten mich fragend an. Ich erklärte ihnen, warum ich hier schlief, dann tranken wir zusammen einen Kaffee, und die beiden haben sich köstlich über mich amüsiert. Das waren schon die ersten lustigen Begegnungen, bevor die Reise überhaupt losgegangen war.

Nach der Kurswoche fuhr ich natürlich hochmotiviert los – obwohl es in Strömen regnete, den ganzen Tag lang. Innerhalb der ersten fünf Minuten war ich schon klitschnass. Ich fuhr auch noch in kurzer Hose und T-Shirt, weil es leichter damit zu fahren ist als mit voller Montur. Ich hatte nur 70 Euro in der Tasche, und ich wartete die ersten Tage ungeduldig auf das Geld eines Kunden, das er mir noch überweisen wollte. Ich hielt gleich morgens bei der nächsten Bank und schaute aufs Konto, aber in den ersten Tagen kam leider nichts. Ich muss sagen, es war auch unfassbar leichtgläubig, wie ich an die ganze Reise rangegangen bin, ich hatte natürlich keine Profiausrüstung oder irgendetwas und bin über Stock und Stein gefahren.

Ich hatte mir vorgenommen, jeden Tag zwischen 80 und 100 Kilometer zu fahren – natürlich ein sehr hoch gestecktes Ziel, so untrainiert wie ich damals war. Ich hatte auch kein Navi am Fahrrad, ich hatte nur meine Radwegkarten und konnte die auch nicht wirklich lesen. Ich wusste nicht, welche Wege ich fuhr und welche ich fahren musste. Irgendwann war ich schon unendlich lang einen Berg hochgefahren, um dann oben festzustellen, dass der weitere Weg gesperrt war. Mit dem ganzen Gepäck, das ich auf dem Fahrrad hatte, war das natürlich die absolute Tortur. Ich glaube, ich bin zwei Stunden den Berg hochgeradelt und in etwa zehn Minuten wieder runtergerast. Das war sehr demotivierend, und ich weiß noch, dass ich sehr sauer war.

Mein Plan war, überwiegend auf Campingplätzen zu übernachten, und meistens hatte ich mich immer erst mal verfahren, bis ich sie gefunden hatte. Wenn ich sie mal nicht fand und es schon dunkel wurde, musste ich auf Gasthäuser ausweichen. Am dritten Abend war dies der Fall, und als ich dort fragte, ob es noch ein Zimmer gibt, das ich für den heutigen Abend mieten kann, sagte mir der Besitzer, dass sie komplett ausgebucht seien. Er sagte mir dann, dass es einen Campingplatz in 7 Kilometern Entfernung gäbe – leider sollten das 7 Kilometer bergauf sein. Der Mann sagte: »Das schaffen Sie nicht, bevor es dunkel wird, definitiv nicht.« Ich sagte nur: »Ich muss es aber schaffen, ich kann nicht einfach irgendwo in der Wildnis zelten. Ich habe auch nicht genug Geld, um in irgendeinem teuren Hotel abzusteigen.«

Daraufhin meinte der Mann: »Ich habe da einen Kumpel, der wohnt in Richtung des Campingplatzes und vermietet auch Zimmer, das wäre von der Strecke her für Sie machbar.« Ich hatte an diesem Tag bereits 80 Kilometer runter, war dementsprechend müde und hatte immer noch kein Licht am Fahrrad, und ich wusste, dass mir angesichts meiner Lage nichts anders übrig bleiben würde. Ich fuhr also los, es fing an zu dämmern, und ich musste natürlich wieder durch ein Waldstück. Außerdem ging es gleich sehr steil bergauf, ich weiß noch, dass es eine 12%-Steigung war, die ich auch nicht fahren konnte, sondern hochschieben musste. Es wurde immer dunkler, es hat geregnet und ich hatte Angst, dass ich in dem Wald bleiben muss und es einfach nicht weiter schaffe. Leider gab es auch keinerlei Beschilderung, und ich wusste nicht, wie nah ich jetzt schon an dem Gasthaus dran war. Ich schob einfach weiter und habe tierisch dabei geheult. Alles war nass, es war kalt, und ich hatte die Schnauze so was von voll.

Endlich kam ich an jenem besagten Haus an. Erleichtert stellte ich mein Rad ab, ging zur Haustür und klingelte. Als die Tür aufging, stand ein kleiner dicker Mann im Feinrippunterhemd vor mir, die Brille auf der Nasenspitze, sein Blick wanderte langsam an mir herunter. Mir kam das alles absolut nicht geheuer vor, trotzdem fragte ich vorsichtshalber, was das Zimmer kostete. Er sagte nur: »20 Euro die Nacht«, und ohne groß nachzudenken, sagte ich nur: »Tut mir leid, das ist mir zu viel.« Ich wollte bei dem Kerl einfach nicht schlafen, das wäre noch schlimmer gewesen, als nachts im Wald zelten zu müssen. Also stieg ich wieder aufs Fahrrad und fuhr heulend weiter. Als ich eine Bushaltestelle sah, dachte ich nur: Egal, hier pennst du heute, hier hast du wenigstens ein Dach über dem Kopf. Dann erblickte ich hinter der Haltestelle ein kleines Hotel, und ohne weitere Überlegung steuerte ich mein Rad dorthin, stieg ab und ging schnurstracks hinein.

An der Rezeption fragte ich die Frau: »Haben Sie noch ein Zimmer frei?«

Sie: »Ja, wir haben ein Zimmer frei.«

Ich: »Was kostet das denn?«

»70 Euro.«

»Nehme ich.«

Mir war alles so egal, ich wollte nur ein Bett und eine Dusche, auch wenn mir das Ganze natürlich mein letztes Geld aus der Tasche zog. Ich war so froh, dass sie dieses Zimmer für mich hatten, und nach einer warmen Dusche schlief ich wie ein Baby.

Am nächsten Tag checkte ich an der nächsten Bank meine Finanzen, und zum Glück war das Geld meines Kunden nun auf dem Konto, sodass ich nicht völlig blank weiterfahren musste.

Aber meine Reise ging so holprig weiter, wie sie begonnen hatte. Als ich in Augsburg übernachten wollte, hatte ich mir im Voraus einen Campingplatz in einem Dorf herausgesucht, allerdings gab es dummerweise zwei Dörfer mit dem gleichen Namen, was ich zuerst gar nicht schnallte. Ich eierte drei oder vier Stunden durch Augsburg, weil ich immer von einer Seite der Stadt zur anderen fuhr und nicht verstand, warum mich das Straßenschild in die eine Richtung lenkte und das andere Schild gleich wieder in die andere. Da war ich mit den Nerven schon wieder völlig am Ende. Ich kam schließlich an eine Autobahnauffahrt, wo auch ein Schild mit einem Campingplatz-Symbol drauf war. Ich dachte nur: Scheißegal, du bist schon so viele Kilometer gefahren, jetzt fährst du einfach auf die Autobahn bis zur nächsten Abfahrt. Heute denke ich, das war kompletter Wahnsinn, was ich da gemacht habe, aber damals wollte ich einfach nur ankommen und nicht noch weiter rumsuchen müssen. Ich gebe zu, ich habe noch nie so viele verschiedene Autohupen gehört wie bei meiner Abkürzung über die Autobahn. Ich strampelte auf dem Standstreifen, während die Lkws an mir vorbeirauschten, was wirklich ein ätzendes Gefühl war. Ich dachte nur: Hau jetzt rein, hoffentlich kommt das nicht im Radio, sodass die Polizei dich hier gleich runterfischt. Zum Glück waren es nur 4 Kilometer bis zur Autobahnabfahrt, dann war ich endlich wieder in Sicherheit und auch bald auf dem Campingplatz. Als ich die Aktion abends in mein Reisetagebuch schrieb, musste ich auch schon darüber lachen, wie dämlich das Ganze gewesen war.

So setzte ich meine Reise fort, mit vielen Hindernissen, aber immer mit dem Willen, das Ganze zu Ende zu bringen. Egal wie mies der Weg oder wie ungeeignet meine Ausrüstung war, ich biss die Zähne zusammen. Ich bin dann irgendwann in den Thüringer Wald gekommen, wo ich auf einem Rastplatz einem

Profiradfahrer begegnete. Er fragte mich, wo ich langgefahren sei, und als ich ihm meine Strecke erklärt hatte, stutzte er und fragte ungläubig: »Aber doch nicht mit *dem* Fahrrad, oder?«

Ich antwortete nur: »Doch.«

Er: »Das glaube ich nicht.«

»Ich musste zwar viel schieben, habe zwischendurch Rotz und Wasser geheult, aber doch, ich bin das tatsächlich gefahren.«

»Du musst ja verrückt sein, das kann man mit so einer Ausrüstung, wie du sie hast, doch eigentlich gar nicht machen! Kein Wunder, dass du da so rumgeheult hast. Den Weg benutzen Triathleten, um sich auf Wettkämpfe vorzubereiten. Da kannst du dir echt auf die Schulter klopfen, dass du das geschafft hast.«

Das machte mir natürlich zusätzlich Mut, und ein netter Plausch war es auch gewesen. Generell war es so, dass ich während dieser Tour viele nette Bekanntschaften gemacht habe. Zum Beispiel lernte ich ein Ehepaar kennen, als ich abends mal wieder meinen Campingplatz nicht fand. Ich sah einen jungen Mann, wie er in seiner Garage am Auto schraubte, und fragte ihn nach dem Weg. Er sagte, das seien leider noch 20 Kilometer bis zum nächsten Campingplatz, was für mich natürlich viel zu viel war, weil ich den ganzen Tag schon im Sattel gesessen hatte. Kurzerhand fragte ich ihn, ob ich in seinem Garten zelten könne. Er sagte nur, dass er dazu seinen Vater fragen müsse, und verschwand ins Haus. Dann kam ein älterer Herr heraus, stellte sich mir vor und ließ mich freudig wissen, wie toll er meine Tour quer durch Deutschland fand. Er fragte mich, wo ich schon überall Station gemacht habe, und erzählte mir von seinen eigenen Erlebnissen im Biwak. Er bat mich in seinen Garten, wo ich mein Zelt aufbauen und später sogar ein kleines Lagerfeuer machen durfte, um mir eine Büchse Ravioli warmzumachen.

Der Mann setzte sich zu mir, und wir unterhielten uns noch eine ganze Weile – er freute sich tierisch über meinen Besuch, weil er das einfach toll fand, was ich machte. Am nächsten Morgen weckte mich der Mann, indem er ganz leicht an die Zeltwand klopfte, und sagte mir, dass seine Frau Frühstück gemacht habe. Er bot mir auch an, deren Badezimmer zu benutzen, wo ich mir erst einmal eine Dusche gönnte. Als ich danach zum Tisch kam, hatte die Frau ein Wahnsinnsfrühstück aufgebaut. Wir unterhielten uns noch den ganzen Vormittag, dann musste ich wieder los. Als ich loswollte, nahm der Mann mich nochmals beiseite und fragte: »Vielleicht willst du ja noch eine Büchse Bier mitnehmen?« Dann drückte er mir zwei Dosen in die Hand und fügte noch augenzwinkernd hinzu: »Aber erzähl das nicht meiner Frau!« Die beiden waren wirklich supersympathisch, und wir tauschten sogar die Adressen aus. Wir blieben lange Zeit in Briefkontakt, und zu Weihnachten schickten sie mir sogar immer Kekse. Das war einer der schönsten Momente auf meiner Tour.

Nach einer Weile ging mein Geld zur Neige, auch durch diverse Fehlentscheidungen, die ich in Sachen Übernachtung getroffen hatte, und als ich kurz vor Hannover war, hatte ich noch ganze 14 Euro in der Tasche. Mein Konto war leer, und ich wusste, dass auch niemand mehr was überweisen würde. Ich musste mir also etwas einfallen lassen, wie es weitergehen sollte. Da ich mit 14 Euro nicht mehr weit kommen würde, überlegte ich mir, was ich mir von dem letzten Geld gönnen sollte. Kaufe ich mir bei McDonald's jetzt 14 Hamburger, gehe zu einer Prostituierten für 14 Minuten oder fahre ich, so weit wie ich komme, in Richtung Heimat? Das mit der Prostituierten war natürlich nur ein Scherz gewesen, das hatte ich so auf meiner Facebook-Seite gepostet, wo ich jeden Tag meine Reiseerlebnisse veröffentlichte – das machte ich immer dann, wenn ich an einem Internet-Café vorbeikam, da ich damals noch kein Internet auf meinem Handy hatte.

In Hannover am Hauptbahnhof angekommen, entschied ich, mit meinen 14 Euro so weit wie möglich mit dem Zug in Richtung Zuhause zu fahren und meine Reise jetzt zu beenden. Es war nachts, und es sollte noch eine ganze Weile dauern, bis der erste Zug Richtung Heimat fuhr, und so setzte ich mich erst mal im

Bahnhof auf eine Bank. Mir tat alles weh, denn zehn Tage so untrainiert unterwegs zu sein, forderte natürlich irgendwann seinen Tribut. Ich saß also da, klammerte mich an mein Fahrrad, weil ich Schiss hatte, dass man es mir klaute, und sah, wie zwei Menschen von der Bahnhofsmission auf mich zukamen. Sie fragten mich, ob ich Hilfe bräuchte, und ich sagte ihnen, dass ich auf meinen Zug wartete. Sie sagten: »Das können Sie auch bei uns in unseren Räumlichkeiten machen, da haben Sie es etwas netter als hier am Bahnsteig. Der Zug fährt ja auch erst sehr viel später.« Ich ließ mich überreden und ging mit zur Bahnhofsmission, wo ich erst mal einen Kaffee bekam. Ich saß in einem Raum mit einigen Wartenden und Obdachlosen, mit denen ich ins Gespräch kam, das war sehr nett. Zum Schluss bot man mir noch an, mich in einen Raum zu legen, der eigentlich zum Beten genutzt wird, wo ich noch zwei Stunden schlafen konnte, bis mein Zug fuhr. Das habe ich dann auch gemacht, und am nächsten Tag setzte ich mich in den Zug Richtung Heimat. Mit meinem restlichen Geld kam ich noch ungefähr 100 Kilometer weit, dann wurde ich von einer guten Freundin abgeholt, und damit war meine Reise nach zehn Tagen und 800 Kilometern zu Ende.

Ich fand es nicht schlimm, das Ganze an dieser Stelle abzubrechen. Es war ja so, dass ich etwas erreichen wollte und das auch geschafft habe, es ging darum, etwas zu erleben, den gewohnten Bereich zu verlassen und einfach mal Zeit für sich selbst zu haben.

Ich hatte die Tour ja gemacht, um die Ergebnisse des Mental-Trainings sacken zu lassen, um meine Gedanken zu sortieren. Anders als erwartet, hatte ich mir aber andere Gedanken über den Tag hinweg gemacht, nämlich über die Sachen, die im Moment gerade wichtig waren: Wo schlafe ich, was esse ich, werde ich ein Feuer machen können oder nicht, wo ist die nächste Toilette, und so weiter. Das waren so die Sachen, an die ich dachte. Wahrscheinlich war es aber auch genau das, was ich brauchte: mal einfach nicht an die ganzen anderen Sachen zu denken.

Als ich zu Hause ankam, war es ein Gefühl, als wäre ich ein halbes Jahr weg gewesen, das war schon toll. Zu dem Zeitpunkt wohnte ich ja bei meiner besten Freundin Birte, wo wir eine Art WG gegründet hatten. Und dorthin zurückzukehren war ein schönes Gefühl, das erste dauerhaft gute Gefühl seit Langem. Ich freute mich, dass ich mir diese Zeit genommen und das Ganze geschafft hatte, obwohl es finanziell die ganze Zeit immer knapp war. Ich hatte es trotzdem durchgezogen, vor allem weil ich mir immer gesagt habe: Geld verdienen kannst du hinterher auch noch. Das war einfach alles zweitrangig. Ich habe mir die Zeit für mich genommen, eine nötige Auszeit nach all dem, was passiert war. Und das war wirklich perfekt. Danach ging es auch wieder spürbar bergauf mit mir und meinem ganzen Leben.

Damals fing meine sogenannte »Ponyhof-Zeit« an, so nenne ich die Zeit heute, in der ich alles auf mich zukommen ließ ohne Stress, ohne groß darüber nachzudenken. Es war eine völlig unbeschwerte Zeit. Ich ging viel unterwegs, lernte viele Frauen kennen und hatte auch viele kleine Affären. Ich genoss das Leben in vollen Zügen und unternahm viel mit Birte. Auch mein Job lief wieder gut an, ich konnte mich wieder voll und ganz auf meine Arbeit konzentrieren. Viele meiner alten Kunden kehrten zu mir zurück, und es kamen auch viele neue dazu. Das Ganze wuchs so rasant an, dass ich die Arbeit nicht mehr allein gewuppt bekam, und so stellte ich Norbert ein, einen alten Kumpel, der gerade arbeitslos war. Ich lernte ihn in dem ganzen Malerbereich an, und dann lief das mit uns beiden. Wir haben richtig viel gearbeitet, abends dann aber auch richtig schön Party gemacht. Wie ich das damals durchgehalten habe, weiß ich heute nicht mehr, das war wirklich ein einziges Arbeits- und Partyleben. Das Ganze sollte sich aber verändern, als ich eines Abends mit Norbert im Schuhmacherort in Heide unterwegs war. In einer der Kneipen begegnete ich einer jungen hübschen Frau, in die ich mich auf den ersten Blick verknallte. In dem Augenblick wusste ich, dass ich die Liebe meines Lebens gefunden hatte.

KAPITEL 10

KAROLINA

MEIN KUMPEL NORBERT, mit dem ich nun arbeitete und abends durch die Kneipen zog, war ein etwa zwei Jahre jüngerer Mann, mit dem ich mich wirklich gut verstand. Mit ihm und Birte sowie Lilly, mit der ich in meinem Ponyhof-Jahr auch etwas hatte und die mittlerweile eine sehr gute Freundin geworden war, hing ich immer zusammen ab, wenn wir Feierabend hatten, und wir hatten alle sehr viel Spaß.

Irgendwann war ich mit Norbert in einer Kneipe im Schuhmacherort, und da stand Karolina plötzlich vor mir. Ich hatte sie vorher noch nie gesehen, und ich fand sie wunderschön. Das habe ich Norbert natürlich auch sofort erzählt. Und auch wenn sich das total kitschig anhört: Ich wusste in diesem ersten Augenblick schon, dass sie mal meine Frau werden würde. Ich sah sie, und es hatte mich komplett weggebeamt. Ich wechselte kurz ein paar Worte mit ihr, dann verzogen Norbert und ich uns an einen Tisch. Ich schwärmte ihm vor, wie verliebt ich in Karolina war, und Norbert lachte mich nur aus und sagte: »Du spinnst doch, das ist doch Quatsch, was du hier erzählst. Du hast gerade mal zwei Minuten mit ihr gesprochen.«

»Norbert, glaub es mir, das ist so.«

»Ja«, sagte er, »ich weiß, du kommst bei den Mädels gut an, aber ich glaube, das ist eine Nummer zu groß für dich.«

Karolina hatte ihre beste Freundin Nevin dabei, die kannte ich schon durch vorherige Begegnungen. Die schnappte ich mir natürlich gleich, weil ich mehr über Karolina erfahren und abchecken wollte, ob es überhaupt eine Möglichkeit gab, bei ihr zu landen. Nevins Antwort war ernüchternd: »Kerstin, du weißt, ich hab dich sehr gern, aber ich muss dir sagen: Schlag dir das aus dem Kopf, das wird nichts. Die ist verheiratet und hat zwei Kinder, und nein, keine Chance. Bevor du das schaffst, werde ich Papst.«

Da habe ich nur gedacht: Okay, Eure Heiligkeit, das werden wir ja sehen.

So kam es, dass ich mit Karolina den ganzen Abend lang redete, bis der Laden zumachte. Um mich war es komplett geschehen. Ich hatte natürlich auch einiges getrunken, ich konnte mich am nächsten Morgen nicht mal daran erinnern, dass wir uns auf der Tanzfläche sogar einen Kuss gegeben hatten – das sollte ich erst später von Nevin erfahren.

Jedenfalls wusste ich nur noch, dass wir ein schönes Gespräch hatten und dass ich die Frau meines Lebens kennengelernt hatte. Eigentlich wollte ich mich gar nicht in eine neue Beziehung stürzen, für mich war das Thema erst einmal durch, weil ich echt die Schnauze voll hatte, und ich wollte nicht schon wieder festgetackert sein. Ich hatte keine Ambitionen, Karolina oder mich selbst in diese Richtung denken zu lassen, weil ich meilenweit davon entfernt war. So tauschten wir auch keine Nummern aus.

Trotzdem war ich verknallt, und ich wusste, dass mir das nicht sehr schnell passiert und das schon etwas zu bedeuten hat, wenn es so ist, wie es ist. Aber ich lebte erst mal weiter auf meinem »Ponyhof« und verfolgte das Ganze nicht weiter. Ich wollte auch nicht diesen ersten Schritt machen. Ich bekam sie aber trotzdem nicht aus dem Kopf, es ging sogar soweit, dass ich sie auf Facebook stalkte. Natürlich sprach ich auch mit Birte darüber, die mich nur auslachte und sagte: »Mit einer verheirateten Frau? Schlag dir das mal aus dem Kopf, das ist so was von Zukunftsmusik und wirklich so unrealistisch.« Das wusste ich auch, aber ich konnte nichts dagegen tun – Karolina war einfach drinnen in meinem Kopf.

Irgendwann war es so, dass wir uns in der Kneipe wiedersahen, und auch wieder gleich ins Gespräch kamen. Als wir uns bei unserem ersten Treffen bis morgens unterhalten hatten, war sie völlig überstürzt aus der Kneipe gerannt, weil sie ihre Kinder morgens zum Kindergarten bringen musste. Eigentlich hatte sie die um 9 Uhr wegbringen müssen, und es war schon 8:20 Uhr gewesen. Als wir uns nun wiedersahen, mussten wir uns darüber sehr amüsieren.

An diesem Abend war es wieder so, dass wir die ganze Zeit nur am Tresen saßen und uns unterhielten. Normalerweise ist Karolina nicht der Mensch, der sich nur unterhält, sondern lieber von Anfang bis Ende nur auf der Tanzfläche steht. Sie wunderte sich selbst darüber, dass wir so lange quatschten und sie nicht einmal getanzt hatte. Nach Ladenschluss gingen wir alle zu Nevin, wo wir noch Spiegeleier machten, weiter quatschten und viel lachten. Norbert, der auch dabei war, hatte dieses Knistern zwischen uns gespürt, er amüsierte sich sehr über mich und mein Verhalten. Er wusste ja, wie ich normalerweise im Umgang mit anderen Frauen bin – erst einmal immer distanziert genug. Aber hier verhielt ich mich offenbar wie ein verliebter Teenager, was zum Glück auch nur er bemerkte.

Während ich meine Ponyhof-Zeit hatte, hatte Karolina sich von ihrem Ehemann getrennt. Wir hatten beide also eine ähnlich lange Ehe hinter uns. Sie hatte aber nicht in die Öffentlichkeit getragen, dass sie sich getrennt hatte, deshalb wussten alle auch nur, dass sie verheiratet war und zwei Kinder hatte. Fakt war aber, dass sie eine ähnlich lange Zeit wie ich schon als Single verbracht und auch die Schnauze voll von Beziehungen hatte. Auch sie hatte keinerlei Ambitionen, irgendwie in diese Richtung zu gehen, und schon gar nicht hatte sie sich mit dem Gedanken befasst, dass die nächste Beziehung eine Frau sein könnte, ganz und gar nicht.

Das machte es auch für mich nicht leichter, meine Gefühle zu ordnen. Ich wusste, dass sie es nicht sofort merken würde, wenn eine Frau sie toll findet, sie würde auch wahrscheinlich nicht auf irgendwelche Andeutungen anspringen. Ich war aber auch zu feige, einen ersten Schritt zu machen, wenigstens schon mal mit dem Flirten anzufangen. Das wollte ich alles nicht, ich war auch von meiner Trennung noch so geprägt, vor allem was das Verlassenwerden betrifft. Mein Selbstbewusstsein war ja völlig im Keller gewesen, und durch diese ganzen Affären während meiner Ponyhof-Zeit hatte ich es mir mühsam wieder aufgebaut. Die Gefahr, es nun wieder zum Einsturz zu bringen, war zu groß.

Also überlegte ich mir erst einmal, dass es viel besser wäre, wenn ich mich mit ihr anfreunden würde. Ich konnte das Gefühl nicht aushalten, dass sie vielleicht bald weg sein würde, dass irgendwer sie mir vor der Nase wegschnappte. Ich wollte den Kontakt zu ihr, wollte es aber langsam angehen lassen. Weil sie mir zu dem Zeitpunkt schon sehr wichtig war und ich wusste, dass bei mir was ganz anderes am Start war, ich selbst diesen Schritt aber noch nicht gehen wollte. So habe ich mich Stück für Stück in ihr Herz reingemogelt.

Arbeitsmäßig hatten Norbert und ich wahnsinnig viel zu tun, meine Aufträge sind zu der Zeit quasi explodiert. Ich war eine Zusammenarbeit mit einem Baumarkt eingegangen, der mir die Kunden zuführte, die Material im Baumarkt gekauft hatten und zusätzlich auch noch einen Maler brauchten. Ich hatte fast keine Zeit mehr für andere Dinge, alles mussten Norbert und ich alleine machen, und Norbert war ja noch »Lehrling« – während der Arbeit musste ich ihm auch noch zeigen, wie er das alles machen musste, das war nicht so ganz einfach.

Es war auch so, dass ich viel zu viele Aufträge annahm. Ich dachte immer: Dies schaffe ich noch, das schaffe ich auch noch. Irgendwann waren wir auf einem Stundenlevel von 12 bis 15 Stunden am Tag angekommen, das zog ich mit Norbert vier Monate lang durch. In dieser Zeit kannte ich Karolina schon, und da sind wir abends auch noch unterwegs gegangen, danach war ich einfach völlig fertig.

Das Problem war irgendwann, dass ich kein Ende mehr und auch kein Land mehr sah. Es ging wieder mit dem Gefühl los: Pass auf, das wird alles zu doll, die Emotionen gehen wieder in eine negative Richtung, du arbeitest zu viel, und du wirst unzufrieden. Und ich wusste ja, wie schnell das gehen kann, dass man in eine Depression abrutscht. Leider hatte ich aber für die nächsten zwei Monate bereits so viele Aufträge, dass sich das Arbeitspensum erst mal nicht runterschrauben ließ.

Also beschloss ich, zwei Leute mehr einzustellen – was mir aber dann völlig über den Kopf wuchs. Ich saß die ganze Zeit nur noch im Büro am Telefon und konnte nicht mehr mit auf die Baustellen. Ich musste mich also auf Norbert und die beiden Neuen komplett verlassen, und das ging absolut daneben. Der eine schrieb sich viel zu viele Stunden auf, der andere kam an einem Tag, am anderen wiederum nicht, und so musste ich die beiden irgendwann wieder rausschmeißen. Dann kam mein großer Bruder Robert als Aushilfe. Das klappte ein, zwei Monate auch richtig gut. Leider verstand er sich nicht besonders mit Norbert und ging schließlich wieder zurück nach Berlin. Ich machte nur mit Norbert weiter, fuhr das Ganze aber soweit runter, dass ich gesagt habe: »Ich nehme gar nichts Neues an, ich muss erst mal klarkommen.« Ich habe mich nicht mal mehr getraut, ans Telefon zu gehen, weil es viel zu viel war. Außerdem beschloss ich dann auch, mit dem Baumarkt erst einmal eine Pause einzulegen. Die hatten auch so einen merkwürdigen Umgang mit ihren Handwerkern, mal bezahlten sie pünktlich, dann ließen sie einen mal wieder ewig lang warten. Hinzu kam, dass die Leute, die ich auf den Baustellen hatte, Mist gebaut hatten, sodass der Baumarkt unzufrieden mit der Arbeitsleistung war. Mir wuchs das alles über den Kopf, und so musste ich die Notbremse ziehen.

Also habe ich die Arbeit für zwei Wochen komplett ruhen lassen, habe mich ein wenig gesammelt und dann nur noch kleinere Aufträge angenommen. Norbert fing in dieser Zeit an, mir die Kunden abzugraben, was natürlich zu Streit führte. Als Erklärung sagte er: »Du warst ja nie erreichbar für die!«, was meiner Meinung nach für ihn aber nicht zu bedeuten hatte, dass er die Aufträge dann übernehmen sollte. Das war ein zu großer Vertrauensbruch, und so sagte ich ihm, dass er sich einen neuen Job suchen müsse. Das tat er dann auch, und ich war fortan wieder ganz allein unterwegs, was auch perfekt für mich war. Ich wusste, dass ich nicht mehr gucken musste: Arbeiten die auch vernünftig? Ich wusste genau, was ich annehmen muss und schaffen kann, sodass alle zufrieden sind.

Bis Karolina und ich uns näherkamen, hat es Ewigkeiten gedauert. Ich empfand zwar sehr tiefe Gefühle für sie, wusste aber nicht, wie ich jetzt weiter vorgehen sollte. Meine gescheiterte Ehe war gerade mal ein Jahr her, und mich kopflos gleich wieder in die nächste Beziehung zu stürzen, war mir viel zu waghalsig. Ich fühlte mich total zu ihr hingezogen, wollte aber auch keinen Korb bekommen. Damals traf ich mich sehr oft mit ihr auf einen Kaffee, und irgendwann war es dann so weit, da dachte ich: Okay, freundschaftlich ist es toll, aber ich hätte gerne doch ein bisschen mehr.

Also wandte ich mich wieder an ihre beste Freundin Nevin, mit der ich mittlerweile auch gut befreundet war. »Wie ich dir damals schon gesagt habe: Ich kann nichts dagegen machen«, jammerte ich ihr einen vor, »ich schwöre dir, ich bin die Letzte, die gedacht hat, jemals noch mal eine Beziehung zu wollen, aber meinst du, dass da irgendein Rankommen ist, wie schätzt du die Lage ein?« Und sie sagte wieder nur: »Nein, da ist nichts zu machen, die steht auf Männer.« Jedenfalls war es das, was Nevin zu dem Zeitpunkt wusste. Die beiden hatten sich natürlich nie über eine gleichgeschlechtliche Beziehung unterhalten, weil es für Karolina einfach nicht zur Debatte stand. Von Nevins Antwort ließ ich mich aber nicht unterkriegen, ich spürte, dass es für mich eine Möglichkeit gab. Also dachte ich: Scheißegal, ich werde jetzt den Anstoß machen.

Karolina und ich waren abends unterwegs, und als ich ein oder zwei Gläser getrunken hatte, traute ich mich, sie zu fragen, wic sie die letzten Wochen und Monate so erlebt habe und ob sie sich vorstellen könnte, dass daraus mehr entsteht. Karolina war sichtlich überrumpelt von meiner Frage, und nach einer kurzen Denkpause offenbarte sie mir, dass sie zwar auch schon darüber nachgedacht, das aber auch wieder weggedrückt habe. Dann sagte sie: »Nein, ich kann mir das momentan gar nicht vorstellen, weil ich auch gerade erst getrennt bin, genauso wie du.« Sie ließ mich aber auch wissen, dass sie sich zu mir hingezogen fühle und mich auf gar keinen Fall verlieren möchte als Freund. Einerseits war dies eine erleichternde Nachricht, andererseits auch extrem frustrierend. Für mich war es nun so: Gehst du jetzt einen Schritt weiter, oder lässt du es so, wie es ist? Am nächsten Tag erfuhr ich etwas erleichtert, dass Karolina sich an das Gespräch gar nicht so richtig erinnern konnte, offenbar hatte auch sie einiges getrunken.

Ich fing dann an, mir witzige Sachen auszudenken, um das Eis zwischen uns in kleinen Schritten zu brechen. Karolina arbeitete in einem Restaurant in Heide als Servicekraft, und ich schrieb ihr eine handgeschriebene Bewerbung dorthin, genauer gesagt, eine »Bewerbung als Weggefährte« mit Lebenslauf und Passfoto. Da standen dann so Sachen drin wie »2003 bis 2010: Beziehung mit Abschluss«, »Von 2009 bis 2010 Praktika auf zahlreichen Koppeln« und so weiter.

Die Nummer fand ich recht lustig, vor allem weil ich da problemlos wieder rauskommen konnte, ohne mir eine Abfuhr verpassen zu lassen. Aber dann kam zwei Tage lang erst mal gar nichts. Ich rief Nevin an. »Hör mal, hat Karolina dir irgendwas von einer Bewerbung erzählt?« Sie bekam erst mal einen Lachanfall, weil sie meine Bewerbungsidee sehr lustig fand, und sagte, dass Karolina gerade völlig durch den Wind sei und gar nicht wisse, was los ist, was das alles soll und wie sie sich verhalten soll.

Und da habe ich gedacht: Okay, vielleicht habe ich doch eine Chance! Wenn sie das verrückt macht oder sie nicht weiß, was jetzt los ist, dann scheint da ja irgendetwas zu sein. Sonst würde sie ja sagen: »Hey, war ja total lustig, aber lass mal gut sein.« So arbeitete ich mich Schritt für Schritt vorwärts.

Irgendwann hatte sie ihr Ladekabel bei Rossmann vergessen, nachdem sie Fotos ausgedruckt hatte, und sie sagte, dass sie das noch abholen müsse. Ich sagte: »Okay, wir treffen uns danach in der Stadt«, bin aber selbst schnell vorher zu Rossmann, um ihr Ladekabel zu holen und ihr stattdessen eine Postkarte zu hinterlassen. Zu der Kassiererin sagte ich: »In der nächsten Stunde wird eine Frau nach ihrem Ladekabel fragen, können Sie ihr stattdessen diese Karte in die Hand drücken?« Als die Frau meine Karte anschaute, zeichnete sich ein klitzekleines Lächeln in ihrem Gesicht ab, und sie meinte, dass sie das gern mache. Auf der Karte hatte ich einen Hinweis hinterlassen, wo Karolina als Nächstes hingehen müsse, um ihr Kabel zurückzubekommen. So habe ich eine Art Schnitzeljagd durch die Stadt mit ihr gemacht, habe sie den ganzen Nachmittag von einem Ort zum anderen geschickt, und am Ende haben wir uns dann getroffen.

Norbert war damals noch bei mir, den habe ich ganzen Tag vollgelabert, dass ich so einen Liebeskummer habe und nicht wisse, wie es weitergehen soll. Und er lachte sich immer tot darüber, dass Karolina und ich abends schon mal zusammen auf dem Sofa pennten, komplett angezogen, und das schon einen Monat lang. Er fand das zum Schreien, dass einfach keiner von uns sich getraut hat, den nächsten Schritt zu machen. Ich wurde natürlich tierisch von ihm aufgezogen: »Das ganze Ponyhof-Jahr über hast du eine nach der anderen flachgelegt, und jetzt pennst du einen Monat in Klamotten neben deiner Traumfrau!« Ich sagte nur: »Tja, was soll ich machen, ich will das hier ja auch nicht verkacken!«

Schließlich kamen wir doch noch auf die Bewerbung, die ich geschrieben hatte, zu sprechen. Karolina fragte mich, wie ich immer auf so verrückte Ideen käme, und sagte, dass sie sich zwar sehr darüber gefreut habe, aber nicht wisse, wie sie damit umgehen solle. Mir blieb nichts anderes übrig, als die ganze Sache herunterzuspielen, ich sagte, sie solle sich entspannen, das sei einfach nur witzig gemeint gewesen. Klar, hatte ich Schiss, mit diesem Spruch alles, was ich mir bis dahin bei ihr erarbeitet hatte, kaputtzumachen. Aber andersherum hatte ich einfach Angst, sie zu sehr zu drängen, dass alles dann plötzlich vorbei sein und ich diese Schwärmerei begraben müssen würde. Ich habe mich da also irgendwie rausgewunden, und wir hatten dann trotzdem noch einen schönen Abend. Karolina hatte zu viel Wein getrunken, sie musste frühzeitig ins Bett, und ich bin neben ihr eingeschlafen, wieder mit allen Klamotten an, ohne dass irgendwas passiert war.

Im Februar 2012 gingen wir zur Schwarz-Weißen Nacht, ein bekanntes Kostümfest im Tivoli in Heide. Eigentlich stehe ich gar nicht auf Verkleidungen oder Karneval, aber ich dachte: Wenn alle hingehen, gehe ich auch. Ich hatte mir eine coole Ritterrüstung ausgeliehen, die mich komplett verhüllte, von daher war das für mich auch in Ordnung. Die war nur sehr unbequem und schwer.

Karolina war als Monster-Barbie verkleidet, und wir hingen den ganzen Abend zusammen ab. Mittlerweile hatte sie es auch öffentlich gemacht, dass sie nicht mehr mit ihrem Mann zusammen war, und sie konnte sich vor Verehrern kaum retten. Das passte mir überhaupt nicht in den Kram, dass die Typen jetzt alle Schlange standen. Einer, der immer wie ein Schatten an ihr hing, hatte ihr deutliche Avancen gemacht, und ich weiß noch, dass ich ihr den Kerl den ganzen Abend lang madig gemacht habe. Mir war klar, dass ich irgendetwas machen musste, weil sonst irgendjemand schneller sein könnte als ich, das setzte mich zusätzlich unter Druck. Aber an diesem Abend war es so, dass wir irgendwie aneinandergeklebt haben, es gab nur sie und mich, und ich merkte auch, dass es auch von Karolinas Seite aus flirtiger geworden war als vorher.

Der Abend nahm seinen Lauf, und wir hatten viel Spaß. Nevin war auch da, aber Karolina und ich waren so sehr in unsere Gespräche vertieft, dass niemand so richtig Zugang zu uns hatte.

Irgendwann beugte Karolina sich mir nichts, dir nichts vor und gab mir einen Kuss. Und da wusste ich: Okay, alles klar – alles oder nichts! Und den Rest des Abends saßen wir auf einem der Tische und knutschten. Alle um uns herum fanden das natürlich total krass, weil keiner damit gerechnet hatte, dass Karolina eine Frau knutscht. Nevin schaute mich völlig perplex an, woraufhin ich ihr sagte: »Siehste, hab ich's doch gesagt. Hast du deine Bewerbung als Papst beim Vatikan schon eingereicht?«

Später verschwanden Karolina und ich auf dem Klo und machten dort wild herum, beließen es aber dabei, weil wir uns einig waren, dass unser erster Sex nicht auf einer Toilette sein sollte. Also haben wir uns wieder unter die Menge gemischt, Karolina wollte noch ein wenig tanzen, und ich unterhielt mich mit Nevin darüber, was passiert war. Vor lauter Freude hätte sie mir fast einen Pokal geschnitzt.

Irgendwann gingen wir zu Nevin nach Hause und feierten in ihrer Küche noch ein wenig weiter. Ich war selig und sehr glücklich, ich hielt die ganze Zeit über Karolinas Hand. Nevin verabschiedete sich dann ins Bett, und Karolina und ich verzogen uns ins Wohnzimmer. Da ist dann unsere erste gemeinsame Nacht passiert.

Karolina erzählte mir, dass sie ein Jahr lang so etwas nicht mehr gefühlt hatte und dass sie von diesen ganzen Gefühlen und Hormonen völlig überwältigt und überschwemmt worden sei. Das alles habe für sie so lange keine Rolle mehr gespielt und sei nun alles an die Oberfläche gekommen. Sie war genauso wie ich in einem anderen Zustand, komplett von der Welt weggebeamt. Irgendwann sind wir völlig erschöpft eingeschlafen, und ich wusste, dass ich am nächsten Morgen sehr früh aufstehen musste. Ich hatte etwa noch eine Stunde zu schlafen, bekam aber kein Auge zu, weil ich zu aufgekratzt war. Ich wusste, ich muss wach bleiben, denn wenn ich jetzt einschlief, würde ich bestimmt bis Mittag durchschlafen und nicht pünktlich bei der Arbeit sein.

Karolina ist dann irgendwann eingeschlafen, ich deckte sie noch zu und ging dann in die Küche, um mir einen Kaffee zu kochen. Ich wusste nicht, was ich zuerst machen sollte, Kaffee trinken oder hüpfen, schreien, lachen, heulen – all diese Gefühle waren so groß und übermächtig, das hatte ich vorher auch noch nie erlebt. Ich war noch nie so glücklich. Das war unfassbar krass für mich. Weil ich auch keinen klaren Gedanken fassen konnte, lief ich völlig wirr durch Nevins Wohnung. Das Beste war also, mich einfach auf den Weg zur Arbeit zu machen.

Schwierig war für mich, dass ich in dem Augenblick nicht weiter mit Karolina über uns reden konnte. Wie sie sich jetzt fühlt, was sie fühlt, was jetzt los ist, wie es weitergeht. Ich musste diesen Arbeitstag aber nun irgendwie überstehen. Mit der Kundin, bei der ich gerade arbeitete, war ich Gott sei Dank schon jahrelang befreundet, mit der hatte ich immer so ein familiäres Verhältnis. Immer wenn wir uns sahen, haben wir uns gefreut. Mit ihr sprach ich erst mal den halben Morgen darüber, was passiert war, und sie hat sich tierisch für mich gefreut. Ich musste ihr ganz ehrlich gestehen, dass ich an diesem Tag zum Arbeiten nicht unbedingt geeignet sei, ich aber mein Bestes geben würde – wahrscheinlich käme jedoch nicht allzu viel dabei herum. Für sie war das in Ordnung, sie wusste auch, dass ich das dann auch dementsprechend abzog von den Arbeitsstunden.

Im Laufe des Tages bekam ich eine SMS von Karolina, dass sie sich freue, wenn ich heute Abend zu Nevin kommen würde und dass der Abend sehr schön gewesen sei. Das brachte mich natürlich noch mehr aus dem Häuschen, sodass ich meiner Kundin sagen musste, dass ich für heute einfach nicht weiterarbeiten könne. Ich musste sofort los. Ich schmiss den Pinsel weg und sagte: »Tut mir leid, es geht einfach nicht anders. Ich habe auf dieses Ereignis wirklich so lange gewartet, ich kann mich einfach nicht konzentrieren. Ich komme morgen wieder und hoffe, dass es dann besser wird.«

Ich fuhr los nach Heide, und Karolina hatte zum Glück an diesem Tag nur Spätschicht, sodass wir auf jeden Fall abends noch Zeit haben würden, um uns über alles Mögliche zu unterhalten, auch wie es weitergehen würde. So war es dann auch, wir trafen uns bei ihr in der Wohnung, sprachen über alles, und seitdem war klar, dass wir beide zusammen sind. Karolina war genauso weggeflasht wie ich.

Von da an habe ich es ganz schwer gehabt, mich bei der Arbeit zu konzentrieren. Ich konnte jeden Tag nicht länger als vier Stunden arbeiten, weil ich dann zu Karolina musste. Das ging ziemlich lange so und hat den einen oder anderen Kunden auch verärgert, weil ich nicht wie sonst meinen Job zuverlässig erledigte. Ich war komplett durch den Wind, war nicht in der Lage, acht Stunden am Tag zu arbeiten, weil mein Kopf und mein Herz das nicht zuließen. Ich bekam dann den Auftrag, in dem Restaurant, in dem Karolina arbeitete, Malerarbeiten zu machen. Der Besitzer fand es auch sehr amüsant, uns Turteltäubchen zu sehen, er kannte dieses ganze Gefühlschaos, weil er selbst gerade schwer verliebt war. Demnach konnte er auch verstehen, dass ich den ein oder anderen Tag nicht so bei der Sache war.

Das Gute war, dass ich oben über dem Restaurant in seiner Privatwohnung arbeitete, und Karolina war unten im Restaurant. Das hieß, ich konnte mir mittags meinen Kaffee holen und sie sehen, dann wieder nachmittags meinen Kaffee holen und sie sehen. Von daher war das von den Arbeitszeiten her wirklich ideal. Ich musste meinen Arbeitsplatz nicht fluchtartig verlassen, denn sie war immer da.

Im ersten Jahr haben wir uns auch die Seelen aus dem Leib ge … Wir haben die ersten zwei Monate keine Nacht gehabt, in der wir mehr als zwei Stunden Schlaf bekamen. Wenn ich heute daran denke – die ganze Arbeit, die ganzen Gefühle und dann nur zwei Stunden Schlaf –, dann ist das für mich unfassbar, wie ein Körper so etwas schaffen kann. Aber das Verliebtsein bringt einen einfach über das Normalmaß, was man sonst so schafft. Was man selbst mit dem größten Willen nicht hinbekommen würde, war jetzt möglich. Und wir wussten seit dem ersten Tag, seit wir zusammen waren, dass unsere Beziehung etwas ganz anderes war als das, was wir beide bisher erlebt hatten. Wir passten einfach super zusammen, und wir haben die Zeit, die wir frei hatten, immer genutzt, um es uns schön zu machen.

Karolina hatte einen Hund, einen kleinen Westie, Figo war sein Name, der war von Anfang an dabei und den mochte ich auch immer sehr gern. Mit ihm gingen wir sehr viel spazieren, mal in den Wald, mal an einen See, und Karolina und ich haben nur geredet, geredet und geredet. Alles war ganz wundervoll.

Unsere Freundeskreise sind dann natürlich immer weiter zusammengewachsen, und alle waren zwischendurch schon sehr genervt von uns beiden, weil wir einfach nur noch aneinanderklebten. Wir beide hatten nicht mehr so richtig die Zeit, mal allein was mit den jeweils besten Freunden zu machen, das war einfach nicht möglich. Natürlich kamen dann auch die ersten Beschwerden, aber es war einfach nicht anders zu machen. Das ist bis heute so geblieben.

Für uns war es eine sehr ungewohnte Konstellation, wenn auch nicht unbedingt für mich. Für Karolina war es Neuland, was jedoch kein Problem war. Sie hatte das ganze Thema Homosexualität seit ihrer Jugend auch irgendwie anders behandelt. Für sie war es, wenn sie gesehen hat, dass zwei Männer oder zwei Frauen zusammen sind, genauso normal, als wenn Mann und Frau zusammen sind. Dieses Beziehungsmodell hatte sich für sie selbst bis dahin bloß nicht ergeben. Für sie war es aber auch so, dass, wenn es mal so zustande kommen würde, es für sie genau dasselbe wäre wie das, was sie bisher gelebt hatte.

Das hatte mir die ganze Sache natürlich ein bisschen einfacher gemacht, weil da auch nicht Probleme aufkamen, die erst mal zu bewältigen sein mussten. Sie war neugierig, und sie ließ mich auch zu keinem Zeitpunkt spüren, dass sie sich an irgendetwas nicht rantraut, dass es sie Überwindung kostet oder dass es so etwas wie eine Hemmschwelle gibt. Das war alles nicht der Fall.

Für mich war das eine gute Sache, weil ich keine Angst mehr haben musste, dass sie sich umentscheidet oder dass es ihr vielleicht nicht gefällt. Oder dass sie das Gefühl hat, das ist doch nicht das Richtige – mit diesen Gedanken musste ich mich zum Glück nicht mehr auseinandersetzen, die waren auch nie ein Thema zwischen uns. Es war nicht so, dass ich das Gefühl hatte, vielleicht nicht ganz so viel wert zu sein wie ein Mann an ihrer Seite. Von dem Tag an, als wir zusammen waren, war es einfach passend. Wir merkten mit jedem Tag, wie sehr wir uns brauchen – und auch brauchen wollen –, wie sehr wir miteinander harmonieren und dass wir beide uns von den Zielen her, die jeder für sich unabhängig voneinander ausgemalt hatte, sehr ähnlich sind.

Wir sind auch zwei Menschen, die partnerschaftlich jetzt nicht noch groß auf Entdeckungsreise gehen müssen, weil es jeder für sich schon erledigt hat. Und dafür sind wir einander auch sehr dankbar. In meiner vorherigen Beziehung war ja noch vieles ungeklärt, und meine Ex-Frau war sehr experimentierfreudig, was ich nicht war. Karolina ist es Gott sei Dank auch nicht, und ich genieße sehr, dass ganz klar ist, dass wir beide zusammen sind. Dass keiner Angst haben muss, dass der andere sich anderweitig umguckt. Dieses Gefühl hatte Madlen mir zu keiner Zeit geben können. Bei ihr war es immer mit einem Eifersuchtsgedanken verbunden gewesen, weil ich nicht wusste, ob sie jetzt noch irgendwen anderes hatte oder nicht. Das habe ich bei Karolina zum Glück nicht mehr, das hatte immer einen großen Teil meiner Gedanken eingenommen, womit ich mich jetzt aber nicht mehr rumplagen musste. Karolina genießt es ebenfalls, dass sie sich auf mich verlassen kann, dass sie keine Angst haben muss, wenn ich mal alleine unterwegs bin, oder dass da irgendwie eine andere Frau eine Rolle spielt. Wir zeigen uns auch jeden Tag immer wieder, wie wichtig der jeweils andere ist.

Nachdem wir die ersten Wochen zusammen waren, musste sich das mit dem Arbeitsleben dann wieder etwas normalisieren. Zwar dauerte es wirklich sehr lange, aber natürlich muss man sich da selbst auch irgendwann am Riemen reißen und seiner Arbeit ganz normal nachgehen, weil man sonst echt Probleme bekommt – Liebe hin oder her. Das klappte dann auch gut, und ich arbeitete in meinem Job allein weiter. Ich war wieder gut aufgestellt, bekam genügend Aufträge und arbeitete so, dass es nicht zu viel wurde. Hin und wieder half Karolina mir sogar auf der Baustelle, wenn es zu viel zu tun gab. Sie hat aber auch weiterhin in ihren Jobs gearbeitet, und so hat jeder erst mal beruflich seine eigenen Sachen gemacht.

Ganz am Anfang unserer Beziehung gestand Karolina mir, dass sie mit ihrer Bauchhaut starke Probleme hatte. Da sie in der Schwangerschaft sehr viel zugenommen und danach eben wieder sehr viel abgenommen hatte, war sie unzufrieden mit ihrem Aussehen, was sie emotional stark belastete. Das Leben ist zu kurz, um sich von solch lösbaren Problemen herunterziehen zu lassen, also entschlossen wir uns, dass sie eine Bauchstraffung-OP machen sollte. Das war natürlich mit immensen Kosten verbunden, ich glaube, dafür waren damals 7000 Euro veranschlagt worden. Ich wollte sie dabei aber unterstützen, und so waren wir uns sicher, dass wir das Geld durch eisernes Sparen und viel Arbeit zusammenbekommen könnten.

Dieses Projekt nahmen wir also in die Hand, und so schraubten wir das Unterwegs-Gehen, was wir beide sehr gern taten, sehr zurück, denn das kostete viel Geld und auch Energie. Wir wollten uns lieber darauf konzentrieren, das Geld zusammenzubekommen, was bedeutete: viel arbeiten, Geld an die Seite packen und fleißig notieren, was wir schon zusammenbekommen hatten. Den einen Tag freuten wir uns, wie weit wir schon waren, den anderen Tag fluchten wir, weil es so stressig war. Es war wirklich sehr schwer, innerhalb von drei Monaten 7000 Euro zusammenzukratzen, ohne dass man irgendwelche Rücklagen hatte. Aber wir wussten, dass wir, wenn wir dranblieben, das schaffen würden.

Aber das bedeutete natürlich auch Verzicht. Dadurch, dass wir uns diese Freizeitsachen, die man sonst unternommen hat – zum Beispiel einfach mal spontan irgendwo hinfahren –, in dieser Zeit nicht gegönnt haben, blieb einiges auf der Strecke, auch gefühlsmäßig. Das war zwischendurch so krass, dass Karolina sich nicht mehr sicher war, ob dieser ganze Stress die Sache wert war. Aber ich war der Meinung, dass wir das unbedingt machen müssen, weil es für sie so belastend war – ich hatte ja in der Vergangenheit mehrfach erlebt, was passiert, wenn man dauerhaft einer Belastung ausgesetzt ist.

Außerdem hatten wir es schon fast geschafft. Drei Tage vor der OP bin ich zum Krankenhaus und habe das Ganze bar bezahlt, weil es für eine rechtzeitige Überweisung zu spät war. Normalerweise musste man das eine Woche vorher überweisen, aber auch hier war es wieder so, dass der Chefarzt mir vertraute und sein Okay gab.

Leider verlief die OP mit Komplikationen, in einem Moment der Unachtsamkeit war dem Arzt der Laserstrahl zu dicht an ihren Bauch geraten, wodurch eine kleine Verbrennung entstand, so groß wie ein Centstück, eigentlich recht unscheinbar. Das Problem war nur, dass diese sich mit der Zeit entzündete. Nach ein paar Tagen fuhren wir wieder ins Krankenhaus und ließen den Arzt draufgucken. Der sagte, dass Karolina sofort noch mal operiert werden müsse, weil sich zu viel Eiter gebildet hatte und das gefährlich werden könne. Das hat mir natürlich ein totales Unwohlsein beschert, weil sie noch mal unter Vollnarkose sein würde, und ich wusste, dass wir beide unterschrieben hatten, das eventuelle Folgeschäden von uns selbst zu tragen seien. Natürlich hatten wir keinen Cent mehr, um noch so eine Wahnsinnsgeschichte zu bezahlen.

Mir war das aber alles nicht so wichtig, ich wollte nur, dass Karolina die erneute Narkose und alles, was damit zusammenhing, gut überstand und das Ganze damit dann endgültig erledigt sein würde. Sie wurde dann operiert, und wir konnten einen Tag später nach Hause fahren. Sie hatte aber starke Schmerzen, und eine Woche später fing es an, dass die Narbe sich veränderte und Flüssigkeit dort austrat. Zwischenzeitlich war sie nochmals zur

Untersuchung im Krankenhaus gewesen, dort hatte man alles für okay befunden.

Ich war noch bei der Arbeit, als sie mich anrief und sagte, dass sie auf dem Weg ins Krankenhaus sei, weil sofort eine Notoperation eingeleitet werden sollte. Was genau los war, konnte man noch nicht genau sagen, aber irgendetwas stimmte nicht. Das hat mich tierisch aufgewühlt, ich war richtig am Boden zerstört, weil ich mir heftige Sorgen machte. Ich fuhr so schnell wie möglich zum Krankenhaus, und als ich dort ankam, musste ich auch erst mal auf den Tisch hauen. Für mich war es unbegreiflich, warum Karolina zwei Tage vorher gesagt bekommen hatte, dass alles okay sei, und warum jetzt wieder eine Notoperation anstand. Der Arzt versuchte mich zu beruhigen und erklärte, dass der Heilungsprozess durch die Entzündung, die sie im Bauch davongetragen hatte, nicht so stattfinden konnte wie erwartet. Alle Nähte mussten komplett gelöst werden, alles, was in anderthalb oder zwei Wochen zusammengewachsen war, musste wieder getrennt werden, und weitere Maßnahmen, damit Karolinas Körper nicht vergiftet wurde, mussten eingeleitet werden.

Das war für mich emotional eine Vollkatastrophe. Es war schon wieder so, dass ich mich in meinem Leben sicher wähnte, und plötzlich vor dieser unerwarteten Katastrophe stand. Das Schlimme war, dass ich mit Karolina auch nicht mehr reden konnte, die Narkose war schon eingeleitet worden, und ich konnte sie noch einmal ganz kurz sehen, da wollte sie mir noch was sagen, was aber nicht mehr ging, weil der Mund schon so schwer war. Und dann habe ich da gewartet, bis die Operation vorbei war. Als sie aus dem Saal rausgeschoben wurde, sagte die Schwester zu mir, dass alles in Ordnung sei, sie mir aber keine weitere Auskunft geben dürfe, weil wir nicht verheiratet waren.

Letztendlich war aber alles gut verlaufen. Das Ganze sollte sich noch über Wochen hinziehen, bis alles wieder verheilt war und vernünftig funktionierte, ohne weh zu tun. Zahlen mussten wir für die OP nichts, das war sehr kulant von dem Arzt, und so waren wir im Nachhinein auch nicht böse auf ihn. Fehler können passieren, das ist menschlich. Natürlich war es übel, aber es kommt, wie es kommt. Jedenfalls waren dies die ersten wirklichen Stressmomente, die wir zusammen erlebten, die ersten unglücklichen Momente. In dieser Zeit wurde nochmals umso mehr deutlich, wie sehr wir uns brauchten.

Ich wohnte schon in Karolinas Wohnung, war aus der gemeinsamen WG mit Birte ausgezogen und hatte meine wenigen Sachen in einer kleinen Sporttasche mitgebracht. Den Rest hatte Madlen damals behalten, das wollte ich auch gerne so, weil ich von Neuem starten wollte. Ich hatte also nicht viel, und ich weiß noch, wie Karolina mir eine kleine Schublade in ihrer Kommode frei gemacht hat und da auch alles, was mir gehörte, reingepasst hat. So habe ich erst mal bei ihr und ihren Kindern Laura und Lilly gewohnt. Vor denen haben wir das Ganze sowieso erst mal langsam angehen lassen, wir haben uns nicht in deren Gegenwart geküsst oder so. Ich war einfach da, wir haben viel mit den Kindern zusammen gemacht, sodass sie sich auch an mich gewöhnen konnten.

Das Thema Kinder war für mich ja ein bisschen brenzlig, und ich ging gleich am Anfang unserer Beziehung auf Karolina zu und erzählte, was ich zuvor mit Madlen erlebt hatte und dass eine ähnliche Entwicklung für mich nicht noch mal in Frage kam. Ich wollte so eine Story nicht noch einmal erleben. Für sie war aber klar, dass sie die Mutter ist und ich das dazu beitrug, was ich konnte. Sie überließ es mir, inwieweit ich mich auf die Kinder einlasse. Wir wussten zu dem Zeitpunkt noch nicht so genau, wie das alles laufen würde, wir wussten nur, dass wir zusammen sein wollten. Wir wollten einfach abwarten und schauen, wie sich das mit den Kids entwickelt.

Wie gesagt, ich war zwar von heute auf morgen in deren Leben, aber Karolina und ich haben sie langsam daran herangeführt, dass wir mehr sind als nur Freunde, und ich weiß noch, wie überrascht ich war, dass es für sie das Normalste der Welt war. Sie dachten nicht: Das ist ja kein Mann!, oder: Das ist ja jetzt nicht mein Papa! Diese Dinge wurden eigentlich nie in Frage gestellt. Kinder sind da auch irgendwie unbedarfter. Karolina war ja auch schon eine längere Zeit getrennt vom Papa, und für die Kinder war ich nicht die Person, die dafür verantwortlich war. Ich denke, für Kinder ist es eher ein Problem, wenn plötzlich ein neuer Lebenspartner in der Tür steht und sie noch gar nicht wissen, dass bei Mama und Papa überhaupt irgendwas im Busch ist. Die beiden hatten ihre Mama ja schon eine Zeit lang alleine gehabt, der Vater kam schon immer regelmäßig an den Wochenenden und holte die Kinder ab. Sie haben den alltäglichen Umgang damit gleich gelernt.

Dann kam eine Phase, in der es mit Karolinas Ex-Mann nicht so gut lief, weil die Kommunikation zwischen ihm und ihr natürlich genauso schwierig war wie bei jedem Paar, das sich gerade getrennt hat. So kam es irgendwann auch zu einem sehr extremen Streit, der dazu führte, dass er die Kinder nicht mehr abholte, über Wochen nicht, es herrschte absolute Funkstille zwischen ihnen. Die Kinder verstanden natürlich nicht, worum es ging und warum Papa nicht mehr kam. Das war eine wirklich schwierige Situation, und wir haben uns große Mühe gegeben, dass wir das Ganze kindgerecht erklären.

Jedenfalls wohnte ich jetzt bei Karolina und den Kindern, und es wurde recht schnell klar, dass die Wohnung zu klein war und wir umziehen mussten. Das passierte dann auch recht schnell – ich glaube, wir waren gerade ein halbes Jahr zusammen, da sind wir aus der Wohnung raus. Wir fanden eine größere in Heide mit fünf Zimmern und Garten, in der wir heute noch wohnen. Dort richteten wir uns unsere eigene kleine Wohlfühloase ein. Ich bin im Holzhandwerk auch recht begabt und habe immer sehr viel mit Holz gebaut, und so fing ich an, uns Betten zu bauen und uns das richtig schön zu gestalten.

Mit den Kindern war es letztendlich überhaupt nicht schwierig, weil Karolina das alles regelte. Ich hatte ihr das ja sehr ausführlich erzählt, wie es vorher gelaufen war, was meine Ängste waren und dass zum Beispiel dieses Auf-einmal-Elternteil-Sein für mich damals viel zu früh gekommen und ich einfach nicht drauf vorbereitet war. Mit der Zeit war ich nun etwas erwachsener geworden, hatte viele Dinge aus der Vergangenheit aufgearbeitet und etwas mehr Erfahrung. Ich wusste ganz genau, dass ich immer noch auf gar keinen Fall das Hausmütterchen geben konnte, das kann ich auch heute noch nicht gut. Dadurch, dass wir uns aber gleich damit auseinandergesetzt und alle Karten auf den Tisch gelegt hatten, war klar, wer welche Aufgaben übernimmt. Dadurch, dass der leibliche Vater nun jedoch in dem Moment nicht anwesend, aber trotzdem nicht aus der Welt war, war für mich ganz klar, dass die Kindererziehung immer eine Sache zwischen Karolina und ihrem Mann bleiben muss. Ich helfe, wo ich kann, und ich erziehe heute natürlich auch mit. Mit den Jahren habe ich natürlich immer mehr gelernt damit umzugehen, und heute ist es ganz normal, dass wir uns die schönen Dinge genauso wie die Verpflichtungen teilen.

Mit dem Vater gab es jedenfalls anderthalb Jahre lang keinen Kontakt, weil es einfach nicht ging. Er lernte schließlich eine neue Frau kennen und bekam mit ihr ein Kind, und wir fanden es falsch, dass Karolinas Kinder nicht ihr Halbgeschwisterchen kennenlernten. Wir sagten uns: Wir müssen das hinkriegen, müssen die Egos beiseiteschieben und die Sache regeln, zumindest so, dass er wenigstens wieder mit den Kindern Kontakt hat. So schrieb Karolina ihn über Facebook an und fragte ihn, ob wir uns nicht mal zusammensetzen und die Probleme der Vergangenheit beseitigen wollten. Er antwortete sofort und hat sich sehr über die Idee eines Gesprächs gefreut. Und so haben wir uns direkt am selben Abend in Heide zum Eiscafé verabredet. Es war von Anfang an eine sehr freundschaftliche Stimmung, womit beide nicht gerechnet hatten, der Ärger war verflogen, obwohl noch nichts ausgesprochen war. Karolina und er einigten sich darauf, die alten Sachen ruhen zu lassen und wirklich komplett neu zu starten. Das klappt bis heute hervorragend, und wir sprechen sehr häufig miteinander, wenn es gerade passt. Es ist eine riesige Patchwork-Familie geworden, Laura und Lilly werden von der neuen Frau ihres Vaters genauso wie eigene Kinder behandelt.

Und so ist es bei uns wie in wohl jeder Familie, mal läuft es besser, mal schlechter, aber generell sind wir glücklich und zufrieden. Klar, wir haben auch mal Krisen zu bewältigen, Kinder sind nicht immer einfach, man ärgert sich auch mal über sie, hat auch Stress mit ihnen und hat natürlich auch viele Dinge, die man mit den Kindern zusammen regeln muss. Sie haben ihren eigenen kleinen Kosmos, ihre eigene kleine Welt, die versorgt werden möchte. Sie wollen hin und her gefahren werden, müssen Hausaufgaben machen, gehen auf Klassenfahrt, und sie haben auch ihre eigenen Probleme, Dinge, die sie gerade nicht verstehen oder die sie unglücklich machen, da muss man sich natürlich drum kümmern. Und das teilen Karolina und ich ganz gut auf.

Manchmal gelingt das nicht so gut, dann ist auf meiner Seite der Waage zu viel, dann geht bei mir eine Sirene an. Karolina kennt mich aber mittlerweile so gut, dass sie weiß, wenn wir darüber sprechen, kommen wir immer zu einer Lösung. Das ist etwas, was wir beide von Anfang an ziemlich gut gemacht haben, dass wir alles soweit besprechen, sodass es danach wenig bis gar keine Fragen mehr gibt. Und wenn welche kommen, dann setzen wir uns wieder gemeinsam hin und klären das. Das ist oft mühselig, oftmals sind es auch die gleichen grundsätzlichen Dinge, die man immer wieder neu besprechen muss. Aber wir haben uns geschworen, dass wir da nicht müde werden, auch wenn es zäh und wie Kaugummi ist. Dann muss man da durch und es einfach so lange besprechen, bis jeder seinen Teil gesagt hat und der andere auch verstanden hat, worum es geht. Das ist eine gute Basis für ein gutes Zusammenleben. Ich bin sehr zufrieden mit dem, was ich habe, und natürlich weiß ich, dass es auch viel Arbeit bedeutet, damit es so bleibt, wie es ist. Ich kann nicht ein Jahr lang die Füße stillhalten und dann erwarten, dass alles immer noch genauso ist. Auch wenn die Liebe noch so groß ist, man muss immer am Ball bleiben. Das will gepflegt werden.

Es war ein weiter Weg für mich zurück zur Zufriedenheit. Aus heutiger Sicht besonders wichtig war für mich die Erkenntnis, die Dinge gleich zu klären, nicht immer alles mit mir selbst auszumachen. Früher hatte ich mich in solchen Situationen oft komplett zurückgezogen, hatte die Zeit auch immer alleine verbracht, mich irgendwo hingesetzt und Musik gehört, und das wirklich eine ganze Nacht lang. Es war nie so, dass ich in schwierigen Situationen irgendjemanden angerufen habe, nicht mal Birte, ich bin alleine irgendwo hingefahren, weil ich auch diese Gespräche nicht hätte ertragen können. Ich musste mich erst selbst sortieren, für mich selbst die Gedanken klarkriegen, bevor ich mit jemandem sprechen konnte, und das konnte schon mal Tage oder Wochen dauern. Für viele ist das nicht nachvollziehbar, weil die sofort ihre beste Freundin an der Strippe haben oder gleich Klärung in einem Gespräch erzwingen. Heute ist es noch so, dass ich ein Problem erst mit mir allein kläre und dann ins Gespräch gehe, der Unterschied zu früher ist aber, dass ich eine Lösung mit der betreffenden Person *will*. Bei Karolina war es anfangs noch so, dass ich erst einmal geflüchtet bin, weil ich gedacht habe: Ich will nicht, dass es eskaliert, ich muss mir erst mal selbst Gedanken machen, bevor ich hier wüste Beschimpfungen raushaue, die ich irgendwann bereue. Heute kann ich das ausdiskutieren und weiß, da wird nichts Schlimmes passieren. Karolina wird danach nicht weg sein. In dem Punkt hat sich bei mir eine gewisse Sicherheit eingefunden. Das war früher viel verbissener, weil ich Angst davor hatte, mich dem Ganzen zu stellen, weil ich befürchtete, dass dann alles verloren geht.

Jedenfalls war dies die Zeit, in der ich mein Leben wieder völlig unter Kontrolle hatte. Ich hatte eine tolle Beziehung, ein Dach über dem Kopf, genügend Arbeit. Es gab keine dunklen Wolken mehr über mir, die ganzen Altlasten waren beseitigt oder zumindest so versiegelt, dass sie mich nicht mehr belasteten. Ich konnte mein Leben wieder genießen, und das tat ich auch. Karolina und ich unternahmen viel, mal mit den Kindern oder mit Freunden, mal nur wir allein.

Mal blieben wir auch einfach nur zu Hause und machten einen gemütlichen Fernsehabend auf der Couch. So war es auch im Sommer 2015: Wir lagen in unserem Wohnzimmer auf dem Sofa und hatten es uns schön gemacht. Kerzen standen im ganzen Raum verteilt und machten ein tolles Licht. Der Fernseher lief, und wir genossen den Feierabend. Da piepste plötzlich mein Handy – es war eine SMS von Birte.

KAPITEL 11

PLÖTZLICH POPSTAR

WENN MIR JEMAND zu jenem Zeitpunkt erzählt hätte, dass ich sieben Monate später mit meinem Lied *Die immer lacht* auf Platz 2 der deutschen Single-Charts stehen und Millionen von YouTube-Klicks haben würde, hätte ich den- oder diejenige für komplett bescheuert gehalten.

Wie bereits erwähnt, hatte ich schon seit meiner Jugendzeit Songs geschrieben, eigentlich eher für mich, nicht für ein größeres Publikum. Dann hatte es diesen schrecklichen Auftritt in der Eiderlandhalle in Pahlen gegeben, bei dem ich vor Scham am liebsten im Erdboden versunken wäre. Danach war es für mich ausgeschlossen, jemals wieder irgendeinem Menschen etwas vorzusingen oder auf der Gitarre vorzuspielen. Damit war ich komplett durch.

Das Lied *Die immer lacht* hatte ich 2003 in Eutin für Madlens beste Freundin Jenni geschrieben, es war innerhalb von fünf Minuten fertig gewesen, mit Melodie und Text. Den Song hatte ich Jenni vorgespielt, allerdings komplett im Dunkeln und in ihrem Badezimmer, während sie auf dem Flur zuhörte. Ihre Reaktion auf das Lied hatte mich damals sehr ergriffen, und ich wusste, dass ich ein wirklich schönes, berührendes Lied geschrieben hatte. Mir kam es aber nicht in den Sinn, daraus irgendwas zu machen, weil ich, wie gesagt, kein Träumer bin, und ich damals auch gar nicht in der Lage war, irgendetwas anzustoßen, weil mir für alles die Kraft fehlte.

Es folgte also meine Obdachlosenzeit, und ich weiß noch, wie ich damals in Heide in den Schuhmacherort lief und keine Kohle in der Tasche und nichts zu tun hatte. Es war ganz früher Abend, 19 Uhr schätze ich. Im Schuhmacherort gibt es eine kleine Kneipe, Bei Marion, zwar eher etwas für ältere Leute, aber ich war immer gerne dorthin gegangen, weil Angela, eine Bekannte aus Spielhallenzeiten, dort arbeitete. Ich ging also hinein, begrüßte sie und setzte mich an den Tresen. Da Angela wusste, dass ich total pleite war, fragte sie mich, ob sie mir etwas ausgeben dürfe. Das nahm ich gern an und bestellte mir Whisky Cola. Ich weiß noch, dass ich sehr schnell ein bisschen angeheitert war, weil ich zu dem Zeitpunkt auch nicht viel vertrug, und irgendwann entdeckte ich, dass über der Eingangstür eine Gitarre hing – die hängt da heute übrigens immer noch. Da das Erlebnis, das ich bei Jenni hatte, so schön gewesen war, dachte ich mir: Dann versuche ich es heute noch mal. Der Alkohol sorgte auch dafür, dass meine Angst verschwand, und so sagte ich zu Angela: »Ich habe ein Lied geschrieben, soll ich dir es mal vorsingen?« Und sie sagte: »Ja, mach mal.« Ich nahm mir also die Gitarre, stimmte sie und fing an, *Die immer lacht* zu spielen. Währenddessen kamen immer mehr Leute in den Laden, die sah ich aber nicht, weil ich mit dem Rücken zur Tür saß. Ich bekam also nicht mit, dass mein Publikum immer größer wurde, und als der Song vorbei war, gab es auf einmal Applaus. Da habe ich mich natürlich erst einmal erschrocken, aber damit war auch der ganz große Bann gebrochen, vor Leuten zu singen, weil es auf einmal irgendwie passiert war.

Und dann nahm der Abend seinen Lauf. Die Gitarre stellte ich neben mich und unterhielt mich weiter mit Angela sowie mit einigen anderen, die ich kannte. Es waren vielleicht zehn Leute im Laden, und irgendwann sagte einer: »Kerstin, spiel doch noch mal dieses Lied!« Zu diesem Zeitpunkt hatte ich dann auch noch mehr die Lampen an und dachte nur: Okay, dann mache ich das jetzt einfach. Also habe ich es noch einmal gespielt. Angela wusste ja, dass ich keine Kohle hatte, und ließ einen Hut rumgehen. Während ich spielte, stand die Kneipentür offen und es kamen immer mehr Leute rein, sodass bald ungefähr 30 Leute drinnen saßen. Der Hut ging rum, das Lied war zu Ende, und die Leute sind regelrecht ausgeflippt, weil sie es so toll fanden. Das hat mich natürlich erst mal völlig schockiert, und außerdem hatte ich auf einmal 80 Euro in der Tasche, weil die Leute so viel Geld in den Hut geworfen hatten. Ich war superglücklich, das Ganze hat sich richtig gut angefühlt.

Am Schluss des Abends meinte Angela: »Kerstin, du musst dieses Lied in einem Tonstudio aufnehmen, das muss irgendwie auf ein Medium und verbreitet werden. Du musst das irgendwo hinschicken!« Ich sagte: »Ja, aufnehmen könnte ich das, aber ich möchte das nirgendwo hinschicken.« Angela ließ nicht locker und meinte: »Ich kenne einen Typen, der wohnt in der Nähe von Rendsburg, der hat ein privates Tonstudio. Er würde das bestimmt sehr gerne mit dir machen.«

»Das hört sich doch toll an«, sagte ich, »das können wir machen.«

Schon am nächsten Tag hatte sie alles mit dem Freund abgeklärt, und ein paar Tage später stand ich in dessen Tonstudio und nahm zwei meiner Stücke auf, darunter eben *Die immer lacht*. Angelas Freund freute sich auch tierisch über dieses Lied und sagte, dass er es die Woche über bearbeiten könne und mich anrufen würde, wenn er fertig ist. Dann wolle er mir den fertig abgemischten Song auf CD brennen und mir zuschicken. Ich dachte nur: Krass, mein eigenes Lied auf einer CD! Als ich die Aufnahme zum ersten Mal hörte, dachte ich im ersten Moment: Das hört sich ganz schön schlagermäßig an. Ich wusste erst nicht, ob ich das gut oder nicht so gut finden sollte, aber schon beim zweiten Mal Hören hatte ich mich so daran gewöhnt, dass ich dachte: Das ist echt toll geworden.

Ich hatte zwei Kopien bekommen und musste sofort zu Jenni, die in einer Kneipe im Schuhmacherort arbeitete, um ihr eine der CDs in die Hand zu drücken. Ich ging schnurstracks hinter die Theke – was ich durfte, weil ich da früher Musik gemacht hatte –, legte die CD ein und sagte: »Jenni, jetzt musst du mal drei Minuten Pause machen und einfach mal zuhören.« Und dann schallte *Die immer lacht* durch den Raum, und der Witz an der ganzen Sache war, dass der ganze Laden aufmerksam geworden war, alle hatten mitbekommen, dass ich eine CD mit meinem eigenen Song aufgelegt hatte. Als das Lied fertig war, fingen alle Gäste an zu klatschen, was wieder so skurril war.

Wie gesagt, Musik gemacht und Lieder geschrieben hatte ich seit meiner Jugend immer wieder. Zwischendurch hörte das auch mal wieder auf, das war immer so, dass ich bestimmte Ereignisse in den Liedern verarbeitet habe, aber ich habe sie oft auch einfach nur ins Tagebuch geschrieben. Es war nicht so, dass ich mich kontinuierlich immer wieder hinsetzte und Songs schrieb, sondern es war eher so nach Lust und Laune. Wenn ich Bock hatte auf Gitarrespielen, auf allein sein und schreiben, dann machte ich es, und wenn nicht, dann gab es auch mal ein ganzes Jahr Pause. Das war einfach nur für mich ganz allein, ich wusste, dass ich diese Lieder nie irgendwem vorspielen würde, was dem Talentwettbewerb geschuldet war. Damals hatte ich gemerkt, dass ich nicht gut darin bin, auf einer Bühne zu stehen, ich war alles andere als eine Rampensau.

Und die Lieder, die mir selbst gut gefielen, bewahrte ich dann auch auf. Aber wenn etwas, das ich niedergeschrieben hatte, für mich selbst irgendwann abgearbeitet war, ist es auch meistens in die Tonne gewandert.

Jedenfalls hat das Lied *Die immer lacht* komische Kreise gezogen. Mir kam es nicht in den Sinn, dass man mehr daraus machen könnte, trotz der positiven Reaktionen der Leute. Meine Scham war einfach viel zu groß, und ich wollte mir das Träumen auch nicht erlauben, weil ich zu jener Zeit mit ganz anderen Sachen zu

1. »FFH Just White«-Festival: Vorbereitungen für den ersten großen Auftritt vor 25.000 Menschen – und das in Jogginghose :) –, wo
der liebe Jürgen Drews mich so durcheinandergebracht hat (2016).
2. bis **4.** Bühnenzeit! **Vorherige Seite:** Fotoshooting fürs zweite Album (2018).

Mein Alltag als Musikerin: **1.** Backstage **2.** Musikvideodreh in Barcelona
3. und **4.** Fotoshooting **5.** Studiotag bei Thorsten Brötzmann

1. Olivia Jones und ich beim ECHO 2018. **2.** Werner, mein bester Mentalcoach, und ich. **3.** Erste Goldverleihung: Holger und ich stoßen an. **4.** Auf dem roten Teppich beim ECHO 2018. **5.** 2017 bekam ich den Musikautorenpreis verliehen, Hertha-BSC-Manager Michael Preetz war mein Laudator.

1. Birte und ich – meine allerbeste Freundin seit fast 30 Jahren.
2. Karolina, Figo und ich. **3.** Batman und ich kuscheln. **4.** St. Peter-Ording: Karolina, Batman, Blume und ich chillen am Wasser. **5.** Figo und ich genießen unsere Draußen-Zeit.

1. Karolina und ich an unserer wundervollen Nordsee. **2** und **3:** Zwei Verliebte (2012). **4.** Auf dem Weg zu einem Fest #*feiernkönnenwir.* **5.** Foto für die Einladungen zu unserer Hochzeitsfeier. **Nächste Seite:** Urlaub in Bayern.

kämpfen hatte, ich konnte mich gar nicht darum kümmern. Es wäre für mich auch völlig absurd gewesen, mich in etwas reinzustürzen, was mein ganzes Dasein noch viel schwieriger machen würde. Ich hatte einfach viel zu viel um die Ohren, um aus dem Lied etwas machen zu können.

Aber der Song entwickelte ein Eigenleben. Ich weiß noch, dass Madlen auf einer Messe in Flensburg mal Cocktails ausschenkte, und sie hatte meine CD mitgenommen und sie für sich ständig im Recorder laufen gehabt, was natürlich auch die Messebesucher hören konnten. Da gab es eine Frau, die ständig an Madlens Cocktailstand vorbeilief und dieses Lied hörte, und irgendwann fragte sie, von wem der Song sei. Madlen sagte nur: »Niemand Bekanntes, das ist meine Frau. Sie hat das Lied für eine Freundin aufgenommen.« Die Messebesucherin war davon aber so begeistert, dass sie Madlen fragte, ob wir ihr nicht eine CD zuschicken könnten. Das hat Madlen mir natürlich gleich erzählt, und das fand ich auch sehr ergreifend und dachte nur: Das gibt's doch gar nicht, dass die Leute da so drauf anspringen – das ist doch Wahnsinn!

Ich fing daraufhin an, das Lied ab und zu in mein DJ-Set einzubauen, einfach um zu gucken, wie es ankommt. Irgendwann hatte sich rumgesprochen, dass ich es singe, und da gab es wirklich Momente in der Kneipe, wo alle nach dem Lied anfingen, einfach tierisch laut zu klatschen. Ich war selbst davon überzeugt, einen Hit geschrieben zu haben, das sagte ich gegenüber Freunden auch immer: »Das wird mal eine Nummer eins!« – wenn auch mit einem Augenzwinkern, ich wollte ja nicht träumen.

Jedenfalls kamen diese Reaktionen der Leute von ganz allein, ich hatte ja niemanden dazu überredet, sich das anzuhören, und ich hatte auch nicht rumerzählt, dass es mein Lied ist – die Leute hatten also keinen Grund, es aus Freundschaft zu mir toll finden zu müssen. Das war ja alles nicht der Fall.

Es kam dann auch vor, dass mich Gäste ansprachen, ob sie das Lied auf CD gebrannt bekommen könnten, und ich glaube, ich verteilte damals insgesamt 20 oder 30 CDs. Möglicherweise wurde es immer weitergegeben und weiterkopiert, bis es irgendeine Frau in Berlin, wie ich später herausfinden sollte, ins Internet stellte. Dass es hochgeladen worden war, fand ich erst heraus, als ich es Jahre später aus Neugier einfach mal googelte. Damals hatte es 618 Aufrufe, das war ungefähr ein Jahr, nachdem ich die gebrannten CDs verteilt hatte. Das Lied geisterte also im Netz herum, und ich hatte im Prinzip keine Ahnung, was damit passierte.

Mehrere Jahre waren vergangen, und Karolina und ich saßen also abends zu Hause auf dem Sofa vor dem Fernseher, als ich die SMS von Birte bekam. Es war ungewöhnlich, zu dieser Uhrzeit von ihr eine Nachricht zu bekommen, weil sie ja mittlerweile verheiratet war, unser wildes Leben war eigentlich vorbei, deshalb würde sie wohl kaum fragen, ob ich Lust hätte, die Stadt unsicher zu machen. Deshalb schaute ich sofort nach, was sie geschrieben hatte. »Schnuffe«, schrieb sie, so nannten wir uns gegenseitig, seitdem wir ein Paar gewesen waren, »du musst unbedingt mal gucken, bei YouTube gibt es eine Version von *Die immer lacht*, aufgemixt mit viel Bass. Ich weiß nicht, was das soll, vielleicht haben sie dir das geklaut, guck mal, was das ist.«

Mein erster Gedanke war: Ach, Quatsch, da hat sich irgendwer wohl einen Scherz erlaubt. Dann war ich aber doch zu neugierig und wollte wissen, was mit dem Lied passiert ist. Ich gab den Namen bei YouTube ins Suchfeld ein und fand es auch sofort: *Die immer lacht* als sogenannte »Radio Version«. Plötzlich war ich auch ein bisschen unter Strom, weil ich dachte, dass sich jemand den Song einfach unter den Nagel gerissen hatte. Zum Glück hatte ich mir schon vor geraumer Zeit von einem Notar beglaubigen lassen, dass ich ihn geschrieben hatte. Ich habe heute leider keine Ahnung mehr, warum ich damals zum Notar gelaufen bin, wahrscheinlich weil ich einfach den Überblick verloren hatte, an wen ich den Song verteilt hatte. Jedenfalls wollte ich jetzt auch wissen, was der- oder diejenige aus meinem Lied gemacht hatte und hörte mir die Sache an. Gar nicht mal so übel, dachte ich nur und suchte nach ein paar näheren Informationen, wer denn dahintersteckte. Unter dem Clip fand ich zwei Namen: Ric und Rixx. Ich wusste allerdings nicht, ob das eine bekannte Band oder irgendwelche Privatleute waren, die das in ihrem Keller zusammengebastelt hatten, das war für mich zunächst nicht ersichtlich.

Ich überlegte mir, mal bei Facebook zu schauen, ob ich die beiden dort finde – vielleicht hatten sie sich ja unter diesen Namen angemeldet. Ich fand sie tatsächlich, und so hinterließ ich ihnen eine Nachricht, dass ich die Urheberin des Songs bin, dass ich ihre Version ganz witzig fand und mich interessierte, was das alles sollte und was sie damit vorhatten. Ich schickte die Nachricht ab, und nur wenige Minuten später klingelte mein Handy mit einer Antwort, dass man sich über meine Rückmeldung freue, und dem Vorschlag, einfach mal zu telefonieren. Ich wählte die Nummer, die man mir geschickt hatte, und schon hatte ich eine Kauderwelsch-Stimme am Apparat, einen relativ jungen Mann, den ich anfangs überhaupt nicht verstehen konnte – ein sächsischer Dialekt. Ich habe nur heraushören können, dass es Rixx war, und ich musste alle zehn Sekunden nachfragen, was er gerade gesagt hatte, weil ich es einfach nicht verstanden hatte.

Er freute sich riesig, mich am Telefon zu haben, und sagte, dass sie mich schon seit geraumer Zeit suchten, weil sie das Lied gern als Single veröffentlichen würden. Für mich war das ein Riesending – Veröffentlichung als Single? Ich wusste gar nicht, wie das ging, wie man überhaupt dazu kommt, eine Single veröffentlichen zu können. Also fragte ich ihn, was er konkret damit meinte, ob sie überhaupt die Möglichkeit dazu haben, wie sie sich das überhaupt vorstellen. Rixx sagte, dass sie die ganze Zeit versucht hatten, mich zu finden, weil sie für eine Veröffentlichung den Urheber brauchten. Sie wollten das Ganze nicht im Alleingang machen, weil es erfahrungsgemäß immer Ärger gebe, wenn die Rechte an dem Song nicht geklärt seien. Er erklärte mir, dass die beiden schon seit längerer Zeit als DJs unter dem Namen Stereoact unterwegs seien und Songs anderer Leute remixen, so wie bei meinem Titel auch. Sie hatten gerade mit einem anderen Künstler namens Toni eine Single gemacht, die *Sommerregen* hieß und auf YouTube schon um die 500.000 Klicks hatte, was sich für mich natürlich nach sehr viel anhörte. Die beiden waren bei dem kleinen Plattenlabel tokabeatz unter Vertrag, das, so Rixx, mein Lied unter Vertrag nehmen würde, wenn ich damit einverstanden wäre. Das war der Zeitpunkt, wo ich sagte:»Okay, lass uns morgen noch mal telefonieren, ich muss das alles erst mal für mich klarkriegen und die ganzen Neuigkeiten sortieren.« Rixx hatte dafür vollstes Verständnis, und so verabredeten wir uns für ein weiteres Gespräch am nächsten Tag.

Ich musste das alles erst einmal sacken lassen. Mein Lied als Single veröffentlichen? Wie verrückt war das denn?! Ich ging sofort zurück ins Wohnzimmer zu Karolina, um ihr die Wahnsinnsneuigkeiten zu überbringen. Wir waren beide total aus dem Häuschen, weil wir ja nicht wussten, was da überhaupt auf uns zukommen würde. Was passiert da eigentlich, wird das veröffentlicht und geht dann in die Charts, oder wie kann man sich das vorstellen? Da waren so unglaublich viele Fragezeichen.

Am nächsten Tag rief Rixx sehr pünktlich an, und er schlug vor, eine Telefonkonferenz mit seinem Partner Ric zu machen. Ich hatte keinen blassen Schimmer, wie so etwas geht, und so musste Karolina das für mich einrichten. So hatte ich dann Ric und Rixx, die eigentlich Rico und Sebastian hießen, am Telefon, und wir unterhielten uns darüber, wie das Ganze jetzt weitergehen würde. Wir waren uns einig, dass es für alle Beteiligten gut wäre, wenn wir uns in nächster Zeit mal treffen, um uns kennenzulernen und um zu gucken, ob wir gut miteinander klarkommen und ob wir in der ganzen Sache auf einen Nenner kommen.

Wir verabredeten uns zum Grillen bei Rico, der, wie Sebastian auch, in Annaberg wohnte. Ich musste erst mal googeln, wo das überhaupt lag, ich hatte von dieser Stadt noch nie etwas gehört. Annaberg liegt im tiefsten Sachsen, genauer gesagt im Erzgebirge an der Grenze zu Tschechien. Das waren von Heide aus über 600 Kilometer, also nicht gerade um die Ecke. Ich weiß noch, dass ich total fasziniert von diesem sächsischen Dialekt war, den die beiden sprachen – das muss der krasseste Dialekt Deutschlands sein, dachte ich nur.

Jedenfalls machten Karolina und ich uns dann irgendwann auf den Weg mit unserem alten BMW, den wir damals hatten. Der Plan war, dass wir eine Nacht dortbleiben und am nächsten Tag zurückfahren, damit wir genug Zeit haben würden, um alles zu besprechen und zu regeln. Als moralische Unterstützung nahmen wir noch zwei Freunde mit, Karolinas beste Freundin Domi und deren Kumpel Sven – mit dem ich als Jugendliche auf dem Hof Voss im Graben gesessen und geknutscht hatte. Nach sechs Stunden Fahrzeit und zweimal Verfahren/Falsch-Abbiegen standen wir nun also vor Ricos Haus. Die Tür ging auf und wir wurden super herzlich empfangen. Ricos Familie hatte alles für ein gemütliches Barbecue vorbereitet, der Grill war schon angezündet, und wir setzten uns alle an den Tisch und lernten uns erst einmal näher kennen.

Sebastian hatte seine Freundin Jenny dabei. Er erzählte, dass sie diejenige war, die das Lied *Die immer lacht* im Internet gefunden hatte. Und dass sie ziemlich hartnäckig war mit ihrer Frage, ob die beiden DJs einen Remix davon machen könnten. Dass es von den Jungs also eher ein Gefallen für Jenny war, fand ich schon ziemlich lustig. Dann meinte Sebastian, dass sie es als Test bei YouTube reingestellt und es bei den Partys, wo beide auflegten, immer wieder mal gespielt hätten. Der Song sei super bei den Leuten angekommen, und immer mehr Menschen hätten ihn hören wollen. Das habe den beiden gezeigt, dass der Song Potenzial hatte und dass er veröffentlicht gehörte.

Wir überlegten, wie wir nun weiter vorgehen sollten. Ich hatte von dem ganzen Musikbusiness natürlich überhaupt keine Ahnung und wusste nicht mal im Ansatz, an wen man sich nun wenden könnte, damit der Song etwas Offizielles wird. Sebastian und Rico arbeiteten zu diesem Zeitpunkt schon mit dem kleinen Plattenlabel tokabeatz zusammen und erzählten, dass wir dieses kleine Label nutzen könnten, um bei den großen Plattenfirmen einen Fuß in die Tür zu bekommen. Ein Versuch sei es wert. Wenn dann einer der »Majors« Interesse hätte, würde das Ganze einen Schritt weiter gehen.

Ich kam sehr gut mit Sebastian und Rico klar, und das, was sie mit meinem Lied vorhatten, gefiel mir auch, also einigten wir uns, diesen Weg gemeinsam zu gehen. Ich sollte das Lied vor Ort noch mal neu einsingen, damit sie die Gesangsspuren einzeln hatten und den Song besser bearbeiten konnten. Sebastian hatte in seinem Wohnzimmer schon alles für die Aufnahme vorbereitet, sodass ich das gleich erledigen konnte.

Wir hatten eine tolle Zeit zusammen, doch so langsam mussten wir wieder Richtung Heimat starten. Also drückten wir uns alle kräftig und vereinbarten, dass Rico und Sebastian das Lied jetzt erst mal ein bisschen bearbeiten und dann an tokabeatz schicken. Sollte von dort Rückmeldung kommen, würden wir wieder telefonieren. Auf dem Weg nach Hause waren Karolina, Sven, Domi und ich super drauf und redeten über all die Eindrücke, die wir in Annaberg gesammelt hatten.

Ein paar Tage später klingelte endlich mein Telefon. Sebastian war dran und meinte, dass sie mit tokabeatz gesprochen und das Lied an das Hamburger Dance-Musik-Label Kontor gesendet haben. Dann sagte er, da sei ein Mann, Hille Hillekamp, ein Musikverleger, der unser Lied total super finde. Außerdem wolle tokabeatz mir einen Vertrag für den Song zukommen lassen. Nun war ich wieder superaufgeregt. Ein Vertrag für mein Lied? Der Hammer!, dachte ich. Und mir kam auch gleich der Gedanke, dass ich den Vertrag prüfen lassen müsste, da wollte ich auf Nummer sicher gehen. Nur von wem? Darüber kann ich mir Gedanken machen, wenn ich den Briefumschlag in der Hand halte, dachte ich nur. Ich wusste auch nicht so genau, was es mit dem Verleger Hille Hillekamp auf sich hatte … Was genau hatte der wohl mit mir und dem Lied zu tun? Meine Gedanken waren für mich schwer zu sortieren, da ich nicht wusste, wie das alles miteinander zusammenhing.

Tage später kam die Post, und ich hatte ihn tatsächlich bekommen: den Vertrag von tokabeatz für das Lied *Die immer lacht*. Ich las mir alles genau durch und verstand, wie schon erwartet, nur Bahnhof. Außerdem war da noch ein zweiter Vertrag im Umschlag, vom Verlag Hille Hillekamp. Ich verstand das alles nicht, deshalb rief ich Sebastian an. Er beruhigte mich und versicherte mir, dass Hille ein guter Typ sei. Vor allem aber ein ehrlicher, was ich schon mal toll fand. Außerdem erklärte mir Sebastian alles, was er übers Musikbusiness wusste, so gut es ging. Als wir aufgelegt hatten, freute ich mich und war erleichtert. Jetzt musste ich nur noch einen Anwalt finden, der mir dieses Rechtskauderwelsch übersetzte. Das erledigte ich gleich am nächsten Tag und bekam sofort die Bestätigung, dass mit den Verträgen alles in Ordnung war. Also unterschrieb ich und schickte sie wieder zurück. Rico, Sebastian und ich telefonierten nun fast jeden Tag, beide hielten mich immer auf dem neuesten Stand.

Hille Hillekamp, ein schon etwas älterer Mann, hatte einen Musikverlag in Hamburg, und er war laut Sebastian ein großer Befürworter meines Liedes. Er war davon so überzeugt, dass er mir einen Vertrag für die Rechte des Songs anbot. Hille kannte Ric und Rixx und hatte gute Kontakte in der Musikbranche, unter anderem auch zu dem Label Kontor, bei dem unter anderem Scooter, Lexy & K-Paul oder ATB unter Vertrag waren. Hille hatte *Die immer lacht* gehört und wusste, dass Ric und Rixx es zu Kontor geschickt hatten, deshalb war er persönlich nochmals bei dem Label vorstellig geworden und hatte gesagt: »Leute, das Lied ist toll, das wird ein Hit, nehmt das bitte unter Vertrag.« Die Labelchefs lehnten es aber zunächst ab und meinten, dass sie nicht wüssten, was sie mit so einem Schlager-angehauchten Song machen sollen. Hille ließ aber nicht locker und kämpfte weiter darum, dass wir einen Plattendeal bekamen. Ric und Rixx waren ja schon seit Jahren als DJ-Duo unterwegs, von daher waren sie dann doch relativ attraktiv für Kontor, und das sah Hille als Chance.

Jedenfalls waren wir zunächst einmal bei tokabeatz unter Vertrag und begannen mit den Vorbereitungen, das Lied an die Majorlabels weiterzuschicken. Außerdem entschlossen wir uns, ein Musikvideo zu drehen. Attila Schanze, ein Bekannter von Ric und Rixx aus Dresden, der sich mit Videoproduktion auskannte, bot an, einen Clip zu dem Song zu drehen. Geld wollte er dafür nicht haben, nur mit seiner Entertainment-Firma genannt werden. Wir fanden die Idee super, auch tokabeatz war damit einverstanden, und so verabredeten wir uns mit Attila. Ein paar Tage später machten Karolina und ich uns auf den Weg, wir wollten uns wieder in Annaberg treffen, um das Video zu drehen. Dort angekommen, legten wir auch sofort los. Attila war gut vorbereitet, und wir hatten eine tolle Geschichte, um dieses Video zu drehen. Das Wetter spielte hervorragend mit, und die einzelnen Orte, die wir für den Dreh ausgesucht hatten, waren richtig hübsch. Generell finde ich die Landschaft im Erzgebirge wunderschön, aber gerade an jenem Tag fiel es mir immer wieder auf.

Während des Drehs hatten wir alle viel Spaß, auch wenn es mir manchmal sehr unangenehm war, einfach drauf los zu singen. Vor allem immer dann, wenn ich ohne Gitarre in der Hand gefilmt wurde, sollte ich einfach so zu der Musik, die über eine Musikbox zu hören war, mitsingen. Da kam ich mir erst mal ziemlich blöd vor, denn das war natürlich eine ungewöhnliche Situation. Wenn man sich das heute anschaut, sieht man, wie unwohl ich mich fühle. Das war ja genauso wie auf der Bühne stehen, also genau das, was ich nie wieder wollte. Ich wollte nicht im Mittelpunkt stehen, wollte auch nicht über diesen Schatten springen müssen. Aber ich riss mich am Riemen, und am Abend hatten wir alle Szenen im Kasten. Jetzt hieß es erst einmal warten, bis das Video fertig ist. Natürlich waren wir alle supergespannt auf das Ergebnis. Ein paar Tage später war es schließlich soweit, und wir veröffentlichten das Video auf YouTube.

Die Klickzahlen nahmen stetig zu. Das Ganze hat wirklich von allein ein Eigenleben bekommen. Die Leute haben es gesehen und offenbar gleich an andere weitergeleitet, sodass es ein Schneeballeffekt war. Viele Menschen sind darauf aufmerksam geworden, obwohl wir gar keine großen Mittel hatten, um Aufmerksamkeit zu erregen.

Dann überschlugen sich plötzlich die Ereignisse. Kontor Records war so lange von Hille Hillekamp bequatscht worden, dass sie das Lied tatsächlich unter ihre Fittiche nehmen wollten. Wenn der liebe Hille nicht so unfassbar drangeblieben wäre, würde das Lied wahrscheinlich heute immer noch irgendwo im Internet rumgeistern. Man hatte jedenfalls gesehen, dass die Zahlen bei YouTube stetig nach oben gingen, und irgendwann kam der Zeitpunkt, wo fast jeden Tag viele Tausend Klicks dazukamen. Das konnten die bei Kontor auch sehen und erkannten: Das Ding hat Potenzial, die signen wir jetzt mal. Wir trafen uns also alle zusammen in Hamburg bei Kontor und unterschrieben diesen Vertrag. Außerdem ging es um einen erneuten Videodreh. Man ließ uns wissen, dass wir das Ganze etwas professioneller aufziehen müssten. Zuerst war ich ein bisschen eingeschnappt, weil ich unser Video, das wir in Annaberg mit viel Mühe und Herzblut gedreht hatten, toll fand. So ging es den Jungs auch. Aber wir wussten natürlich auch, dass diese Leute einfach viel mehr Ahnung vom Musikbiz hatten als wir.

Der Dreh sollte auf Mallorca stattfinden. Ich freute mich riesig, weil ich das allererste Mal mit Karolina für zwei, drei Tage ins Warme fliegen würde. Das war der Hammer, Anfang Dezember noch mal ein bisschen Sonne. Ich war auch irgendwie total stolz, konnte ich meine »Mieze Kratze« – so nenne ich sie, seitdem wir zusammen sind – einfach mal in die Sonne entführen und dann auch noch bei einem professionellen Videodreh dabei sein. Damals hätte ich mir nicht im Traum vorstellen können, dass dieser

Clip in Sachen Klickzahlen mal sämtliche Rekorde im deutsch-sprachigen Raum brechen würde.

Als ich erfuhr, dass ein junges Model den Hauptpart im Video übernehmen und ich als Fotografin nur eine Nebenrolle spielen würde, war ich zusätzlich erleichtert. Schauspielern war ja so gar nicht mein Ding, und mein absoluter Albtraum wäre es, verträumt irgendwo auf einem Felsen zu sitzen und irgendwelche doofen theatralischen Handbewegungen machen zu müssen. Ich sah schon vor meinem geistigen Auge, wie meine Freunde mich bis in alle Ewigkeit verarschen mit ebendiesen lustigen Gesten und dem verträumten Dackelblick. Jedenfalls gibt es eine Einstellung im Video, die in der Öffentlichkeit leider immer und immer wieder verwendet wird, wo ich so richtig dämlich in die Kamera grinse mit einem Fotoapparat in der Hand. Das ist mein ganz persönlicher »Kerstin hockt verträumt auf einem Felsen«-Super-GAU-Moment. Wenn ich diese Szene heute sehe und einen guten Tag habe, sage ich mir: »Sei nicht so eitel!« Wenn ich einen nicht so guten Tag habe, denke ich bloß: »Och nö, da ist er wieder, der kleine dicke Fotograf.« Jedenfalls waren wir zwei Tage vor Ort, der Dreh fand Anfang Dezember statt, und wir hatten richtig Glück mit dem Wetter – es waren noch über 20 Grad.

Wir konnten alle sehr stolz auf das Video sein. Als es von Kontor veröffentlicht wurde, war das Lied auch regulär als Download erhältlich. Wir warteten alle ganz gespannt auf die aktuellen deutschen Charts, die jede Woche Freitag erscheinen. Kontor Records hatte uns in der ersten Woche nach Veröffentlichung jeden Tag »Trends« per E-Mail geschickt. Das sind interne Zahlen, wie sich das Lied aktuell verkauft und wo es sich in etwa in den Charts einordnen wird. Und siehe da: In der ersten Woche nach der Veröffentlichung stiegen wir doch tatsächlich auf Platz 99 ein. Als ich das allererste Mal mein Lied in den MTV Top 100 stehen sah, dachte ich wirklich, das kann nicht wahr sein! Und es wurde immer besser: Eine Woche später waren wir schon auf Platz 45. Sebastian, Rico und ich flippten aus vor Freude.

Was ich überhaupt nicht auf dem Schirm hatte, war die Resonanz auf das Video und das Lied. Ich hätte nie damit gerechnet, dass der Song so dermaßen polarisieren würde. Es gab sehr viele nette und tolle Kommentare, viele Leute bedankten sich und schrieben, dass sie Trost in dem Lied oder es einfach nur geil zum Abfeiern fanden. Aber gerade bei YouTube fand ich sehr viele schlimme Kommentare. Ich habe mir, glaube ich, die ersten 100 durchgelesen, und 80 davon waren richtig unter der Gürtellinie: »Was für ein schlechter Gesang«, »Was für ein schlecht gemischtes Lied«, »Was für ein behinderter Text«, »Was soll der fette Fotograf da ständig im Bild?«, »Was für hässliche DJs« und so weiter. Also richtig dämliche, inhaltlose Kommentare. Ich hatte durchaus damit gerechnet, dass der ein oder andere schreibt: »Ist nicht mein Song« oder »Finde ich doof«, aber dass die Leute nichts Besseres zu tun haben, als so eine Scheiße zu schreiben, fand ich schon erstaunlich. Ich beschloss auf der Stelle, diese Kommentare nicht weiterzuverfolgen, das lohnte sich nicht und brachte mich auch nicht vorwärts.

Als *Die immer lacht* also auf Platz 45 geklettert war, passierte die für mich wohl entscheidendste Sache: Holger, ein alter Freund von mir, den ich aus Schuhmacherort-Zeiten kannte, schrieb mir eine E-Mail mit der Bitte, dass ich mich bei ihm melden solle. Holger hatte viele Jahre im Musikgeschäft gearbeitet und viele auch heute noch namhafte Künstler unter Vertrag gehabt, die er als Manager betreut hatte. Ich wusste aber, dass er mittlerweile eigentlich in ein anderes Berufsfeld gewechselt war, weil er sich neu aufstellen wollte. Ich schrieb ihm zurück, dass ich mich sehr gerne mit ihm treffen würde, und so kam es, dass wir zusammen in seiner Wohnung bei einem gemeinsamen Kaffee saßen und darüber sprachen, was da jetzt mit dem Lied abging.

Holger fragte mich über sämtliche Dinge aus: »Hast du schon einen Rechtsanwalt? Hast du schon jemanden, der deine Termine bucht, also einen Booker? Willst du überhaupt Auftritte machen?« Ich verneinte natürlich alles. Wieso einen Rechtsanwalt?

Wofür einen Booker?? Warum Auftritte??? Erstens könnte ich mir diese ganzen Leute im Leben nicht leisten, zweitens – Auftritte, ich? Mein ganzer Kopf fühlte sich an wie Kabelsalat. Ich dachte: Ich hab doch jetzt den Vertrag, ist doch alles super – ich werde einfach weiter arbeiten in meinem Job als Malerin, und alles, was dieses Lied für mich einspielt, ist ein supertolles Plus. Aber während wir den ganzen Abend weiter sprachen, bekam ich allmählich eine Ahnung, was da alles noch passieren könnte.

»Wenn das Lied in den Charts weiter klettert«, erklärte mir Holger, »besteht die Möglichkeit, in Discotheken gebucht zu werden und so in einem kurzen Zeitraum relativ viel Geld zu verdienen. Es muss nur alles auf vernünftige Beine gestellt werden, und das Lied müsste noch ein paar Plätze weiter nach oben klettern.« Ich wusste ehrlich gesagt nicht, ob ich das alles machen wollte. Mein Job lief gerade wieder gut, und ich hatte Schiss, mich auf zwei Sachen konzentrieren zu müssen. Ich hatte auch keine Lust, wieder bei null anzufangen, und ich wollte auch dieses große Risiko nicht. Und vor allem wollte ich nicht auf einer Bühne stehen, aus bekannten Gründen.

Holger merkte, dass ich total überfordert war, und sagte mir, dass er mir zur Seite stehe, egal wie ich mich entscheiden würde: ob Auftritte absolvieren und diesen Schritt wagen oder einfach in meinem Job weitermachen und das Lied tatsächlich »nebenher« laufen lassen. »Du kannst ja erst mal zwei oder drei Auftritte machen und dann gucken, ob dir das gefällt«, schlug er vor, »was hältst Du davon?« Ich sagte: »Gut, damit kann ich leben, ich gucke mal, wie das läuft, wie ich mich dann fühlen werde.« Er merkte aber, dass ich gleich schon wieder die Hose voll hatte, und bot mir seine Hilfe an. »Auch wenn du jetzt kein Bühnenmensch werden willst, brauchst du aber einen Anwalt, und du brauchst auch ein gutes Team hinter dir. Und das werde ich dir an die Hand geben, dadurch, dass ich noch so viele alte Kontakte von früher habe.« Als ich das hörte, war ich schon mal sehr erleichtert, weil ich ja niemanden sonst hatte, der mir bei all diesen Sachen weiterhelfen konnte. Von Kontor kam nichts, und die Stereoact-Jungs machten auch eher ihr eigenes Ding, und so nahm ich Holgers Hilfe gern an. Wir beide hatten uns ja von Anfang an sehr gut verstanden, mochten uns vor dem ganzen Musikbusiness auch schon gerne. So kam es, dass Holger dann sagte: »Okay, ich kümmere mich jetzt um die Auftritte, und wir gucken mal, wie wir das jetzt zusammen machen. Wenn das Bestand hat und wir beide Bock drauf haben, dann schauen wir mal, wie es weitergeht.«

Als ich mich von Holger verabschiedet hatte und seine Wohnungstür hinter mir ins Schloss fiel, fing ich erst mal an zu heulen. Eine enorme Reizüberflutung, Dankbarkeit Holger gegenüber und auch eine Menge offener Fragen ließen die Tränen nur so über mein Gesicht laufen. Ich fuhr nach Hause. Als ich zur Tür hereinkam, dachte Karolina erst, es sei irgendwas ganz Schlimmes passiert. Ich brauchte bestimmt zehn Minuten, um ihr überhaupt erst mal zu erklären, was los ist. Ich erzählte ihr von meinen ganzen Ängsten, die auf einmal da waren. Ich wusste einfach nicht, wo ich anfangen sollte mit meinen Gedanken.

Am allermeisten Angst hatte ich vor den Auftritten. Wer würde mir zeigen, wie das funktioniert? Was würde ich dafür alles brauchen? Wie regle ich das mit den Aufträgen, die ich als Malerin bereits angenommen habe? Wo bekomme ich auf die schnelle eine gute Gitarre her? Was sagt man zu den Leuten, wenn man die Bühne betritt? Werden die mich auch so fertigmachen wie in den YouTube-Kommentaren? Wie soll ich einen Musik-Rechtsanwalt bezahlen? In meiner Vorstellung hatte ich schon eine Wahnsinnsrechnung von ihm im Briefkasten, nur weil ich einmal seine Hand geschüttelt hatte. Kann ich beide »Jobs« zeitgleich machen, ohne einen davon zu vernachlässigen?

Ich saß an unserem Küchentisch und heulte wie ein kleiner Schlosshund. Karolina nahm mich in den Arm, redete mir gut zu und tröstete mich. Irgendwann gingen wir völlig erledigt ins Bett mit der Hoffnung, dass am nächsten Tag das Gefühl etwas besser sein würde und ich eine Idee hätte, wie ich das alles machen kann.

Die immer lacht war mittlerweile in die Top 20 geklettert, und Holger rief mich an, um unser weiteres Vorgehen zu besprechen. Er sagte: »Die Trends sind so, dass der Song noch weiter klettern wird, und du solltest dich jetzt entscheiden, ob du auf die Bühne gehen möchtest oder nicht. Du kannst damit viel Geld verdienen – du musst halt nur wissen, was du willst. Du kannst auch einfach eine Studiosängerin bleiben, aber dann wirst du natürlich auch weniger Geld verdienen, weil du keine Auftritte hast, du wirst einen großen Teil, den du jetzt verdienen kannst, einfach nicht mitnehmen. Wir haben jetzt noch ein bisschen Zeit, aber wenn es klettern sollte, musst du dich schnell entscheiden. Ich will nur, dass du dir jetzt schon mal Gedanken darüber machst. Dass du dir das ganz genau überlegst, weil das sehr lebensverändernd sein kann.«

Auf Lebensveränderung hatte ich ehrlich gesagt nicht schon wieder Bock, ich war ja gerade erst wieder in ruhiges Fahrwasser gekommen und hatte meine Sachen geregelt, alles lief gut. Warum sollte ich jetzt schon wieder so einen Spagat wagen, und das auch noch mit Dingen, von denen ich überhaupt keine Ahnung hatte? Andererseits war meine Lust auf Abenteuer nicht zu bändigen, ich war einfach zu neugierig auf das, was mich erwartete. Außerdem sah ich die Chance, tatsächlich Geld damit zu verdienen und meine Familie zu versorgen. Ich erkannte das Potenzial, und ich müsste nur über meinen Schatten springen. Der Gedanke: Verbau dir diesen Weg jetzt nicht! stand über all den Fragezeichen, all der Angst.

Also mussten wir es angehen: Ich sagte Holger, dass er ein paar Auftritte klarmachen könne. »Mach aber bitte noch nicht so viele Termine«, bat ich ihn, »ich weiß noch nicht, wie das alles so läuft.« Holger sprach daraufhin mit Kontor, die sich um die ersten Auftritte kümmern wollten. Allerdings schwebte ihnen eher ein Doppelpack mit den Jungs von Stereoact vor, was für beide Lager aber eher nicht infrage kam. Ric und Rixx hatten schon ihre eigenen Auftritte gebucht, und für mich wäre es ein zu großer

Aufwand gewesen, für nur diesen einen Song zu ihren Auftritten anzureisen. Das hätte sich finanziell gar nicht gelohnt. Jedenfalls kam von Kontor nicht die gewünschte Unterstützung in Sachen Auftritte, und so nahm Holger erst mal die Sache in die Hand.

Ich weiß noch, wie wir nach Braunschweig zu einer Booking-Agentur fuhren, die Holger herausgesucht hatte und passend für mich schien. Die waren auch interessiert, und dann saßen wir mit den beiden Agenturchefs am Tisch, aber die pochten immer nur auf eines: »Ja, was ist denn mit Stereoact, ohne die wissen wir nicht genau, ob wir das machen wollen.« Aber wir hatten von vornherein gesagt, dass die keine Rolle spielen würden – entweder buchten sie Termine für Kerstin Ott allein oder eben nicht. Die Agenturchefs ließen sich das Ganze ein wenig offen und beteuerten, dass sie sich gut vorstellen könnten, mit uns zusammenzuarbeiten. Eine Woche später kam dann der Anruf, dass sie doch kein Interesse hatten, da war ich erst mal total niedergeschlagen. Ein paar Wochen später dürften sie sich sicherlich jeden Tag in den Arsch gebissen haben, weil wir auf einmal sehr viele Auftritte hatten und denen eine Menge Geld durch die Lappen gehen sollte. Die hatten gedacht, dass Stereoact durch die Decke gehen würde und nicht Kerstin Ott. Da hatten sie sich verzockt, und wir waren glücklich, dass wir das alles selbst in der Hand hatten.

Jedenfalls brauchte ich nun, bevor ich den ersten Auftritt machte, dringend eine gute Vorbereitung. Ich wusste ja nicht, wie man das macht, wie ich mich auf der Bühne bewegen musste. Ich brauchte unbedingt Bühnensicherheit. Also machten Holger und ich ab, dass wir vor dem allerersten offiziellen Auftritt eine Probe machen, und zwar bei uns in der Gegend. Holger kannte einen Discobesitzer aus Heide ganz gut, mit dem er auch ganz viel in seiner Musikzeit zusammengearbeitet hatte. Der bot uns an, seinen Laden für ein paar Tage für Proben zu mieten, und außerdem könnten wir am Ende dort den ersten offiziellen Auftritt im Rahmen einer Clubnacht stattfinden lassen. Bei der Disco handelte es sich um das Pahlazzo, jener Club, der zur Eiderlandhalle in

Pahlen gehörte, in dem ich vor Jahren bei dem Talentwettbewerb mitgemacht hatte und so kläglich gescheitert war. Erst heute wird mir bewusst, was für ein verrückter Kreis sich da geschlossen hat.

Wir beschlossen, dass wir noch einen Tourbegleiter brauchten, der mich zu den Auftritten begleitet und alles Organisatorische drum herum abwickelt, damit ich mich dann komplett auf den musikalischen Teil konzentrieren kann. Wir trafen uns mit Kevin, ein junger Mann Ende zwanzig, der schon diverse Erfahrungen als Discothekenbesitzer und Tourbegleiter gesammelt hatte. Ich fand ihn total sympathisch, und er hatte ein sehr ansteckendes Lachen, auch menschlich passten wir gut zusammen. Ich war auch ziemlich froh, dass er nun immer mit dabei sein würde, hatte er doch wenigstens schon den Blick für das, was da auf uns zukommen würde.

Das nächste Problem waren meine musikalischen Fähigkeiten. Zwar konnte ich Gitarre spielen, aber ich war nicht besonders begnadet, bin ich übrigens bis heute nicht. Das Ganze war durchaus Lagerfeuer-geeignet, vielleicht würde es für kleines Publikum reichen, aber es war von Anfang an klar, dass ich kein Carlos Santana bin. Allein das war ein weiterer Punkt, der mich verunsicherte. Es ging aber nichts ohne Gitarre, denn so hätte ich wenigstens etwas auf der Bühne, an dem ich mich festhalten könnte. Meine Gitarre hatte ich seit meiner Jugend, wie gesagt hatte ich sie damals von Mutti Voss bekommen, und es war auch meine einzige. Sie hatte natürlich jeden Umzug mitgemacht, auch in meiner Obdachlosenzeit war sie dabei, und sie hatte immer ihren Ehrenplatz, vor allem nachdem Mutti Voss gestorben war. Für die anstehenden professionellen Auftritte brauchte ich nun aber eine neue Gitarre, genauer gesagt eine mit Tonabnehmer, damit man sie auch übers Mischpult regeln konnte.

Wir überlegten uns, beim ersten Auftritt vier Lieder zu bringen, einmal die Radioversion von *Die immer lacht*, dann noch die Akustikversion sowie zwei weitere Songs, die ich mir irgendwie aus den Fingern schnipsen musste. Wir wählten zwei Coversongs, und zwar solche, die dann ohne Stimme vom Band kommen würden und ich dazu nur noch wie ein Vögelchen singen musste. Wir hatten ja noch keine anderen fertigen Songs, daher musste es so gehen.

Wieder ein paar Tage später fand also die allererste »Probe« im Pahlazzo statt, und das Chaos, das ich befürchtet hatte, sollte auch eintreten. Wir trafen uns dort um 10 Uhr morgens, und Rudi, so hieß der Besitzer der Diskothek, zeigte uns die Räumlichkeiten. Er stellte uns auch seinen Mitarbeiter zur Seite, der an diesem Tag die Tontechnik für uns erledigte. Ich holte meine Gitarre aus dem Koffer und stimmte erst mal die Saiten. Mikrofon, Gitarrenständer, Monitorboxen, eben alles, was ich brauchte, stand schon auf der Bühne bereit. Ich musste also nur noch lossingen. Ich nahm meine Gitarre, stöpselte sie ein, gab das Zeichen, dass es losgehen kann, und der Tontechniker startete das Lied. Karolina, Holger und Kevin standen vor der Bühne und schauten mir beim Singen zu. Ich fühlte mich superunwohl dabei, zog die Sache aber durch. Als ich fertig war, sah ich, dass mein kleines Publikum nicht besonders überzeugt von meinem Auftritt war. Kevin versuchte merklich, es in positive Worte zu fassen, und meinte, dass es meiner Performance noch ein bisschen an Leichtigkeit fehlen würde und ich etwas zu verkrampft rüberkäme. Ich dachte nur: Du Scherzkeks, was genau soll ich denn bitte anders machen? »Komm«, sagte er, »ich zeig dir mal was.« Er kam zu mir auf die Bühne, nahm das Mikrofon und machte einen auf Entertainer. »Haaaaallo Leute!!!!!«, schrie er wie ein Irrer ins Mikro, »seid ihr gut drauf???? Ich will alle Hände oben sehen!!!« Wie ein Flummi sprang Kevin von einer Ecke der Bühne in die andere, fuchtelte mit seinen Armen und tanzte zu meinem Lied, welches der Tontechniker nochmals angemacht hatte.

Ich hatte mich mittlerweile vor der Bühne platziert, erst amüsiert, dann in heller Aufregung, weil ich nun begriff, dass er so etwas auch von mir erwartete. Als dieser Groschen bei mir gefallen war, verließ ich den Raum und fing an zu heulen. Ich dachte nur: Das kann ich nicht machen. Ich mach mich hier doch nicht zum Clown! Das ist so riesig, ich kann das nicht, das ist mir alles so peinlich!

Kevin kam hinter mir her und versuchte, mich davon zu überzeugen, dass ich so etwas auch machen müsste. Aber eben auf meine Art und Weise. Allerdings schon mit etwas mehr Elan als vorhin. Er überredete mich, noch mal auf die Bühne zu gehen, dieses Mal mit ihm zusammen, um es zu probieren. Ich ging zurück auf die Bühne, um einen weiteren Versuch zu starten, und als die Musik begann, bekam ich keinen Ton heraus. Ich wusste nicht, wie ich das machen sollte. Also machte er es vor, und ich machte es ihm genauso nach. Es war allerdings sehr stockend, schüchtern und verhalten, aber wir haben trotzdem nach und nach alle Songs durchgesungen, um irgendwie annähernd mal einen Ablauf hinzubekommen. Irgendwann klappte es einigermaßen, fühlte sich aber total einstudiert an, und wohl war mir bei der Sache immer noch nicht.

Als der Tag rum war, mussten wir alle noch über meinen Stock im Po lachen. Jedoch versicherten mir alle Beteiligten, dass es im Laufe der Zeit besser werden und ich mich bestimmt schnell an diese neue Aufgabe gewöhnen würde. Wenn sie zu diesem Zeitpunkt gewusst hätten, wie falsch sie damit lagen! Erschwerend hinzu kam noch, dass zu dem Auftritt noch eine Autogrammstunde und ein anschließendes DJ-Set im Club anberaumt war. Wie bereits gesagt, hasste ich es, wenn ich eine Situation nicht im Griff habe, und unter dieser Autogrammstunde konnte ich mir nichts vorstellen. Auch was das DJ-Set anging, war mir unwohl. Ich war ja kein DJ im klassischen Sinne, sondern hatte in der Kneipe passende Songs aneinandergereiht. Das Problem war, dass ich dann einen DJ kennenlernte, bei dem ich mir noch ein paar Tipps abholen wollte, nur habe ich dann dummerweise gesehen, wie der auflegt, und das war ein Unterschied wie Tag und Nacht zu meinen DJ-Künsten. Das war die nächste riesige Unsicherheit, aber wir hatten diesen ersten Termin ja schon als

Auftritt mit DJ-Set verbucht. Ich dachte die ganze Zeit nur: Auf was habe ich mich da bloß eingelassen?

Wir probten weiter, und die nächsten Tage ging es mir einfach nur schlecht. Ich hatte richtig Bauchweh, wenn ich an den Auftritt dachte. Auch wenn es übertrieben klingt: Ich glaube, dass ich ganze sieben Tage am Stück Lampenfieber hatte. Aber wir taten alles, um den Auftritt so gut es ging zu perfektionieren, sodass ich diese vier Songs einigermaßen gut überstand. Ich wusste, alle meine Freunde würden da sein, ohne dass ich jemandem Bescheid gesagt hatte – denn die Medien hatten über den Auftritt berichtet, schließlich war *Die immer lacht* mittlerweile in den deutschen Top Ten. Die *Dithmarscher Landeszeitung* hatte einen Bericht über mich gebracht, und sogar RTL kam zu einem Interview ins Pahlazzo. Das war mein allererstes Fernsehinterview damals, was schon komisch war, da ich absolut keine Ahnung hatte, wie man so etwas machte. Ich hatte zwar schon ein Radiointerview geführt, und zwar mit R.SH, ein bekannter Sender bei uns im Norden. Mit denen hatte ich einen Interviewtermin, aber ich war gerade bei der Arbeit und strich ein Badezimmer. Ich weiß noch, wie ich auf der Leiter über dem Klo stand, in der einen Hand die Rolle, in der anderen das Telefon, und mein allererstes Interview gab. Meine Stimme überschlug sich die ganze Zeit, weil ich natürlich total aufgeregt war. In Pahlen hatte ich gar keine Zeit, mir Gedanken darüber zu machen, wie ich mich vor der Kamera geben sollte, weil an diesem besagten Tag des Auftritts alles auf mich eingeprasselt ist. Ich habe einfach nur funktioniert. Als ich mir das Interview später ansah, fand ich das ganz schrecklich, weil ich feststellte, dass ich mich überhaupt nicht gerne leiden mag vor der Fernsehkamera, vom Äußerlichen und vom Sprechen her, einfach das Gesamtpaket. Bei dem Interview von RTL freute ich mich zwar, dass es ausgestrahlt wurde, aber ich dachte auch, dass ich es mir in Zukunft klemmen werde, mir so was anzuschauen. Weil mir das eher schlechte Laune macht.

Und dann war es soweit. Der Auftritt in Pahlen stand kurz bevor. Ich war wie in Trance. Wieder die Eiderlandhalle, wieder ich allein vor Publikum. Ich machte die Augen zu, atmete tief ein und aus und sagte immer wieder in Gedanken zu mir: Kerstin, du schaffst das.

KAPITEL 12

ÜBER DEN EIGENEN SCHATTEN GESPRUNGEN

MIT EIN PAAR LEUTEN aus unserem Team sowie den engsten Freunden sitze ich in einem separaten Raum der Diskothek. Mir ist sehr danach, mich zu betrinken, ein halbe Flasche Wodka habe ich schon intus, der Alkohol scheint aber nicht zu wirken. Immer wieder starre ich aufgeregt auf die Uhr. Um 23 Uhr geht's los… Um kurz nach zehn sagt Holger mir, dass ich mich so langsam bereit machen solle. Ich stehe auf und gehe in die Künstlergarderobe, dort stimme ich noch mal die Gitarre. Karolina ist bei mir und tätschelt immer wieder meine Schulter, so als wolle sie mir sagen, dass sie an meiner Seite steht und alles gut wird. Ich gucke zur Uhr – zehn Minuten noch. Ich mache mich jetzt auf den Weg.

Ich stehe mit meiner Gitarre hinter der Bühne, die Bässe aus dem Club dröhnen in meinem Ohr. Sie sind jedoch nicht so laut wie mein Herzschlag, den ich wie ein Hämmern in meinem ganzen Körper spüre. In meinen Gedanken gehe ich noch mal alles durch. Wie mach ich das gleich auf der Bühne? Und wie um Himmels willen soll ich Gitarre spielen und singen, während mein ganzer Körper zittert wie Espenlaub? Ob die Leute das mitbekommen werden? Was sage ich, wenn ich auf der Bühne bin?

Worauf habe ich mich nur eingelassen? Ich kann es nicht fassen, dass ich mich dazu habe hinreißen lassen, mich gleich von der Bühne buhen zu lassen. Ich beschimpfe mich wüst in meinen Gedanken, während ich wie ein Löwe den kleinen Gang im Backstagebereich auf und ab laufe.

Im Club tut sich was. Ich höre, wie der DJ die Musik runterregelt, dann ertönt eine Art Trommelwirbel, der meinen Auftritt ankündigen soll. Mir wird schlecht... Jetzt, genau jetzt müsste ich auf die Toilette, mein Magen dreht sich. Ich stehe auf der kleinen Treppe hinter dem Vorhang und warte auf das abgemachte Zeichen... Ich höre den Ansager rufen: »Heute Abend bei uns zu Gast ... *KERSTIIIIN OTT!!!!*« Dann trete ich ins Scheinwerferlicht.

*

Das ist das Letzte, woran ich mich erinnern kann. Danach lief ein Film ab. Höchstwahrscheinlich lag das auch an der halben Flasche Wodka, die mir beim Überleben des Abends hatte helfen sollen. Auf einmal war mein Auftritt vorbei, ich hatte es irgendwie geschafft. Die Leute klatschten begeistert, und ich war völlig durchgeschwitzt, aber unendlich erleichtert. Niemand hatte gebuht, niemand hatte irgendetwas geschmissen. Ganz im Gegenteil. Während des Auftritts hatte ich Kevins Rat angenommen und mir drei Gesichter im Publikum ausgesucht, die besonders nett aussahen. An diesen Gesichtern hatte ich mich während der ganzen vier Lieder festgehalten. Das war ein Supertipp für mich, weil so nicht die ganze Masse auf mich einwirkte. Das hatte mir für diese 20 Minuten genügend Sicherheit gegeben.

Ich lief die ganze Zeit wie automatisch. Das war wohl eine Art Selbstschutz. Ich hatte mir vor dem Auftritt diese halbe Flasche Wodka reingezimmert, wovon ich aber nichts gemerkt hatte – ich hätte sie möglicherweise auch ganz auf Ex trinken können, ohne dass was passiert wäre. Aber nach dem Auftritt war ich richtig besoffen, als diese Aufregung weg war und alles von mir abfiel, war ich rotzevoll.

Direkt nach dem Auftritt führte man mich zu einer Absperrung, wo viele Leute für Autogramme anstanden. Das war auch wieder so ein skurriler Moment für mich: Ich fand es total merkwürdig, dass jemand eine Karte mit meinem Namen drauf haben wollte. Das war die Sache mit dem Personenkult, den ich schon als Kind nicht begriffen hatte. Das, was ich selbst nie verstanden hatte, passierte mir plötzlich. Und dieser Hype um meine Person war so irre, dass ich während dieser Autogrammstunde immer noch total unter Adrenalin stand. Als diese vorbei war, beschloss ich, das DJ-Set ganz links liegen zu lassen, was nicht so schlimm war, weil wir einen professionellen DJ gebucht hatten, mit dem ich zusammen hätte auflegen sollen. Er machte das nun allein, was die Leute auch nicht zu stören schien.

Ich ging direkt in die Künstlergarderobe, schloss die Tür hinter mir, und ich habe erst mal eine Viertelstunde lang nur auf einem Stuhl gesessen und vor mich hin gestarrt. In meinen Kopf ging nichts rein, da ging nichts raus, ich konnte einfach nicht mehr. Nicht weil ich niedergeschlagen oder völlig überwältigt war, sondern da war einfach eine komplette Leere. Der Auftritt war wie im Flug vergangen, aber in meinem Kopf hatten sich so viele Dinge gleichzeitig abgespielt – einerseits war da das Unbehagen, die Unruhe und Unsicherheit. Ich hatte ja auch Schiss gehabt, weil ich nicht genau wusste, wie die Leute auf mich reagieren würden. Es konnte ja auch sein, dass sie mit Tomaten werfen, du weißt einfach nicht, ob du freundlich oder nicht freundlich empfangen wirst. Andererseits war es auch ein gutes Gefühl zu sehen: Ich kann das, das ist alles gar nicht so wild wie gedacht. Die Gefühle, die man durchlebt in dieser kurzen Zeit, sind sehr extrem. Und nach dem Auftritt war ich einfach nur wie eine Hülle, innen komplett leer.

Ich war total erleichtert, dass ich das hinter mir hatte, wusste aber auch, dass ich in zwei Tagen schon den nächsten Auftritt haben würde, und von da an sollte es auch richtig rund gehen. Und ich wusste, an diese Gefühle, die ich jetzt in mir trug, musste ich mich erst einmal gewöhnen. Weil dieser ganze Zirkus für die nächste Zeit erst mal mein Dauerbegleiter sein würde. Ich musste mich daran gewöhnen, und zwar zackig, sonst würde ich Probleme bekommen. Ich wusste, dass ich meine Angst verdammt noch mal in den Griff kriegen musste. Diese Angst, das war für mich klar, durfte kein Dauerzustand werden. Und das in den Griff zu kriegen, sollte mich locker noch mal ein halbes Jahr lang beschäftigen.

Jedenfalls saß ich nun in meiner Garderobe, und nach und nach kamen meine Freunde zu mir. Holger nahm mich in den Arm und drückte mich ganz fest. Er sagte zu mir, dass er stolz auf mich und dass mein Auftritt super gewesen sei – auch wenn wir hier und da noch etwas nachjustieren müssten. Der Schweiß lief immer noch so an mir runter. Ich war wirklich nass bis auf die Unterhose. Wir umarmten uns alle und feierten, dass es nun geschafft war. Wir gingen in die Bar vom Pahlazzo, genau dorthin zurück, wo wir am Anfang des Abends schon gesessen hatten. Hier bemerkte ich auch erst, wie sehr ich einen sitzen hatte. Toll, dachte ich, die Wirkung des Alkohols wäre mir vor dem Auftritt lieber gewesen! Doch jetzt war es mir egal, und wir beschlossen, einen draufzumachen. Wir feierten bis in die Morgenstunden, waren ausgelassen und hatten superviel Spaß. Kevin neckte mich zwischendurch immer wieder mit so kleinen Sticheleien wie »Angsthase, Pfeffernase!«, oder er tat so, als würde er sich die Augen reiben, so als ob er weinen musste – in Anspielung an unsere Probe, wo ich heulend den Raum verlassen hatte. Ich musste so darüber lachen.

Irgendwann traten wir den Heimweg an, alle fertig und betrunken sowie sehr redselig, was auch dem Taxifahrer nicht verborgen blieb. Müde fielen Karolina und ich ins Bett. Mit der Gewissheit, dass wir übermorgen wieder starten würden, in ein neues Abenteuer.

Rund um den Auftritt in Pahlen begann für mich eine Zeit, die wie ein einziger Rausch war. Heute, zwei Jahre später, habe ich erst die Muße und Gelegenheit, die ganzen Erlebnisse Revue passieren zu lassen, nach und nach für mich abzuarbeiten und vor allem zu begreifen. *Die immer lacht* kletterte unaufhaltsam die Charts hoch und landete schließlich auf Platz 2, was für mich einfach nur total krass war. Es begann eine wilde Achterbahnfahrt mit Auftritten, Presseterminen und allem Pipapo, in einem rasanten Tempo. Das Besondere daran war, dass ich mit all den Besonderheiten des Musikbusiness nicht vertraut war, dass ich alles aus dem Stegreif lernen musste. Gerade am Anfang war das auch mal mit Frustration verbunden, wenn die Dinge nicht so liefen, wie man es sich wünschte.

Ich erinnere mich noch an meinen zweiten Auftritt, der fand in Österreich statt. Ich wusste nicht, was mich erwartete, ich wusste nur, dass ein großer Booker aus Österreich da sein würde, um sich den Auftritt anzugucken und dann eventuell weitere Auftritte zu buchen. Das war schon wieder eine große Unsicherheit für mich, und ich wusste auch, dass dieser Booker nicht ganz einfach war – mein österreichischer Tourbegleiter René kannte ihn schon von anderen beruflichen Begegnungen. Es war geplant, dass ich auf einem Berg in einer Skihütte im Rahmen einer Aprés-Ski-Party auftreten sollte. Ich war natürlich wieder total aufgeregt und kippte mir vor dem Auftritt ein paar Wodka Energie rein, die der Veranstalter uns spendiert hatte. Dann war es so weit, ich schnallte mir die Gitarre um und wurde von René zur Bühne geführt. Die war allerdings in einem ganz kleinen Zelt vor der Skihütte, der Wind pfiff nur so hindurch. Ich stimmte die Gitarre noch mal nach und fing mit *Die immer lacht* an. Mein erster Blick wanderte Richtung Publikum – da saßen gerade mal 40 Leute. Hatte der Veranstalter nicht vorher noch gesagt, dass er mit etwa 500 Leuten rechnete? Mir wurde leicht übel bei dem Gedanken, wie ich die nächsten 20 Minuten überstehen sollte. Hier merkte ich, wie schwer es ist, vor so einem kleinen Publikum aufzutreten. Bei einem großen Publikum kriegt man immer irgendwelche Leute dazu, mitzumachen, bei einem kleinen ist die Hemmschwelle deutlich größer.

Jedenfalls saß in ungefähr 20 Metern Entfernung der erste Zuschauer auf einer Bank. Es war eine alte Frau, die das ganze Lied hindurch ganz langsam und bedächtig winkte, ein wenig so wie die Queen von England. Von den 40 Leuten im Zelt drehten sich 25 gleich wieder um und widmeten sich wieder ihren Gesprächen am Tresen. Die andere Hälfte guckte mich verdutzt an oder sang einfach ganz andere Skihütten-Lieder. Ich wollte nur noch runter von dieser Bühne – oder wenigstens noch einen Wodka Energie. Ich sah zu Kevin rüber, der an eine Wand gelehnt zuschaute und mir mit einem Nicken sein Mitgefühl signalisierte. Endlich war es vorbei, ich verabschiedete mich mit einem kleinlauten »Danke« und ging flott von der Bühne. Später erfuhr ich, dass nur so wenig Leute da waren, weil man aufgrund der schwierigen Wetterlage nicht mehr mit der Gondel auf den Berg hatte fahren können. Ich hörte aber nur noch mit einem Ohr zu, weil ich nur noch das Bedürfnis hatte, mir ein Erdloch zu suchen.

Ich weiß noch, wie ich in meinem Hotelzimmer saß und geheult habe, ich rief Karolina an, die zu Hause geblieben war, und jammerte ihr die Ohren voll: »Ich kann das nicht, ich will das nicht, nur 40 Leute waren da, es war ganz schrecklich …« Abends im Hotel saßen wir alle noch gemütlich zusammen, aber ich hatte nur den Wunsch, mich zu betrinken. Am nächsten Tag ging es weiter zum nächsten Auftritt, eine Diskothek irgendwo im Nirgendwo. Als wir ankamen, ging die Tür auf, ein ungefähr 20-Jähriger trat heraus und stellte sich uns als Chef des Ladens vor – da gingen bei mir schon die ersten Alarmglocken an. Als wir den Laden betraten, klebten unsere Füße am Boden fest – offenbar war nach der letzten Clubnacht nicht sauber gemacht worden. Mein einziger Gedanke war: Bitte nicht noch so eine Katastrophe wie gestern, das halte ich nicht aus! Hätte ich geahnt, wie dieser Abend verlaufen sollte, wäre ich nach Hause getrampt oder gelaufen oder mit der Bahn abgehauen. Es war 1:30 Uhr in der Nacht. Wir saßen zwischen irgendwelchen Kisten in irgendeinem Raum ohne Fenster, hatten schlecht geputzte Gläser mit Lippenstift-Rand vor uns stehen und warteten auf den Startschuss. Wir rätselten die ganze Zeit darüber, warum der Haus-DJ nicht langsam mal eine andere Musikrichtung einschlug. Die ganze Zeit RnB und Hip-Hop als Warmmacher für meinen Auftritt? Das war ungewöhnlich.

Als ich mal für kleine Mädchen musste und aus unserer Künstlerhöhle rauskam, sah ich, dass alle jungen Leute im Club diese weiten Hosen anhatten, die auf halb acht hingen. Mich traf der Blitz, ich wusste schlagartig, dass wir hier nicht richtig waren. Das konnte nur eine Fehlbuchung vom Veranstalter sein. Als ich von der Toilette wiederkam, saß der Veranstalter bei uns im Raum und bestätigte, was ich vermutete: Es war eigentlich ein Hip-Hop-, Soul- und RnB-Laden, man hatte mich gebucht, um mal was Neues auszuprobieren.

Wie die anderen Male fing ich mit der Akustik-Version an. Der Laden war gut gefüllt, das Durchschnittsalter lag um die 18 Jahre. Als ich anfing, kehrte die erste Reihe mir prompt den Rücken zu und zeigte mir auf diese Weise, was sie von mir hielt. Diese kleinen Scheißer, dachte ich nur. Der Auftritt verlief also ähnlich mies wie am Tag zuvor. Mit dem Unterschied, dass meine Gitarre sich nicht ständig wegen der Kälte verstimmte.

Dann folgte noch die Autogrammstunde. Ich stand etwa fünf Minuten da und wartete auf irgendjemanden, der ein Autogramm wollte. Es kam niemand. Peinlicher ging es jetzt wirklich nicht mehr. Doch auf einmal stand jemand vor mir. Eine Toilettenfrau, die sich aufrichtig freute, mich zu treffen, sie hatte damit auch meinen Abend gerettet.

Nach diesen Auftritten war ich eigentlich fest davon überzeugt, so nicht weitermachen zu wollen. Diese Erlebnisse und meine Bühnenangst machten mich einfach komplett fertig. Als ich zu jener Zeit zur Bank ging, um etwas Geld abzuheben, sah ich, dass einer der Veranstalter meine Gage überwiesen hatte – es waren mehrere Tausend Euro. Ich war so geschockt, dass ich meine Bankkarte rauszog und vergaß, Geld zu holen. Für mich war das unbegreiflich, so viel Geld für 20 Minuten Auftritt zu bekommen. Mir war klar, da geht noch einiges ab, zum Beispiel Steuern oder Provision, trotzdem war das richtig viel Geld. Als Malerin hätte ich für diese Summe mehrere Wochen hart ranklotzen müssen. Mir dämmerte, dass, wenn ich mich irgendwie zusammenreißen kann, ich viel Geld verdienen könnte und mich nicht mehr auf dem Bau krumm machen müsste. Ich würde vornehmlich an Wochenenden Auftritte haben und könnte mir meine Freizeit so einteilen, wie ich es wollte, und meine Familie könnte ich damit auch versorgen. Das war genug Motivation, mir die ganze Sache noch einmal anders zu überlegen. Ich wusste, ich will die Auftritte nicht machen, ich werde sie aber machen. Diese Chance würde ich auf jeden Fall wahrnehmen.

Als der erste Auftritt in Pahlen anstand, hatte ich noch einen großen Auftrag als Malerin, und den habe ich abgeschlossen. Ich wusste, beides zusammen geht nicht, und ich habe zu meinen Kunden damals gesagt: »Ich werde für die nächsten zwei Monate keine Aufträge mehr annehmen, weil ich erst mal gucken muss, wie das alles läuft. Ich kann nicht beides machen.« Ich wusste, dass ich eine klare Kante schaffen musste, weil ich diese Doppelbelastung auf keinen Fall aushalten würde, und weil ich auch gemerkt habe, dass das Musikalische nicht mehr als Hobby zu betrachten war, dass ich es nur gut machen konnte, wenn ich meinen Fokus jetzt komplett darauf lege. Und auch wenn ich mich nicht 100% auf meinen handwerklichen Job konzentrierte, würde das in die Hose gehen. Das hatte ich ja auch schon ein oder zwei Mal erlebt, wie das läuft, wenn ich nur halb da bin. Ich wollte mir meinen Ruf einfach nicht noch einmal verscherzen, und ich wusste einfach, dass es so nicht gehen kann.

Jedenfalls habe ich mir geschworen, die ganze Sache mit den Auftritten nicht mehr ganz so dramatisch zu sehen. Es gibt manchmal einfach Momente im Leben, da läuft einiges schief. Warum sollte es mir auf der Bühne anders gehen? In jedem Job warten Aufgaben auf einen, die Zeitweise auch mal überfordern können. Das gehört nun mal dazu. Wachsen tut manchmal weh. Und manchmal bringt es einen genau diesen einen Schritt weiter. Ich war mir sicher, mein Bestes gegeben zu haben für diesen Abend, und beim nächsten Auftritt versuche ich genau dasselbe. Mit wieder ein bisschen mehr Erfahrung. »Mühsam ernährt sich das Eichhörnchen« war ein Spruch, den ich nun aus einem neuen Blickwinkel betrachten konnte.

Ich stellte mich also der Aufgabe und zog das Ganze knallhart durch. In den ersten drei Monaten war es jedoch so, dass ich vor jedem Auftritt erst mal richtig gebechert habe, weil meine Angst übermäßig war. Wir waren weiterhin viel in Österreich unterwegs, weil die mit dem Booking damals schneller gewesen waren als beispielsweise die Deutschen, aber als *Die immer lacht* so durch die Decke ging, mussten wir den Österreichern sagen: »Sorry, wir müssen jetzt erst mal unser Heimatland abarbeiten.« Aber auch in Deutschland wurde es nicht besser, ich habe vor jedem Auftritt gezittert, ich hatte so viel Angst, weil das eben überall so war, dass man nie weiß, was einen erwartet. Und ich hasse es sowieso, Sachen zu machen, bei denen ich nicht weiß, was mich erwartet.

Die ersten Auftritte waren dementsprechend schwierig, weil ich superverhalten war, superschüchtern, superängstlich. Die Menschen haben das natürlich auch wahrgenommen. Ich kann nur von Glück sagen, dass mir das durchweg positiv ausgelegt wurde. Dass es für das Publikum trotzdem eine Art Sympathie herübergebracht hat. Die erkannten, dass dies keine Arroganz war, was ich da gerade zeigte, oder keine Null-Bock-Einstellung, sondern dass ich einfach schüchtern war.

Die Leute konnten einfach diesen Anfang miterleben, wie ich gestartet bin, und vielleicht war das auch mein Vorteil, dass sie von Anfang an gesehen haben, wie ich gewachsen bin. Und ich habe es auch immer ehrlich ausgesprochen – wenn ich gerade auf der Bühne war und mich unsicher gefühlt habe, habe ich einfach irgendwann gesagt: »Es tut mir leid, wenn ich hier nicht so viel sprechen kann, aber manchmal versagt mir einfach das Wort, weil ich aufgeregt bin.« Was da gerade passierte, konnten die Leute verstehen, und es gab dann teilweise tosenden Applaus, weil sie sich vorstellen konnten, wie schwer das ist. Sie konnten sich vorstellen, wie das für sie sein würde, wenn sie selbst auf diese Bühne müssten. Das war offenbar das Gefühl, das ich transportiert habe. Und die Leute haben mich als zurückhaltend und schüchtern gesehen, für die Leute hatte das sicherlich eine gewisse Glaubwürdigkeit. Dadurch entstand sicherlich auch das Bild der bodenständigen Sängerin Kerstin Ott.

Ich glaube auch, dass ich in diesem Bereich oder in diesem Lebensabschnitt keinen Hehl daraus gemacht habe, wie es mir gerade geht. Ich habe nie versucht, ein Popstar zu sein, ich habe auch nie versucht, eine Fassade aufzubauen und so zu tun, als würde ich gerade sicher sein. Dieses Spiel habe ich von Anfang an nicht gespielt, weil ich wusste, dass ich daran zerbrechen würde, und ich habe es auch nicht aus Nächstenliebe getan, sondern aus Selbstschutz. Weil ich wusste, ich kann hier nur mit Ehrlichkeit weiterkommen. Wenn ich irgendetwas aufbaue, das nicht echt ist, oder auf einmal einen Moonwalk auf der Bühne hinlege, den ich eigentlich gar nicht kann und jetzt extra für diesen Anlass gelernt habe, oder generell alles komplett auswendig lerne, was ich auf der Bühne sage, dann werden die Leute das merken, dann wird mir das Ganze um die Ohren fliegen. Dann werden die Leute auch keinen Bezug dazu haben. Die hätten gemerkt, dass ich eine Rolle spiele, und ich glaube, dass diese Offenheit – ich habe mich ja quasi nackig gemacht vor den Leuten – dafür gesorgt hat, dass ich weiterhin erfolgreich bin. Dass ich nicht zu einer Eintagsfliege geworden bin.

Zu der Zeit war es so, dass dies alles Früchte zu tragen begann. Durch meinen offenen Umgang mit meiner Bühnenangst und Unerfahrenheit wurden die Auftritte immer einfacher für mich, und auch die Öffentlichkeit schien sich zunehmend für die Person Kerstin Ott zu interessieren, nach dem Motto: Was hat sie außer den Hit *Die immer lacht* noch zu bieten? So gab es immer mehr Interesse von großen Plattenfirmen, die plötzlich mit mir einen Vertrag wollten. Das kam nicht nur aufgrund dieser einen erfolgreichen Hitsingle, sondern aufgrund des Andersseins. Der Antiheld, der Anti-Popstar. Eine von uns. Die hat es geschafft, aber im Grunde könnte sie auch neben mir im Publikum stehen. Wie gesagt, das war keine von mir kalkulierte Vorgehensweise, um mich zu vermarkten oder so, sondern das wuchs ganz von allein, aus Unwissen, den Fehlstarts, dem Dazulernen und dem Sich-den-Gegebenheiten-Anpassen.

Mein Weg war also noch nicht zu Ende. Holger sammelte alle Angebote der Plattenfirmen, und dann setzten wir uns zusammen und schauten, wohin uns diese Reise bringen würde.

KAPITEL 13

DAS LEBEN IN DER ÖFFENTLICHKEIT

ICH WEISS NICHT, wo ich heute wäre, wenn Holger mich nicht unter seine Fittiche genommen hätte. Er ist eine tragende Säule in dem ganzen Geschehen, ohne Holger wäre ich definitiv nicht diesen Weg gegangen. Er hat die ganzen wichtigen Weichen gestellt. Er war es, der mir dazu geraten hatte, Auftritte zu machen und die ganze Sache mit der Musik überhaupt erst auszubauen. Er hatte mir auch geraten, mich von Stereoact zu lösen, da sie musikalisch eher ein anderes Genre bedienen würden. Aus heutiger Sicht war es der einzig vernünftige Weg, um meinen Status als Solokünstlerin auszubauen. Und er war es auch, der mich in Sachen Plattenlabel beriet und letztendlich den Deal mit Universal, einer der größten Plattenfirmen weltweit, klarmachte.

Zuerst war er nur beratend tätig gewesen und hatte mir einige Auftritte verschafft, aber er war immer sehr umsichtig und schaute genau, wo er mich hinvermittelt – was sind das für Diskotheken, was sind das für Auftritte? Seine Aufgaben wuchsen jedoch Schritt für Schritt, sodass er irgendwann komplett als mein Manager fungierte. Mit Karolina zusammen bildeten wir das Grundteam, und auf beide kann ich mich hundertprozentig verlassen.

Wir drei waren von Anfang an wie eineiige Zwillinge, wir hingen ständig nur zusammen, weil es ja auch viele Sachen gab, von denen weder ich noch Karolina Ahnung hatten. Holger sagte dann meistens nur: »Passt auf, so ist der Ablauf, so macht ihr das, wenn das und das gefragt ist, macht ihr das und das.« Holger ist ein totaler Sicherheitsmensch, da sind wir uns sehr ähnlich. Wenn er mir etwas Wichtiges sagt, wiederholt er das meistens noch zwei bis 200 Mal, was mich dann immer etwas irre macht – ich sage dann immer etwas genervt: »Ja-ha, einmal reicht, ich verstehe das! Du brauchst es nicht zu wiederholen.« Heute ist es ein Running Gag zwischen uns, weil er in dem Moment selbst weiß, dass er mir alles drei Mal erzählt. Ich grinse ihn dann nur noch an, weil ich weiß, er kann nicht anders, er muss sein Sicherheitskonzept durchziehen, und wie gesagt, letztendlich bin ich da nicht so anders als er. Von daher ist es auch absolut in Ordnung.

Jedenfalls investierte Holger viel Zeit und Mühe, mich in das Business einzuführen. Zum Beispiel sprachen wir typische Interviewmomente durch – was man sagt, was man nicht sagt, wo man aufpassen muss, weil nicht alle es gut mit einem meinen werden, und wo Fettnäpfchen lauern. Auch die Bühnenauftritte mussten geregelt und geprobt werden, woran Holger natürlich maßgeblich beteiligt war. Kevin hatte damals eigentlich eher den ausführenden Part, er hatte sich immer mit Holger abgesprochen. Diese Aufteilung war auch sehr gut, denn gerade in stressigen Phasen vertrage ich es gar nicht gut, wenn immer alle auf mich einquatschen. Das Problem war, dass das alles zeitlich sehr eng war und wir schnell ein Programm auf die Bühne stellen mussten, das auf Anhieb klappen musste. Wenn man dann an einem Tisch sitzt und sechs Personen reden auf einen ein, ist das sehr belastend, und ich habe mich zudem auch noch wie ein kleines Würmchen gefühlt, weil ich natürlich wie ein Lehrling war – ich hatte keinen Plan von der ganzen Sache und musste erst mal alles glauben, was man mir erzählte. Und wenn viele verschiedene Personen dir etwas erzählen, kannst du es irgendwann nicht mehr sortieren. Das war bei mir relativ schnell der Fall, und ich war einfach überfordert.

So haben wir abgemacht, dass nicht immer alles von allen möglichen Seiten kommen darf, sondern bitte immer nur gebündelt von einem. Das hat mein Team dann unter sich ausgemacht, und es lief so toll, dass ich davon gar nicht so viel mitbekam. Sie versuchten, so viel wie möglich von mir fernzuhalten, und alles, was ich lernen musste, kam durch bestimmte Kanäle. Karolina hat mit mir zusammen gelernt, wir haben es zusammen von null aufgezogen, was gut war, weil wir schon gleich gewisse Aufgaben ein bisschen aufteilen konnten. Es hatte sich auch sehr schnell abgezeichnet, dass wir das aufteilen müssen, weil es für mich allein nicht zu bewältigen war. Anfangs teilten Kevin und ich uns noch das Erledigen der Rechnungen und Verträge, im Prinzip also alles das, was ich als selbstständige Malerin schon immer hatte machen müssen. Irgendwann war es aber zeitlich einfach nicht mehr machbar, da hat Karolina das Ganze übernommen, auch weil Kevin unser Team verließ. Gott sei Dank war sie bei den meisten Auftritten dabei gewesen und hatte sich von Kevin immer zeigen lassen, wie das Ganze funktioniert, einfach auch um unabhängig zu bleiben. Das hat sich wirklich als Sechser im Lotto herausgestellt, weil er von heute auf morgen weg war und wir dann angefangen haben, die Auftritte alleine zu meistern.

Holger hatte nach wie vor noch seine anderen Dinge am Laufen, und so fing Karolina an, sich um diesen ganzen Bürokram zu kümmern. Ich mache den kreativen Teil, sie macht den organisatorischen Teil, und Holger macht das große Ganze. Er gibt uns Rückmeldung, Karolina gibt mir Rückmeldung und leitet die letzten Dinge weiter, die ich wissen muss, und so ist die Kette voll am Laufen. Vom Ablauf her hat jeder viel zu tun, aber es ist halt so schön aufgeteilt, dass man wirklich sagen kann, keiner hat zu viel an der Backe. Jeder ist in seinem Bereich und hat die Chance, das Beste rauszuholen. Wenn ich mich jetzt noch um den ganzen Kram drumherum kümmern müsste, dann wäre ich beim Auftritt schon platt, und wenn Karolina jetzt noch Aufgaben von mir mit übernehmen sollte – was natürlich schwer ist, sie kann ja nicht auf die Bühne gehen –, oder Holger müsste für Karolina mitdenken, dann wird es irgendwann schwierig, und man kommt nicht mehr vom Fleck. So haben wir uns entschieden, nicht noch jemanden einzustellen, als Fahrer oder für die Bookings, das liegt alles in unserer Hand und wird von unserem kleinen Dreierteam gewuppt. Die Wege bleiben sehr kurz, wenn eine wichtige E-Mail kommt, weiß jeder, wer die beantworten muss, und da gehen die Antworten auch schnell hin und her. Das ist für alle Beteiligten um uns herum, die mit uns zusammenarbeiten, einfach schöner.

Nachdem *Die immer lacht* durch die Decke gegangen war, mussten wir uns Gedanken machen, wie wir weiter vorgehen wollten. Wir waren relativ lang ohne Majordeal herumgefahren, aber auch mit Absicht, da Holger wusste, dass, wenn wir jetzt einen Schnellschuss starten, es sein könnte, dass wir uns unter Wert verkaufen. Wir überlegten uns, erst mal abzuwarten und ein paar Songs vorzubereiten. Holger brachte den Produzenten Thorsten Brötzmann ins Spiel, der unter anderem Hits wie *Daylight in Your Eyes* von den No Angels oder *Ein Stern, der deinen Namen trägt* von DJ Ötzi sowie das jüngste Album von Helene Fischer produziert hatte. Er war ein sehr namhafter Mann, der in Husum ein Studio hatte, und von dem Holger sich vorstellen konnte, dass es musikalisch gut passen könnte. Thorsten ist ein netter Mensch, und Holger wusste, dass ich jemanden brauche, mit dem ich mich verstehe, sonst würde das nicht harmonieren. Wir trafen uns also und lernten uns kennen, und ich hatte gleich ein gutes Gefühl. Holger wollte gerne, dass wir fünf oder sechs Lieder fertig haben, die wir den Plattenfirmen präsentieren konnten, damit die sich ein Bild machen können, welches Potenzial nach *Die immer lacht* in der ganzen Sache steckte. Und das haben wir erst mal in Gang gebracht.

Damals kamen schon die ersten Anfragen von Marktgrößen wie Sony, Warner oder eben Universal, aber Holger sagte erst mal:

»Halt, wir machen erst mal unser Ding fertig, und wenn wir unser Paket für uns geschnürt haben, kommen wir auf euch zurück.« Als wir die ersten Songs im Kasten hatten, machte Holger dann zwei Tage in Berlin klar, wo die ganzen Plattenfirmen saßen, und wir klapperten alle großen Firmen ab und hörten uns deren Angebote an, was natürlich eine herausragende Ausgangsposition für uns war, weil die untereinander natürlich wussten: Aha, die Konkurrenz hat ebenfalls Interesse. Holger sagte immer, das sei wie beim Fußball – wenn du als Stürmer gerade triffst, dann bist du auf diesem hohen Level, wo du auch anders verhandeln kannst. Dadurch, dass wir ein bisschen gewartet hatten und es sich abzeichnete, dass meine Fanbasis eher größer als kleiner wurde, war unsere Verhandlungsposition also außerordentlich gut.

Zwischendurch hatte Holger mir noch jenen Rechtsanwalt an die Seite gestellt, mit dem er selbst schon seit 20 Jahren zusammenarbeite, der ebenfalls ein Supertyp ist, mit dem verstehe ich mich wirklich blendend. Das war also alles auf sehr festem Grund gebaut, was für die Außenwirkung natürlich gut und auch für uns im inneren Kreis beruhigend war. Wir hatten Zeit, mussten keinen Schnellschuss machen, alles ging in Ruhe seine Wege. Es sah so aus, dass es nach dem großen Hit weitergehen sollte. Es gab offenbar Interesse an Kerstin Ott, also machten wir diese neuen Songs, um damit hausieren zu gehen.

Die immer lacht war ein Riesending gewesen, und ich wusste auch, dass es ein guter Aufhänger war – mit diesem Lied hätten wir zwei Jahre lang locker durch jede Diskothek dieser Republik tingeln und davon leben können. Aber wir waren neugierig und wollten erst mal gucken, ob die anderen Songs weiterhin angenommen werden oder ob es ein One-Hit-Wonder bleibt.

Das Gute war, dass das Risiko für mich relativ überschaubar blieb. Ich sagte mir: Okay, ich weiß ungefähr, wann ich abspringen muss, wenn es sich vielleicht nicht mehr lohnt, und habe dann immer noch meine Selbstständigkeit als Malerin. Das war für mich ganz wichtig, denn da hing ja mittlerweile eine ganze

Familie dran – Karolina, die Kinder, unsere Hunde und ich. Ich hatte mich also für diesen Weg entschieden, und dann ist das erste Album irgendwann in die Entstehung gegangen.

Wir unterschrieben schließlich bei Universal, weil uns deren Gesamtpaket am besten erschien, und auch in der Außenwirkung war es gut – wenn man bei Universal unterschrieben hat, ist das wie die Champions League. Das war für mich noch mal wichtig zu wissen: Okay, das ist eine der größten Firmen der Welt, wenn nicht sogar die größte. Die haben die Mittel, um das Ganze weit zu streuen, um Werbung zu machen. Von daher war das damals auch der richtige Weg, dort zu unterschreiben.

Für das Album entschlossen wir uns, einen professionellen Songwriter an Bord zu nehmen. Das ein oder andere Lied hatte ich noch in der Schublade, zum Beispiel *Kleine Rakete* oder *Der Blick in deine Augen*, ebenfalls ein sehr altes Lied. Ich hatte mich ja mit Thorsten Brötzmann getroffen, und der sagte: »Weißt du was, Kerstin, du hast so coole Ideen, und ich kenne einen jungen Mann, der vorhandene Ideen sehr gut zu einem richtigen Lied machen kann. Wenn du eine Strophe oder einen Refrain hast und damit nicht weiterkommst, können wir zusammen als Dreiergespann dieses Lied fertig machen.« Wenn man jetzt 14 Lieder allein in einem Rutsch schreiben soll, dann dauert das natürlich so seine Zeit, und wir wollten mit dem Album möglichst schnell fertig werden. So kam es dann, dass Lukas Hainer als Songschreiber dazukam.

Wir nahmen also meine Ideen und machten fertige Songs daraus. Dieses Dreierteam aus Thorsten Brötzmann, Lukas Hainer und mir funktioniert auch nach wie vor, beim zweiten Album sollten wir es genauso machen. Ich bin sehr dankbar, dass ich Lukas habe, weil er als Texter einfach unglaublich gut ist. Er benutzt einfach mal ein anderes Wort, das ich vielleicht nicht nehmen würde, was ich dann letztendlich aber schöner finde, weil es runder klingt. Manchmal schreibe ich ein bisschen eckig und kantig, und er bringt das dann in eine schöne Linie.

Wir arbeiteten in Thorstens Studio in Husum, der, während Lukas und ich an den Texten schrieben, schon irgendwelche Melodien auf seinem Keyboard ausprobierte. So konnten wir uns gleich absprechen: »Kerstin, gefällt dir das?« »Ja, gefällt mir gut.« Lukas: »Ja, gefällt mir auch gut.« Und so entstand immer gleich ein Song im Ganzen, mit Melodie und Text.

Es wurde relativ schnell klar, dass der Song *Scheissmelodie* die zweite Single werden sollte. Meine Idee mit dem Wort »Scheißmelodie« fand ich ziemlich gut, weil da eben diese Doppeldeutigkeit drinsteckte: Parodiert sie jetzt ihren großen Hit, den mit der Scheißmelodie? Das fand ich sehr witzig. Außerdem fand ich es immer gut, mit einem Titel vielleicht ein bisschen zu schocken, auch wenn bei dem Lied selbst wieder was ganz anderes herauskam – so ein bisschen mit Augenzwinkern, aber vielleicht auch mal ernste Themen besprechen, die durch einen lustigen Titel vielleicht etwas sanfter verpackt sind. Oder eben andersherum. Wir schrieben auch Lieder, bei denen es inhaltlich mal ein bisschen härter zur Sache ging, denn ich finde es wichtig, dass ein Song einen Inhalt hat. Ich könnte jetzt nicht von roten Rosen, herrlich hohen Bergen oder blauem Himmel singen, das wäre mir viel zu langweilig. Ich merke das auch bei meinen Zuhörern, dass sie es bei mir sehr genießen, dass die Texte Hand und Fuß haben, trotzdem mitsingbar und tanzbar sind und eine gewisse Leichtigkeit behalten.

In den Gesprächen mit Universal kam schon bald die Frage auf, wo wir mich als Künstlerin platzieren wollen. Weder das Label, noch mein Produzent oder die Medien wussten offenbar, wo sie mich einordnen sollten: War es Schlager oder war es Deutschpop? Als Schlagersängerin habe ich mich eigentlich nicht gesehen. Es war zwar deutsche Musik, aber klassischer Schlager war es nicht, Elektro oder House schon gar nicht, und auch kein Pop. Es war von allem etwas, aber nie so ganz. Wir besprachen mit Universal, dass die Schlagerbranche für uns vielleicht gar nicht verkehrt war, weil mein Publikum breit gefächert und meine Musik eher für

Leute ab 30 aufwärts war. Da passte die Schlagerecke besser als alle anderen Genres, einfach auch, um mich besser platzieren zu können. Für mich war es aber überhaupt kein Problem, auch nicht, mir mit anderen Schlagerkollegen die Bühne zu teilen. Ich fand das schön und konnte mir meinen Platz auf so einer Bühne sehr gut vorstellen. Ich habe es mehr oder weniger einfach laufen lassen, mein Platz in der Branche kam ja sehr viel durch *Die immer lacht*, das auf Aprés-Ski-Partys und auf dem Ballermann gespielt wurde. Das Komische war ja, dass der Text eigentlich recht traurig ist, aber auf diesen Partys wurde es tierisch abgefeiert. Solche Sachen kann man nicht steuern, so etwas passiert von allein, und genauso sah ich es auch in Sachen Schlager. Warum soll ich mich dagegen wehren, lass die Sache laufen, die gut läuft, und sei froh darüber, dass es so ist. Ich glaube, dass es vergeudete Energie ist, zu sagen: Nein, ich möchte nicht Aprés-Ski sein. Es verselbstständigt sich einfach, ich komme damit klar, ich bin dankbar dafür.

Die Schlagerbranche wird ja gern belächelt, obwohl sie einer der größten Musikzweige ist. Das Genre wurde auch schon für tot erklärt, und momentan erlebt es eine der erfolgreichsten Phasen aller Zeiten, allein durch Künstler wie Helene Fischer und Andrea Berg. Für mich ist Schlager einfach deutschsprachige Musik, und ich finde es toll, dass die endlich mal wieder in Gang gekommen ist, weil sie ganz lange Zeit im Radio nicht zu hören war. Deutsch ist eine schöne, vielseitige Sprache, in der man ganz wunderbar singen und viele Dinge ausdrücken kann. Das scheinen einige Sänger wiederentdeckt zu haben, und man merkt es halt, dass es heute wieder sehr stark zugenommen hat, und das finde ich sehr schön. Man sieht auch, dass viele Künstler mit auf diesen Zug aufspringen wollen, dass sie jetzt wieder deutsche Musik machen wollen. Ich glaube, dass Helene Fischer da einen großen Teil zu beigetragen hat, sie hat das Ganze ein wenig entstaubt. Auch Beatrice Egli hat ihren Teil dazu beigetragen oder Maite Kelly, das sind alles moderne Frauen, die der Branche frischen Wind geben.

Wir arbeiteten also weiter an meinem ersten Album. Das Gute war, dass Lukas in Flensburg wohnte, also nur eine Stunde Autofahrt entfernt, und wir waren nicht gezwungen, den ganzen Tag zusammenzuhocken, sondern konnten uns immer wieder mal treffen, weil Husum für jeden von uns eine relativ kurze Anreise bedeutete. Das hat sich heute ein wenig geändert, weil Lukas wieder nach Bayern gezogen ist, aber die Studioarbeit an sich ist gleich geblieben.

Wir trafen uns meistens morgens um 10 Uhr und setzten uns erst mal bei einem Kaffee zusammen, um zu besprechen, was für Ideen wir haben: Wo wollen wir weitermachen, wo sind Ansätze, was wäre gut zu besprechen in einem Lied, was könnte für die Leute interessant sein oder was ist im eigenen Leben gerade interessant. So fing jeder für sich auf einem Zettel oder auf dem Laptop an, eine Textidee zu einem unserer gesammelten Schlagwörter zu schreiben, so wie bei *Scheissmelodie*. Diese Schlagwörter bringe ich meistens mit, wie zum Beispiel auch der Titel zum zweiten Album, *Mut zur Katastrophe*. Ich komme mit so einer Idee an, und drumherum wird praktisch ein Text gebaut, was dann jeder für sich an diesem Tisch macht. Thorsten wurschtelte derweil schon mit seinem Keyboard herum und suchte passende Melodien. Dann trugen wir die besten Ideen zusammen, und im Idealfall entstand daraus ein Lied.

Meistens saßen wir dann für vier Stunden zusammen, das ist dann der Punkt, wo die Kurve nach unten geht, die Kreativität so ein bisschen nachlässt. Manchmal schreibst du innerhalb kurzer Zeit wirklich ein Lied fertig, manchmal geht das auch über mehrere Instanzen, weil die Muse bei dir sein muss. Ich habe das schon oft genug erlebt, dass wir vor weißen Blättern gesessen haben und nicht so richtig was dabei rausgekommen ist, oder dass das, was man aufgeschrieben hat, nicht das war, was man eigentlich erzählen wollte. Manchmal klappt das einfach nicht so flüssig. Das Schöne ist dann, einfach sagen zu können: »Okay, machen wir beim nächsten Mal noch mal neu und besser. Und jetzt macht wieder jeder seins, heute ist unsere Muse gerade nicht anwesend.«

Das klappt bei uns, weil wir ein kleines Team sind. Es gibt ja auch ganz andere Möglichkeiten, zum Beispiel sogenannte Schreibcamps, wo für einen Künstler Songs erarbeitet werden. Diese Arbeitsweise hatten wir für mich auch ausprobiert, allerdings war das nicht wirklich früchtetragend. Da gab es vier Gruppen à vier Leute, und ich hatte die Aufgabe, jeder Gruppe eine Idee zu sagen, dann legten die los. Ich musste dann immer von Raum zu Raum gehen und denen sagen, ob das meine Sprache war oder nicht. Das habe ich zwei Tage lang gemacht, danach war ich völlig gerädert, und dabei rausgekommen ist auch nichts. Diese Art des Schreibens liegt mir nicht, ich kann schlecht jemandem erklären, wie meine Sprache ist, ich muss das schon wirklich selbst machen oder jemanden wie Lukas haben, der sich genau vorstellen kann, wie ich das erzählen würde.

Das können Leute, die mich nicht kennen, so gar nicht, die können sich ein bisschen bei Wikipedia über mich schlau machen, was ich bisher gemacht habe. Aber meinen eigentlichen Charakter, oder wie ich etwas darstellen würde, wird dann schon etwas schwieriger zu treffen, das ist dann eher ein Zufallsprodukt. In dem Schreibcamp war es so, dass die Autoren teilweise von ihren eigenen Texten so sehr überzeugt waren, dass es mir schwerfiel zu sagen: »Nein, das ist leider nicht meine Sprache.« Klar, da steckt viel Egokram mit drin, jeder will natürlich brillieren, und natürlich gibt jeder auch wirklich sein Bestes – aber es ist eben sein Bestes, und nicht meins.

Von daher bin ich sehr dankbar, dass ich mein kleines Team um mich herum habe. Das mit dem Camp hatten wir auch nur gemacht, um es mal auszuprobieren, vielleicht um noch mal frischen Wind reinzubekommen. Aber im Grunde mag ich immer gern Altbewährtes, ich mag es, wenn ein Team gleich bleibt und nicht ständig neue Leute auftauchen. Das sollte ich auch bei den Musikvideodrehs merken – es ist sehr schön, wenn man auf die gleichen Leute trifft und weiß, dass man sich auf die verlassen kann. Das ist etwas, was ich sehr brauche und schätze und was natürlich auch mit meiner Vergangenheit zu tun hat.

Zu unserer Schreibsession in Husum hatte ich Songs aus meinem alten Repertoire mitgebracht, also jene Songs, die zu Hause in der Schublade überlebt hatten. Die sind dann auch teilweise aufs Album gekommen, natürlich wurde noch ein bisschen daran geschraubt und verfeinert. Mit 15 oder 16 hatte ich eben eine andere Sprache, als ich heute habe, ich bin mittlerweile mehr als doppelt so alt. Da gibt es für mich Wörter, die ich heute so nicht mehr benutzen würde. So was wie »Verdammte Scheißwelt«, das war früher die Sprache einer 16-Jährigen, da geht man dann noch mal an das Lied ran und guckt, wie man den Text entsprechend ändern kann. Die Melodien blieben aber meistens so, wie ich sie damals erschaffen hatte – das wäre auch schwierig, eine neue Melodie auf ein altes Lied zu komponieren, weil ich es immer mit dem alten Lied oder mit der alten Melodie verbinden würde.

Nicht alle Songs, die wir in dieser Zeit fertig machten, schafften es aufs reguläre Album. *Kleine Rakete* war zum Beispiel ein Titel, den ich nach der Veröffentlichung von *Die immer lacht* geschrieben hatte. Damals stand die Überlegung an, vielleicht noch mal einen Song mit Stereoact zu machen, die fragten nach einem neuen Lied, das sie zu einem Remix umwandeln könnten. Meine alten Lieder waren zu langsam für House-Mixe, die beiden brauchten schon eher so etwas wie *Die immer lacht*. Man kann auch nicht jedes x-beliebige Lied benutzen, um einen Housebeat drunterzulegen. Deswegen schrieb ich *Kleine Rakete*, und ich war sehr stolz drauf, weil ich schon seit Ewigkeiten kein Lied mehr geschrieben hatte – das kam ja alles erst durch den Erfolg von *Die immer lacht* zurück. *Kleine Rakete* war für mich eine kleine Sensation, weil ich dachte, dass ich nicht mehr schreiben konnte. Ich weiß nicht warum, wahrscheinlich weil ich mir nicht zugetraut hatte, noch mal ein stimmiges, komplettes Lied zu schreiben. Ich hatte mich selbst blockiert. Und mit *Kleine Rakete* war es so, dass ich endlich mal wieder eine Melodie und einen guten Text hatte, der Sinn machte, und das brach für mich auch diesen Bann und beendete diese Schreibblockade.

Stereoact konnte mit dem Lied damals nicht viel anfangen, weil es ihnen zu wenig Möglichkeiten bot, Beats drunterzulegen, und so war schon recht früh klar, dass sich unsere Wege musikalisch trennen würden. Meine Musik entwickelte sich in eine andere Richtung, und außerdem war eine Zusammenarbeit schwierig geworden, weil sie schon ihre Termine weit im Voraus gebucht hatten und ich meine ebenfalls, von daher passte das alles nicht mehr. Außerdem hatten wir für uns erkannt, dass das Konzept der Sängerin mit der Gitarre besser funktionierte als das des DJ-Duos featuring Kerstin Ott.

Im Grunde hatten wir ja auch komplett verschiedene Ansätze. Ich hatte bei *Die immer lacht* nie damit gerechnet, dass man da überhaupt einen Beat druntersetzen kann. Für mich war das eine Ballade und eine traurige Geschichte, es war die Art, wie ich früher Musik gemacht hatte, wie ich Sachen darin verarbeitete. Mir ging es nicht darum, Leute zu unterhalten. Bei DJs ist das anders, da geht es einzig darum, Leute zu unterhalten, sie zum Tanzen zu bringen, ihnen eine gute Party zu bescheren. Mit *Die immer lacht* hatte es komischerweise funktioniert, trotz des traurigen Textes war es zu einer Partynummer geworden. Aber das war eine einmalige Sache, die Jungs von Stereoact müssen jetzt ihren Weg gehen und ich meinen, und das ist auch gut so. Was die Zukunft bringt, weiß ich nicht, vielleicht steht man irgendwann tatsächlich noch mal gemeinsam auf der Bühne, aber das steht in den Sternen, und ich mag jetzt auch nicht drüber spekulieren.

Für mich ist es jedenfalls nicht schwierig, meine Songideen herzugeben und mit anderen zusammenzuarbeiten. Es ist nur wichtig, dass es in dem kleinen Kreis bleibt, in dem ich gerade bin, ich bin da nicht sehr experimentierfreudig. Ich weiß, dass dieses Thorsten/Lukas/Kerstin-Ding sehr gut funktioniert, dass wir da eine Sprache finden, die beim Publikum ankommt. Die

Leute sind meinen Stil gewohnt, und ich bin nicht so, dass ich sagen würde: Ich muss das nächste Album mal komplett mit einer ganz anderen Truppe machen. Das fände ich nicht richtig, da würde ich eher dazu übergehen, das ganz alleine zu machen, mich vielleicht von einem Musikproduzenten dabei begleiten lassen, weil allein produzieren zeitlich unmöglich zu wuppen wäre.

Ich hatte auch keine Bedenken, weil wir von vornherein alles geklärt hatten, wie das sein wird, wenn wir zu dritt schreiben: Für mich war klar, dass wir alles durch drei teilen. Da gab es auch keinerlei Meckereien nach dem Motto: Der eine hat mehr geschrieben als der andere. Es ist wichtig, dass solche Punkte geklärt sind, weil es den Ablauf stört. Es muss klar sein, dass keiner denkt: Jetzt muss ich noch mal einen Satz mehr schreiben, sonst habe ich ja viel weniger Prozente in dem Lied. Wir klärten von vornherein, dass das nicht der Fall sein darf. Ich kann auch ein Lied ganz alleine schreiben, und wenn dann noch ein paar Wörter ausgetauscht werden, kann ich das trotzdem guten Gewissens durch drei teilen, weil sich das in der Gesamtheit immer wieder ausgleicht. Mal macht einer mehr, dann wieder weniger, bei den anderen ist es genauso. Das ist mit allen Dingen im Leben so: Wenn einer wirklich gewillt ist, seinen Teil zu etwas beizutragen, dann gleicht sich das immer aus.

Scheissmelodie war nun als zweite Single ausgewählt worden, und es erschien im August 2016, da war *Die immer lacht* noch immer in den Charts. Seit acht Monaten hielt der Song sich nun schon in den Charts, er war zwar nicht mehr in den Top 20, aber immer noch sehr gut platziert. Auf YouTube hatte *Die immer lacht* mittlerweile die Wahnsinnssumme von 80 Millionen Klicks, und es sollten noch mehr werden. Wir wussten, dass der Nachfolger bei Weitem nicht das erreichen würde, was die erste Single schaffte, so ein Riesenerfolg lässt sich auch nur schwer wiederholen, das war uns allen klar. *Scheissmelodie* wurde aber von der Öffentlichkeit sehr gut angenommen, hatte nach Erscheinen ebenfalls auf YouTube gleich sehr viele Klicks und stieg letztendlich bis auf Platz 31 in den Charts. Das hört sich vielleicht etwas unspektakulär an, aber für uns war es ein toller Erfolg. An den Klickzahlen und daran, wie das Lied von den Leuten wahrgenommen wurde, merkten wir, dass es ganz klar ein Nachfolge-Hit geworden war. Die Platte sollte letztendlich ja Gold bekommen, was ebenfalls ein eindeutiger Indikator war. Wir konnten also sagen, dass es ein sehr guter Einstand für Kerstin Ott, die Solokünstlerin, war und ich glaube, das One-Hit-Wonder hatten wir ganz klar hinter uns gelassen.

Die Idee zu dem Song *Scheissmelodie* ist entstanden, weil ich in einem Gespräch ein Wort falsch verstanden und stattdessen »Scheißmeldodie« aufgeschnappt hatte, und auf einmal hatte ich dieses lustige, neue Wort im Kopf. Mir war klar, da muss man was draus machen! Dann ist mir eine Geschichte drumherum eingefallen, dass man immer Lieder mit einer gewissen Zeit verbindet, mit Erinnerungen, und gerade nach Trennungen gab es Songs, die man nicht ertragen konnte, die einen in dem Moment einfach richtig runtergezogen haben. Mit dieser Idee ging ich zu Thorsten und Lukas, und zuerst waren nicht alle begeistert davon, weil das Wort so negativ war und klar war, dass es nicht im Radio gespielt werden würde. Ich bin aber nicht der Mensch, der dann sagt: »Okay, dann machen wir es eben nicht.« Ich fand das einfach geil und wusste, dass es ein guter Aufhänger für ein Lied ist. Und so war es dann ja auch.

Es wurde, wie gesagt, zu einem eigenständigen Hit, das merke ich heute noch bei meinen Auftritten, wenn ich diesen Song spiele. Manchmal muss man sich eben für den unbequemen Weg entscheiden, wenn man von einer Sache sehr überzeugt ist. Ich habe heute noch das Problem, dass ich selbst so unkonventionell daherkomme, dass es für mich eben viele Wege abschneidet. Damit muss ich leben, damit kann ich gut leben, dafür weiß ich dann aber auch, dass ich mich nicht habe verbiegen lassen. Und man sieht, dass es trotzdem klappt, denn mein Publikum weiß genau: Okay, die ist anders, und genau das mögen wir daran.

Ich bin mir sicher, dass, wenn ich mit dem ganzen Strom mit-schwimmen würde, in dem 99 Prozent der neuen Künstler trei-ben, es bei mir zum Karriereende führen würde, weil das dann nicht ich wäre. Der Psychotherapeut in Bayern, bei dem ich vor Jahren den Mental-Kurs gemacht hatte, sagte immer: »Fehler machen auch sympathisch.« Ich denke, dass das auf mich zu-trifft – die Leute sehen, dass ich körperlich nicht perfekt bin, dass ich nicht perfekt Gitarre spiele und dass ich mit diesem ganzen Strom nicht mitschwimme. Trotzdem oder genau des-halb ist es das, was sie gut finden. Die Menschen lieben es, dass es mal in eine andere Richtung geht oder dass sie sehen: Auch so kann man erfolgreich sein. Sie können sich vorstellen, dass auch sie selbst mit all dem Quatsch, den sie machen, oder all den Fehlern, die sie haben, etwas erreichen können und dass es nicht immer nur Hochglanz sein muss. Das ist vielleicht eine Erklärung dafür, dass ich nach dem ersten Hit nicht in der Ver-senkung verschwand.

Ich bin ja quasi ungewollt in das Showbiz reingestoßen wor-den. Ich war jetzt auf einmal deutschlandweit bekannt. Für mich war das zunächst natürlich katastrophal, weil ich diese ganze Auf-merksamkeit nicht gewohnt war. Ich bin nicht der Mensch, der seine Privatsphäre gerne nach außen trägt, und ich freue mich, wenn ich mal ein oder zwei Tage ganz alleine bin. Wie gesagt, ich mag Trubel eigentlich nicht so, ich mag auch Menschenmassen nicht, und ich mag es nicht, zu jedem Zeitpunkt von allen Seiten zugequasselt zu werden. Das war eine Sache, an die ich mich sehr gewöhnen musste, was am Anfang sehr schwierig für mich war.

Manchmal gab es Situationen, wo ich richtig Schiss bekam, zum Beispiel bin ich eine Straße entlanggelaufen, als plötzlich eine Gruppe Jugendlicher auf mich zu gerannt kam. Im ersten Augenblick wollte ich natürlich erst mal weglaufen, obwohl sie nur ein Autogramm wollten. Das war eine Sache, die mir dann häufiger passiert ist, und irgendwann gewöhnt man sich daran. Aber dass man nun ein öffentlicher Mensch war, dass es von allen

Seiten Interesse an meiner Person gab, war schon merkwürdig. Normalerweise habe ich das nie so an die große Glocke gehängt, wo ich bin und was ich gerade mache. Heute ist das durch die sozialen Medien wie Facebook und Instagram natürlich etwas anders, und obwohl ich da schon relativ zurückhaltend bin, weiß ich aber auch, dass ich der Öffentlichkeit das ein oder andere Mal eben Futter geben muss. Das mache ich gerne, und es ist dann auch ausgewählt, was ich poste und was nicht. Trotzdem ist es eine Sache, die man sich erst mal aneignen muss.

Plötzlich in irgendwelchen Zeitungen aufzutauchen oder – wovon ich Gott sei Dank bisher verschont wurde – völlig verrissen zu werden, damit muss man immer rechnen. Ich weiß, dass ich sehr viel Angriffsfläche biete, einerseits dieses Etwas-ab-von-der-Norm-Ding, andererseits dann noch dieses burschikose Aussehen – dies sind auch immer gern genommene Aufhänger für armselige Trottel, im Internet ihre Wut und ihren Hass abzulassen, indem sie irgendeinen beleidigenden Scheiß über mich schreiben. Ich hatte ja schon früh beschlossen, mir diese ganzen Sachen nicht mehr durchzulesen und, wenn es doch irgendwie zu mir durchdrang, das Ganze einfach zu belächeln, und damit fahre ich richtig gut.

Der plötzliche Erfolg und das Leben in der Öffentlichkeit machten sich natürlich auch in meinem Privatleben bemerkbar. Karolina und ich waren zu dem Zeitpunkt schon seit fünf Jahren zusammen, da ist eine Beziehung, wenn man dran arbeitet, sehr gefestigt. Von daher hatte die Entwicklung uns als Paar nicht viel ausgemacht. Natürlich hatten sich unsere Berufe komplett verändert, was man zu Hause erst neu organisieren musste und was auch eine anstrengende Zeit war, weil viel geregelt werden musste. Wenn man aber bei der Sache bleibt und möchte, dass das alles funktioniert, dann klappt es irgendwann auch. Karolina und ich haben das große Glück, dass wir uns sehr gut verstehen und viel miteinander sprechen. Wir wissen, was der andere gerade braucht oder nicht braucht. So können wir immer handlungsfähig bleiben und die nächsten Schritte früh genug einleiten, wenn eine Veränderung ansteht. Karolinas Wahrnehmung:

»Das war natürlich alles sehr aufregend und auch mit Angst verbunden: Was passiert jetzt, wie lange wird das gehen, wohin geht das Ganze? Wir kannten uns ja gar nicht aus in diesem Musikbereich, und ich hatte auch einen Vollzeitjob, den ich dann ja auch aufgeben musste. Wir hatten natürlich auch Angst, uns als Paar zu entfernen, wenn Kerstin andauernd unterwegs ist und ich mit den Kindern zu Hause bin. Wir sind ein Paar, das besser zurechtkommt, wenn es Zeit miteinander verbringt, als wenn es keine Zeit miteinander verbringt.

Ich war natürlich auch sehr stolz auf Kerstin, dass sie es geschafft hatte. Ich habe mir jedes Interview angeguckt, jeden Artikel durchgelesen, um zu sehen: Wie schreiben die das, lassen die Kerstin im rechten Licht dastehen oder schreiben die etwas ganz Blödes? Ich wollte sie natürlich beschützen vor bösen Menschen.

Als wir uns entschlossen, dass ich jetzt auch meinen Job beende und in die ganze Sache mit einsteige, hatten wir wirklich viele Gespräche geführt. Ich hatte nur gedacht: Oh Gott, kriegen wir das finanziell wirklich gewuppt? Kann ich das überhaupt? Als es losging, haben wir schnell festgestellt, dass es super klappte, wir uns sehr gut ergänzten und uns gegenseitig Aufgaben abnehmen konnten, und ich war von Anfang an auch Feuer und Flamme.

In der Vergangenheit hatte ich sehr selten den Moment erlebt, wo Kerstin mal ganz im Dunkeln vor mir gesungen und Gitarre dazu gespielt hat, und ich habe es damals schon geliebt. Dementsprechend war ich total stolz auf sie, als sie auf der Bühne stand und ich miterleben durfte, wie sie über ihren Schatten sprang, wie sie die Menschen einfing mit ihrem Zauber auf der Bühne. Noch heute habe ich bei jedem Auftritt Herzklopfen und finde es großartig.

Es ist sicherlich auch die Neugier, die uns antreibt. Es ist ein großes Abenteuer, ein neuer Lebensabschnitt, eine neue Lebensweise, die uns ja auch ermöglicht, unser Leben ein bisschen freier *zu gestalten, zum Beispiel weg von diesen festen Arbeitszeiten. Das ist einerseits toll, andererseits hat es am Anfang auch Chaos gebracht. Aber mittlerweile sind wir ein eingespieltes Team, und wenn wir wissen, da sind zwei Stunden frei, dann setzen wir uns mal irgendwo auf eine Wiese. Vorher war das so: Oh Gott, nur zwei Stunden, was müssen wir in diesen zwei Stunden alles erledigen?! Das hat sich Gott sei Dank gelegt. Die Neugier, wo das noch hin gehen wird, ist sehr groß, aber ich muss auch sagen, dass es da, wo wir gerade sind, so wundervoll ist. Ich bin sehr dankbar dafür, dass wir in diesen kleinen Schritten gehen können, weil wir dadurch auch wachsen können und nicht immer diese Überforderung kommt. Man kann wirklich in Ruhe mitgehen, das ist ein schönes Gefühl.*

Das Gute ist, dass wir das Ganze zu zweit erleben, wir können uns austauschen und uns besprechen. Zum Beispiel wenn Kerstin nach einem Auftritt fragt: ›Ich weiß nicht, habe ich das Publikum heute bekommen oder nicht?‹ Ich stehe ja meistens mitten im Publikum und kann sehen, wie die Leute mitgerissen worden sind, und dann kann ich Kerstin wieder auffangen und sagen: ›Ich habe das aus dem Publikum beobachtet und kann dich da völlig beruhigen, alles war gut.‹ Kerstin ist ein sehr sensibler Mensch, sie geht nicht einfach von der Bühne runter und denkt sich: Scheißegal, ob das gut war oder nicht, ab zum nächsten Gig. Sie macht sich jedes Mal Gedanken darüber, und sie braucht schon auch jedes Mal dieses ehrliche Feedback, ob es in Ordnung war oder nicht. Es ist wichtig, einfach mal zu sagen: ›Okay, das war eher nicht so gut heute, das und das musst du auf der Bühne wirklich sein lassen‹ oder ›Das und das war wirklich toll, das solltest du auf jeden Fall wieder tun.‹ In der Unterhaltungsbranche ist das ein großes Problem, weil es da viele Jasager gibt, die immer etwas Nettes zu dir sagen, und hinten herum reden sie dann schlecht über dich. So was gibt es bei uns nicht, wir sind da sehr ehrlich miteinander, immer respektvoll, und das muss einfach so sein in dem Job. Wenn wir uns da belügen, würden wir nicht sehr weit kommen.«

Diese Zeit war für uns beide aufregend, es war so unbegreiflich krass, was in unserem Leben gerade abging. Gleichzeitig hatten wir aber so viel zu tun, dass nicht viel Zeit blieb für Gedanken wie: Wow, das ist ja Wahnsinn, was hier abgeht! Das war immer ein kurzer Moment, in dem einem klar wurde, dass hier gerade etwas Unglaubliches passierte, und dann ging es auch schon weiter. Wenn man auf Platz 2 der Charts ist, hat man keine Zeit, irgendetwas Revue passieren zu lassen, weder den letzten Auftritt, noch wo man gerade ist. Das klingt zwar komisch, aber ich habe es so erlebt. Man funktioniert einfach für eine gewisse Zeit. Du machst weiter, weil es immer weiter geht.

Ich konnte mir das früher nie vorstellen, wenn irgendein Musikheini oder ein Prominenter sagte: »Man hat einfach keine Zeit.« Da dachte ich immer nur: Ihr habt einmal die Woche einen Auftritt, und du fängst an zu jammern? Ich stehe Tag für Tag stundenlang auf dem Bau, wenn jemand sagen kann, keine Zeit zu haben, dann bin ich das, nicht du! Mittlerweile weiß ich, was alles dazugehört, wenn man in der Öffentlichkeit steht. Wenn wir abends unterwegs gegangen sind, konnte man keine zwei Minuten irgendwo allein sitzen, weil man sofort mit irgendjemandem ein Selfie machen musste. Wenn man dann schon so lange am Stück unterwegs ist, dann wird das irgendwann belastend. Und so war es bei mir auch. Ich eilte von einem Termin zum nächsten, erledigte alles, was zu diesem Leben in der Öffentlichkeit dazugehörte, und vergaß dabei, auf mich selbst zu achten. Es zogen schon wieder bedrohlich dunkle Wolken am Horizont auf.

KAPITEL 14

EIN BISSCHEN ABSTAND IST ETWAS FEINES

MEIN ERSTES ALBUM war nun endlich fertig. Es sollte den Titel *Herzbewohner* tragen, wurde Anfang Dezember 2016 veröffentlicht und schoss gleich bis auf Platz 4 der deutschen Albumcharts. Man muss dazu sagen, dass es mitten im Weihnachtsgeschäft war, wo viele große namhafte Künstler irgendetwas herausbrachten, sei es ein neues Album, ein Best-of oder eine Weihnachtsplatte. Normalerweise umgeht man als Newcomer so einen Veröffentlichungstermin und wählt einen Zeitraum, in dem man nicht gegen so große Konkurrenz anzukämpfen hat. Zu einem späteren Zeitpunkt wäre *Herzbewohner* vielleicht sogar auf die Eins gegangen. Aber wir wollten nicht länger warten und glaubten an mein Album, und unser Mut hatte sich ausgezahlt. Ich bin immer noch sehr stolz darauf, es bis auf die Vier geschafft zu haben, ich glaube, ich war ein Platz unter den Rolling Stones – da gibt es wirklich Schlimmeres.

Vielleicht wäre es auch schwerer gewesen, wenn ich die Eins geschafft hätte, dann wäre die Messlatte gleich so hoch und der Druck viel höher gewesen. Ich hatte mich bewusst nicht in diesen Strudel hineinziehen lassen, denn wenn du anfängst, deinem eigenen Erfolg zu hinterherzujagen, dann ist das so was von belastend und es bringt einfach nichts. Wenn das nächste Album jetzt nicht wieder auf die Vier geht, dann bin ich aber enttäuscht! – solche Gedanken brauche ich nicht. Ich glaube, es ist einfacher, sich darüber zu freuen, wenn es wieder auf die Vier oder höher geht, aber man kann sich dann auch leichter darüber freuen, wenn es auf der Zehn ist. Es ist nicht einfach, in Deutschland mit einem Album in die Top Ten zu kommen. Ich glaube, wenn man das selbst für sich von der Erwartungshaltung realistisch hält, ist es einfach gesünder für den ganzen Organismus.

Jedenfalls waren wir die ganze Zeit unterwegs, von einem Auftritt zum anderen, Interviews, Talkshows, Videodrehs. Ich hatte nach wie vor ein riesengroßes Problem mit der Bühne und hatte mir auch fast alles allein erarbeiten müssen. Die Tipps von Kevin damals waren alles, was ich bekommen hatte, den Rest habe ich mir selbst draufgeschafft und musste durch ganz schlimme und hin und wieder ganz tolle Auftritte herausfinden, wie ich weiterkommen konnte. Natürlich war das sehr mühsam, aber aus heutiger Sicht war es auch der beste Weg, um herauszufinden, womit man am besten klarkam. Erfahrung bekommt man ja schließlich nicht vererbt. Es wäre nur schön gewesen, wenn mir jemand einen kleinen Leitfaden in die Hand gegeben hätte, wie man das alles macht.

Möglicherweise war aber genau dieser Weg richtig, weil ich dabei Kerstin Ott geblieben bin. Ich habe mich nicht verdrehen oder verschieben lassen und kam auch nicht plötzlich mit irgendwelchen lächerlichen Dance-Moves auf der Bühne an, die überhaupt nicht zu mir passten und nicht meinem Wesen entsprachen. Es war also Learning-by-doing, und die ersten drei Monate waren natürlich total von Adrenalin geprägt. Das hieß, ich konnte die Power, die ich dafür brauchte, auch immer abrufen, weil ich immer eine Grundaufgeregtheit im Körper hatte. Das fühlte sich ähnlich an wie beim Verliebtsein.

Problematisch wurde es aber zusehends mit dem Alkohol. Wenn ich mir heute jedes Mal vor einem Auftritt so viel Wodka einflößen würde, wie ich es damals gemacht habe, dann würde ich meine Auftritte definitiv nicht mehr schaffen. Ich merkte damals schon, dass das sehr kräftezehrend war, am Morgen danach war man immer total matschig. Ich merkte, dass mein Körper das nicht lange mitmachen würde. Der Alkoholkonsum war also eher hinderlich, als dass er half, und außerdem hatte ich aufgrund meiner Vergangenheit auch Angst, in eine neue Abhängigkeit zu rutschen, also musste ich erst mal ganz damit aufhören.

Der erste Auftritt so ganz nüchtern war eine riesige Herausforderung, weil ich meine Unsicherheit, die mich bei so einem Auftritt immer begleitet hat, extrem gespürt habe. Ich war noch verschlossener und traute mich gar nichts mehr. Kevin war damals noch dabei und war dafür zuständig, meine Songs zu starten – worum Karolina sich heute unter anderem kümmert. In den Pausen zwischen den Songs musste er dann auf die Bühne springen und die Leute animieren, weil ich kein Wort rausbekam. Er flitzte dann immer auf die Bühne, rief: »Leute, seid ihr gut drauf?« oder so was, und rannte dann zurück, um den nächsten Titel zu starten.

Dieser erste Auftritt, den ich nüchtern absolvierte, war in einer Diskothek, der Laden war supervoll, und ich stand mit meiner Gitarre auf der Bühne, total verängstigt. Kevin sprang zwischen den Songs als Anheizer ein, und das wurde von den Leuten auch nicht als merkwürdig aufgefasst, weil er damals auch hinter mir auf der Bühne stand. Die Leute dachten, er gehörte zur Show. Die 20 Minuten Auftrittszeit gingen trotzdem schnell vorbei, aber während der ganzen Zeit zitterte ich wie sonst was. Als ich es überstanden hatte, dachte ich nur: Oh Gott, wie soll ich die nächsten Auftritte bloß hinkriegen, das war ja eine Katastrophe heute! Mir war klar, dass ich das einfach üben musste und dass es nur diesen Weg gab: die nächsten Auftritte einfach weiter nüchtern bleiben und eine Art Routine und Sicherheit reinbekommen.

Und schon bald merkte ich, dass ich viel besser ohne Alkohol auf die Bühne gehen konnte. Klar, manchmal passiert es, wenn man eine nette Runde vor dem Auftritt hat und alte Bekannte wiedertrifft, dass man davor vielleicht eine Mische trinkt. Aber das Wichtigste war zu merken: Ich brauche das nicht, und ich mache das auch nicht mehr.

Mir half auch unsere Vorgehensweise, nach dem Auftritt wieder zurück nach Hause zu fahren. Das war ungefähr bei 90 Prozent der Auftritte der Fall, dass wir danach direkt wieder zurückfuhren – auch wenn es mal 500 Kilometer waren. Dieses Hotelleben war im ersten halben Jahr in Ordnung, aber dann fing es tierisch an zu nerven. Mittlerweile fahren Karolina und ich alleine zu den Auftritten, und es wäre eine ziemliche Arschnummer von mir, wenn sie das alles alleine stemmen müsste – 500 Kilometer fahren mit der Gewissheit, dass ich aufgrund von Alkoholkonsum nicht einspringen kann.

Wie gesagt, bin ich echt ein sehr suchtaffiner Mensch, und ich weiß, dass ich in meinem Leben immer aufpassen muss, um nicht in irgendetwas reinzurutschen, nur weil der Weg dadurch gerade leichter erscheint. Dessen bin ich mir total bewusst. Als ich aufhörte, vor den Auftritten zu trinken, war es jetzt nicht so, dass ich vor lauter Entzugserscheinungen anfing zu zittern oder so. Aber ich glaube, dass ich mich sehr gut kenne und weiß, wenn ich drei Monate am Stück erst dreimal, dann viermal und vielleicht fünfmal die Woche trinke, dass es dann schnell auch körperlich wird. Ich muss es nicht ausprobieren, ich weiß einfach, dass es bei mir so laufen wird. Schon damals mit dem Ende der Spielsucht hatte ich mir geschworen, dass ich nie wieder von etwas süchtig werden möchte und auch nicht werde. Und das hat mich dazu gebracht, früher nachzudenken und einzuschreiten, wenn es kritisch wird. Dann steige ich aus der Nummer aus.

Das musste ich mit mir selbst ausmachen, Karolina wollte ich damit nicht belasten. Sie sagt zu dieser Phase:

»Ich wusste ja, warum Kerstin das tut, und sie war ja auch nicht jedes Mal total betrunken. Manchmal hatte ein kleiner Schnaps

ausgereicht, manchmal war es auch nur für den Kopf, dass sie weiß: Okay, ich bin nicht ganz nüchtern, dann kann ich etwas entspannter auf die Bühne gehen. Sie hat aber mit mir über die Angelegenheit gesprochen. Sie machte sich schon Gedanken darüber, bevor mir überhaupt in den Sinn kommen konnte, dass es für sie gefährlich werden könnte. Kerstin ist da sehr vorsichtig mit sich selbst, und von daher wurde das gar nicht erst zu einem großen Thema.«

Zuerst trat ich fast ausschließlich nur in Clubs und Diskotheken auf, und nach und nach kamen auch Open Airs und Schlagerfestivals dazu. Mein größter Auftritt war damals in Herborn, das war das FFH Just White Festival, wo das Publikum in Weiß gekleidet kam und auch die Künstler in Weiß auftraten. Ich kann mich noch daran erinnern, wie ich da in weißer Trainingsjacke stand und vor 25.000 weißen Leuten *Die immer lacht* spielte – das war schon toll. Damals traten dort mehrere Künstler nacheinander auf.

Die lustige Geschichte dazu war, dass Karolina und ich uns ein Leihauto genommen hatten, aber keine schmucke Limousine oder so, sondern einen kleinen Ford Escort. Ich hatte keinen Bock, so wahnsinnig viel Geld dafür auszugeben, nur um mit einer Protzkarre dort vorzufahren. Uns reichte diese kleine Gurke, und so kamen wir auf das Gelände gefahren, das Auto bis oben hin vollgepackt mit Sachen, und links und rechts liefen jeweils vier Securitys neben diesem Ford Escort her. Das war ein Bild für die Götter.

Auf jeden Fall war das mein erster Riesenauftritt, und da war es vom Lampenfieber her wie vorm ersten Auftritt. Ich habe nur diese Menschenmasse gesehen und gedacht: Das werde ich nicht überleben. Zu allem Überfluss liefen dort auch noch die ganzen anderen Promis rum, die noch auftreten sollten, und damals kannte ich ja noch nicht so viele von ihnen. Ich weiß noch, dass Jürgen Drews mich 20 Sekunden vor meinem Auftritt total vollgelabert hat – ich war noch nicht verkabelt und sowieso supernervös, weil ich wusste, in den nächsten 30 Sekunden muss ich da raus. Da stand Jürgen auf einmal vor mir und fragte mich so komische Sachen, in welcher Tonart und welcher Tonhöhe ich singe, und ich konnte nichts anderes sagen als: »Keine Ahnung, ich weiß es nicht!« Er stand vor mir und konnte gar nicht glauben, dass ich das nicht wusste, und er hörte einfach nicht auf mich vollzuquatschen, bis ich auf die Bühne geschoben wurde.

Ich weiß noch, wie ich da stand, Gitarre um den Hals, das Mikro war schon da, und das Kabel war auch schon auf der Bühne, aber ich vergaß vor lauter Aufregung, es einzustecken. Ich begrüßte die Menschenmenge durchs Mikrofon und spielte die Gitarre an, aber beim Publikum kam kein Ton an. Ich rief noch: »Könnt ihr die Gitarre alle hören?«, aber ich sah schon, dass alle in den vorderen Reihen den Kopf schüttelten und »Nein!« riefen. Schnell fummelte ich das Kabel rein, dann konnte es losgehen – und es war ein toller Auftritt.

Nach dem Song ging ich von der Bühne – ich hatte ja nur dieses eine Lied, mehr gab es zu dem Zeitpunkt noch nicht –, und der Applaus war so irre, dass ich davon erst einmal total geplättet war. Danach brauchte ich erst mal eine halbe Stunde, um mich zu sammeln, weil das vom Gesamteindruck her zu umwerfend war. Später mischten wir uns dann noch unter die Künstler, wo man dann auch den einen oder anderen kennenlernte.

Jürgen Drews und ich waren uns zu dem Zeitpunkt bereits begegnet, und ich weiß noch, dass ich mich in Herborn gar nicht freute, ihn zu sehen, weil unser erstes Zusammentreffen nicht ganz so glücklich gewesen war. Wir waren uns das erste Mal auf Mallorca über den Weg gelaufen, wo wir beide im MegaPark, der größten Open-Air-Disco der Insel, zum Saison-Opening auftreten sollten. Mein Auftritt sollte nachts um 1:30 Uhr stattfinden, und es gab viel Künstlerrotation, sodass es für mich sehr viel Wartezeit bedeutete. Jedenfalls traf ich Jürgen dort zum ersten Mal, Holger stellte mich ihm vor, und er sagte nur so was wie:

»Aha, das ist die, die mit dem Demo bekannt geworden ist.« Da war ich ein wenig angesäuert und meinte nur zu ihm: »Auch das muss man erst mal schaffen.« Ich dachte nur: Hey, ich habe Respekt vor deiner Leistung, 40 Jahre auf der Bühne, Hut ab – aber du musst mich nicht von oben herab behandeln und mir so ans Bein pinkeln. Ich sagte mir: Wenn ich dem noch mal über den Weg laufe, dann kann der mich am Arsch lecken. Und so kam es, dass meine Reaktion auf ihn in Herborn etwas kühl ausfallen sollte, erst ein paar Monate später sollten wir uns besser kennen- und schätzen lernen.

Ich trat im MegaPark letztendlich um 4:15 Uhr auf, und es lief überraschend gut, obwohl ich auch hier wieder tierisch Angst gehabt hatte. Der Ballermann ist ja auch so eine Sache, entweder sie lieben oder hassen dich. Jedenfalls feierte das Publikum mich und mein Lied, und am nächsten Morgen merkte ich auch, dass meine Angst völlig unbegründet war. Als ich die Straße an der Playa de Palma hochlief, ertönte aus jedem Laden mein Song. Selbst wenn ich das versaut hätte, hätten die Leute noch mitgegrölt. So kam es dann auch, dass ich in dem Sommer noch ab und zu im Bierkönig auftreten sollte. Das war eine Sensation, weil das Opening im MegaPark bereits stattgefunden hatte, und wenn du als Künstler an diesem Ort aufgetreten bist, warst du für den anderen Laden sozusagen verbrannt. Es gab keinen Künstler vor mir, der es geschafft hatte, in einer Saison in beiden Läden zu sein. Und alle meine Auftritte waren sehr gut besucht, mit sehr viel Stimmung, obwohl ich auch ruhigere Lieder von mir mitgebracht hatte, was aber trotzdem funktionierte. Holger meinte nur: »Wenn du Malle geschafft hast, dann brauchst du dir gar keine Sorgen mehr machen. Dann hast du von den Dingen, die passieren können, die schlimmsten hinter dir. Wo jeder Künstler vor Angst hat: Die erste Reihe dreht sich weg, die Technik versagt, Malle als extrem schwieriges Publikum – das hast du alles gemeistert!« Ich war schon stolz auf meine Leistung, aber dennoch war nicht alles eitel Sonnenschein. Im Gegenteil.

Ich war wieder an einem Punkt angekommen, wo ich gesagt habe: »Das wird mir alles zu viel.« Ich spürte, dass, wenn ich so weitermache, ich bald wieder mit dem Rücken zur Wand stehen und alles wieder bedrohlich nahe kommen würde. Ich brauchte wieder mehr Freiraum, mehr Freiheit. Ich konnte emotional nicht mehr, die Scheuklappen gingen bei mir wieder hoch. Ich fing an, mich vor Autogrammstunden zu fürchten, weil ich mich komplett überflutet fühlte von den Energien anderer Menschen, von traurigen Geschichten, vom ständigen Umarmen, von viel zu viel Distanzlosigkeit. Ich fing auch wieder an, depressiv zu werden, weil ich diesen Schutzmantel um mich herum nicht hatte. Da ist ständig jemand in meinen ganz persönlichen Bereich gekommen, was sowieso so eine Sache ist, mit der ich seit meiner Kindheit schon Probleme habe.

Ich musste für mich herausfinden: Wie viel Nähe kann ich ertragen? Das ist eine Erfahrung, die du erst mal zu doll machst und auch machen musst, um einschätzen zu können: Okay, ich muss mindestens 30 Schritte zurückgehen, um mich dann irgendwo in der Mitte einzupendeln, damit es für die Leute cool ist und für mich auch. Das geht nicht, dass es nur einseitig cool ist. Mir war schon bewusst, dass ich selbst etwas unternehmen musste, um mich nicht erdrücken zu lassen.

Also holte ich mir Hilfe von dem Therapeuten aus Bayern, bei dem ich den Mental-Kurs gemacht hatte. Wir sprachen miteinander, wobei er mir einen wertvollen Tipp in Sachen Vorgehensweise gab: »Freundliche Distanzierung ohne wirtschaftlichen Verlust.« Diese Worte sind mir im Kopf geblieben. Wie kannst du das für dich umsetzen? Du musst deine Distanz zur der ganzen Sache und den Menschen finden, mach es aber so, dass du finanziell darunter nicht leidest und die Menschen nicht enttäuscht sind.

Das nahm ich mir zu Herzen und besprach es auch mit Karolina und Holger, und die beiden versprachen mir, mich bei der Umsetzung dieses Planes zu unterstützen. Der erste Schritt war, dass wir die Autogrammstunden komplett umorganisierten. Früher war es so, dass Leute auf mich zustürmen konnten, weil es keine Absperrungen gab. Acht von zehn waren mir um den Hals gefallen, sieben von zehn hatten mich geküsst – das war natürlich zu doll, das ging nicht. Ich möchte an dieser Stelle ganz deutlich sagen: Ich mag meine Fans und bin auch jedem einzelnen dankbar, dass er oder sie mich unterstützt. Aber so viel Nähe war einfach nicht gut für mich. Wir fingen also an, kleine Bänke um mich herum aufzubauen, sodass auf jeden Fall schon mal eine erste Barriere vorhanden war. Die Leute hingegen merkten das gar nicht, die freuten sich aufs Autogramm. Wir hatten also fast unbemerkt eine freundliche Distanz geschaffen, die alles Weitere für mich bei solchen Terminen dann einfacher gemacht hat.

Ein weiterer Schritt war, dass wir nicht mehr sechs oder sieben Tage am Stück unterwegs waren. Ich sprach mit Holger und sagte ihm, dass ich das nicht mehr machen könne. Ich muss zwischendurch nach Hause, weil ich diese Erdung brauche, ich kann nicht immer in der Weltgeschichte herumgurken, von Hotelzimmer zu Hotelzimmer. Das geht mal für einen Monat am Stück, aber dann will ich auch einen Monat frei haben. Ich erinnerte mich an meinen Kurs in Bayern: Wenn auf die eine Seite der Waage zu viel gepackt ist, musst du zusehen, dass du auf die andere Seite genauso viel packst, damit es ausgeglichen bleibt. Ich bat Holger also, dies in unserer Planung zu berücksichtigen. Wenn es nun hieß, die nächsten Monate werden krass, dann sage ich: »Okay, aber der Monat darauf ist dann aber bitte nicht krass.« Und so hat sich das sehr gut eingespielt, mittlerweile haben wir wirklich einen tollen Weg gefunden. Wobei ich auch sagen muss, dass Holger ein sehr emphatischer Mensch ist und von Anfang an schaute, mich nicht überall hinzuschicken. Viele Manager machen genau das, um so viel Provision wie möglich zu erhalten – mein Holger nicht, weil er einfach toll ist.

Wie gesagt, konnte ich mit Personenkult nie etwas anfangen, mit dieser Verehrung von Leuten, die in der Öffentlichkeit stehen. Jetzt war ich selbst Ziel dieser Aufmerksamkeit geworden, und ich verstand es nicht, dass jemand so extrem Fan von etwas sein kann. Dass jemand ein Autogramm von mir will, war am Anfang so skurril wie die Vorstellung, dass ich vielleicht mal mit einem Mann zusammen sein könnte. In jener Zeit machte ich mir aber klar, dass dies offenbar zu meinem Job als Musikerin gehört. Ich stellte mir die Frage: Was mache ich hier eigentlich? Die Antwort war, ich verkaufe den Menschen eine gute Zeit. Früher waren es schön angemalte Wände, heute ist es Spaß und Unterhaltung. Eine Zeit, in der sie sich wohlfühlen können. Was gehört alles dazu? Auftritte, Songs und natürlich auch eine Autogrammstunde. Ich musste also von meinem Verständnis des Personenkults weg und mich in die Leute hineinversetzen, die sich auf etwas freuen, die mich mögen. Dadurch wurde es viel leichter für mich, mit dieser Aufmerksamkeit umzugehen. Dass Leute aufgeregt sind, wenn sie mich treffen, muss ich nicht verstehen, und da brauche ich auch nicht viel zu hinterfragen, wenn ich weiß, dass ich es sowieso nicht kapieren werde. Natürlich bin ich den Leuten dankbar, dass sie mir dieses Abenteuer schenken, ohne sie würde ich keine Musik machen und keine CDs verkaufen, ich würde meinen ganz normalen Job haben. Und dieser neue Job, dieses Abenteuer macht mir auch großen Spaß.

Ich musste nur feststellen, dass ich ein bisschen mehr Freiraum brauchte, und den habe ich mir geschaffen. Nicht umsonst heißt es in einem neuen Lied von mir *Ein bisschen Abstand ist etwas Feines*. Wenn ich das bekomme und alle sich ein wenig daran halten, dann macht mir eine Autogrammstunde auch Spaß. Ich begrüße jeden freundlich, der an den Tisch kommt, und erfülle ihm seinen Wunsch. Wenn mal einer vor Aufregung kaum ein Wort rauskriegt, breche ich das Eis schon mal mit einem lustigen Spruch. Damit kann jeder gut leben, dann fangen die meisten auch an zu lachen, weil sie merken, wie unnötig das eigentlich ist, so aufgeregt zu sein – ich bin doch auch nur ein Mensch. Das gibt wiederum eine gute Stimmung, und dann ist das wirklich eine

Sache, die ich genießen kann. Das ist für alle einfacher, wenn ein bisschen mehr Menschlichkeit reinkommt.

Und wenn die Menschen von vornherein wissen, was sie dürfen und was nicht, läuft das Ganze auch fast von ganz allein. Wenn jemand auf mich zustürmt, begegne ich dem sehr offen und sage: »Ich weiß, du freust dich gerade tierisch, aber mach bitte nicht so doll, weil du mich damit erschreckst.« Ich sage auch ganz klar, wenn mir der Kontakt zu heftig ist: »So, bitte mal einen Schritt zurück, wir müssen das jetzt alles mal ein bisschen in ruhigere Gewässer bringen. Weil mir das gerade unangenehm ist und du mir Raum nimmst.« Und das verstehen die meisten auch. Man muss nur klar mit den Leuten sprechen und ehrlich sein.

Ich werde auch oft gefragt: »Darf ich dich mal umarmen?« Meistens entscheide ich in dem Augenblick, ob ich das gerade möchte, dann kann es schon mal sein, dass ich sage: »Ist das auch okay, wenn wir uns einfach die Hand geben?«, und für die meisten ist das absolut kein Problem. Je klarer ich in meinen Aussagen bin, was ich gerade zulassen möchte und was nicht, umso besser kommen die Menschen damit zurecht.

Die Leute haben gewisse Erwartungen an mich, ich musste nur für mich selbst entscheiden, wie ich damit am besten umgehe. Das galt auch für die sozialen Medien. Auf Facebook hatte zum Beispiel jemand gepostet: »Dein Auftritt war super! Das Bild, das meine kleine Tochter dir gegeben hat, hast du hoffentlich immer noch, die hat sich ganz viel Mühe dabei gegeben!« Natürlich ist das eine ganz tolle Sache, wenn sich jemand hinsetzt und sich die Mühe macht, mir etwas zu malen. Aber wenn ich jetzt antworten würde: »Ja, ich habe das Bild bei mir in der Küche hängen, ganz toll!«, würde der- oder diejenige wieder etwas posten in der Hoffnung auf Antwort – was ich aus Zeitgründen nicht leisten kann. Andererseits würden zigtausend andere Leute mir Bilder malen, ebenfalls in der Hoffnung, eine Antwort von mir zu bekommen. Ich habe ganz am Anfang, als es losging, noch sehr viele Posts auf

Facebook kommentiert, aber irgendwann ist das einfach zu viel geworden. Ich bekam um die 100 Nachrichten am Tag, deshalb schaltete ich diese Möglichkeit irgendwann ab. Ich merkte, dass, wenn sie die Möglichkeit haben, mich privat anzuschreiben, sie auch eine Antwort wollen. Wenn Sie diese Möglichkeit nicht haben, werden sie sich gar nicht erst fragen, warum sie mich nicht anschreiben können, sondern es geht einfach nicht.

Was die Kommentare angeht, ist es so, dass ich heute immer noch mal was kommentiere, aber meistens sind das eher so informative Sachen, zum Beispiel wenn jemand wissen will, wo der Auftritt ist, wann Einlass ist und so weiter. Wenn man mir und meiner Familie einen schönen Tag wünscht, schreibe ich auch mal einen netten Gruß zurück. Auf alle persönlichen Geschichten kann ich meistens nicht eingehen, weil ich weiß, dass auf so eine Antwort wieder 20 Fragen kommen, und wenn ich die dann nicht beantworte, sind die Leute unzufrieden. Ich mache dann meistens nur ein Herz als Antwort.

Ich habe ja ein Postfach, an das die Leute schreiben können, wenn sie möchten. Um bei Autogrammstunden möglichst vielen Leuten gerecht zu werden, muss ich oft sagen: »Pass auf, es gibt hier nur ein Autogramm, ohne Widmung. Wenn ihr eins mit Widmung wollt, schreibt an mein Postfach.« Das nehmen sie auch in Anspruch, und viele schreiben mir richtige Briefe mit teilweise sehr privaten Dingen. Dann gibt es schon mal den ein oder anderen Brief, den ich richtig beantworte. Dadurch kommen manchmal außergewöhnliche Dinge zustande, zum Beispiel dass ich einen Gnadenhof unterstütze oder mal eine Frau besuche, die eine schwere Krankheit hat, weil mich deren Brief auch sehr emotional getroffen hat. So was mache ich auch heute immer mal wieder. Vor kurzem hatte jemand ans Postfach geschrieben: »Meine Schwester heiratet, könnt ihr nicht Überraschungsbesuch sein?« Zufälligerweise passte das gut, weil ich in der Nähe einen Auftritt hatte, und so sind wir auf deren Hochzeit als Gast aufgetreten. Es muss eben von der Zeit her machbar sein, und ich muss selbst entscheiden können, ob ich das will oder nicht. Dann sind solche Aktionen kein Problem.

Ich kann aber nicht auf jeden Wunsch eingehen, und ich glaube, das verlangt auch niemand. Die Leute freuen sich, wenn so was mal passiert, aber das geht natürlich nicht immer. Und wenn mir das zu extrem wird in einem persönlichen Kontakt, dann sage ich auch ganz offen und ehrlich: »Pass auf, lass uns mal ein bisschen runterfahren.«

Wenn ich mal privat irgendwo in der Öffentlichkeit sitze, und da kommt jemand und macht einfach ungefragt ein Foto von mir, dann kann ich auch schon mal sauer werden. Wenn mich jemand fragt und ich sage: »Nee, lass mal lieber«, dann nimmt das oft einen gewissen Lauf, dann heißt es gleich: »Die Kerstin Ott ist ja so arrogant und blöd!«, aber das ist mir in dem Fall dann egal. Ich hatte mal eine Situation, da war ich mit Karolina privat unterwegs, und wir hatten davor viele Tage am Stück nicht frei gehabt und wollten einfach nur einen schönen Abend zusammen haben, was essen gehen, vielleicht mal ins Kino. Und wir sagten uns: Heute keine Selfies und keine Autogramme mehr. Natürlich kam dann doch der eine oder andere zu mir, wo ich sagen musste: »Sei mir nicht böse, ich habe heute frei, ich möchte heute einfach mal keine Selfies machen.« Die meisten haben Verständnis, manche posten danach vielleicht einen bösen Kommentar, wie unfreundlich ich doch sei. Diese Person weiß nicht, dass ich vielleicht gerade total gestresst bin, aber das ist eine Sache, auf die ich in diesem Moment nicht eingehen muss. Ich bin ein Mensch, der sehr oft Selfies machen lässt oder mal kurz schnackt, das ist nicht das Problem. Aber es gibt auch den Privatmenschen hinter der ganzen Sache. Ich habe kein Problem damit zu sagen, was ich möchte und was nicht, das ist mein gutes Recht, und wenn ich diesen einen Menschen jetzt damit so beleidigt habe, dass er mich bis in alle Ewigkeit verflucht, dann ist das okay. Dafür muss ich mich nicht entschuldigen. Das ist nur menschlich, dass man auch mal Zeit für sich braucht, dass man sagt, heute bitte nicht.

Als ich den Umgang mit Situationen wie diesen für mich klarhatte, wurde das Ganze für mich auch wieder viel entspannter. Jetzt war da nur noch das eine, altbekannte Problem mit der Bühnenangst und der Unsicherheit, und auch hier war es dringend an der Zeit, die ganze Sache anzugehen.

Das Gefühl beim Auftreten blieb sehr lange so, dass ich total aufgeregt war und mein Puls immer in die Höhe schoss. Mir ging es vor den Auftritten nicht gut, ich war so gestresst, dass ich mich mit niemandem unterhalten wollte, dass ich mich zurückziehen musste. Nach einem halben Jahr Auftrittszeit ging es los, dass ich einzelne Momente bei Auftritten genießen konnte. Aber der Weg auf die Bühne war immer schrecklich, es war immer ein mulmiges Gefühl, und auch vor dem Publikum hatte ich Angst, ich habe mich ja wirklich von 1000 Augenpaaren verfolgt gefühlt. Da ich mir in meiner Sache noch überhaupt nicht sicher war, wie ich mich bewegen und mich vor dem Publikum verhalten sollte, war das immer eine riesige Unsicherheit.

Irgendwann hatte ich begriffen, dass es den Menschen gar nicht darauf ankam, dass ich mich perfekt auf der Bühne verhalte. Ich merkte mit jedem Auftritt mehr, dass es bei mir auf andere Sachen ankam, nämlich auf meine Persönlichkeit. Es kam darauf an, wie ich mit dem Publikum agiere, wie ich mit ihnen spreche und erkläre, warum ich diesen oder jenen Song geschrieben hatte. Meine Ehrlichkeit auf der Bühne war ihnen wichtig. Da haben die Leute Spaß dran, das konnte ich in deren Gesichtern sehen. Und ich erkannte, dass dies ein Konzert von mir für sie zu etwas ganz Besonderem macht, weil hier nicht wie bei jedem zweiten Künstler auf der Bühne alles komplett durchchoreographiert ist, alle Sätze einstudiert sind. Als ich merkte, dass es bei mir eher nicht um eine perfekt dargebotene Show ging, habe ich mir immer mehr Sicherheit holen können.

Irgendwann war es so, dass ich professionelle Hilfe bekam, und zwar von Detlef D! Soost. Es war mein Wunsch gewesen, dass mir mal jemand helfen sollte, mich professionell auf der Bühne zu verhalten. Wie gesagt, ging es nicht darum, irgendwelche Tänze zu lernen oder alles durchzuchoreographieren, sondern mir die nötige Sicherheit zu geben, damit das Ganze für mich auch entspannt ist. Von Universal kam dann der Vorschlag, mich mit Detlef zusammenzutun, und das hielt ich von Anfang an für eine Superidee. Ich kannte ihn natürlich aus dem Fernsehen, und da auch er jemand zu sein schien, der nicht um den heißen Brei herumredet, sondern Dinge klar anspricht, konnte ich mir gut vorstellen, dass wir beide uns verstehen.

Seitdem treffe ich mich in unregelmäßigen Abständen mit ihm, er ist so etwas wie mein Mentor im musikalischen Bereich geworden. Er rückt meinen Kopf ein bisschen zurecht. Auch bei wichtigen Dingen wie einem Videodreh ist er dabei, um mich mental zu unterstützen. Er ist derjenige, der mir sagt: »Pass auf, wenn du an dies oder das denkst, kommst du auf der Leinwand besser rüber, und besser fühlst du dich auch. Probier das mal aus.« Ich nehme seinen Rat gerne an und merke, ich fühle mich damit wohl, habe eine positivere Ausstrahlung. Das ist natürlich ein Riesengewinn für mich. Und bei den Auftritten ist es merklich so gekommen, dass ich plötzlich wusste: Okay, in der Strophe rennt man nicht die ganze Zeit von links nach rechts, auch nicht weil man aufgeregt ist, man bleibt stehen, wo man steht. Einfach um das Publikum nicht zu verwirren. Und in dem Teil, wo alle Leute mitgehen sollen, da gibst du natürlich auch mehr Gas. Das waren alles Dinge, auf die Detlef mich aufmerksam machte, er schulte mich sozusagen für die kleinen Dinge.

Beispielsweise sagte er: »Kerstin, sing mir mal das Lied vor und tu so, als wäre ich dein Publikum.« Das war für mich natürlich sehr schwierig, weil in Wirklichkeit kein Publikum da war und ich mir das auch schlecht vorstellen konnte. Aber mit der Zeit hat es tatsächlich geklappt. Detlef gab mir noch einen weiteren sehr guten Tipp: »Wenn du ein emotionales Lied singst, dann denke auch daran, was du singst, du musst dich da reinfühlen. Nehmen wir *Lebe laut*, da muss natürlich was explosionsartig von dir als Person ausgehen, weil der Text es verlangt. Und wenn du was Trauriges singst, dann versuche, dieses Gefühl in dir zu erzeugen, weil du es dann auch authentisch rüberbringen kannst.« Und das war ein guter Tipp für mich, mich bei meinen Auftritten in genau jedes einzelne Lied reinzubegeben, denn die Leute merken das natürlich auch. Mir gibt es zusätzlich Sicherheit, weil ich dann im Kopf etwas zu tun habe und mich darauf konzentrieren muss. Ich rassele das nicht einfach so runter, sondern überlege mir wirklich, was ich da gerade singe, und dann fällt mir das leichter, das ans Publikum zu geben, und bekomme dann auch etwas zurück. Da werden echte Gefühle ausgetauscht. Detlef ist ein wichtiger Teil des Ganzen geworden, mit ihm habe ich zum Glück die richtige Person gefunden, um das gut umzusetzen.

Irgendwann standen auch Auftritte im Fernsehen an, und da hatte ich schnell gemerkt, dass es nicht so richtig reicht mit dem, was ich mir selbst beigebracht hatte. Ich weiß noch, dass bei einem Auftritt vom Regisseur gesagt wurde: »Da passiert mir zu wenig auf der Bühne.« Detlef ging es darum, mir auch hier eine innere Sicherheit zu geben, vor der Kamera ein besseres Gefühl zu bekommen. Bei Fernsehsendungen war es oftmals so, dass man diese Proben hatte, die ohne Publikum durchgeführt wurden, und die Fernsehsender wollen diese Proben genau so haben, als wäre das Publikum anwesend. Meistens wurden die schon mitgeschnitten, beispielsweise für den Fall einer Open-Air-Aufzeichnung. Wenn plötzlich während der Sendung ein Unwetter aufzieht, haben die Macher dann wenigstens noch die Aufnahmen aus der Generalprobe, die sie einspielen können. Das wusste ich aber nicht, und das hat mir Detlef alles erzählt. Es dauert lange, wenn man so etwas selbst herausfinden muss, aber wenn du jemanden an deiner Seite hast, der das über 20 Jahre lang macht, ist das ein Riesenvorteil. Detlef kennt natürlich die ganzen Gegebenheiten, Stolperfallen und Kniffe, und er kann dich viel schneller und komprimierter in den gewünschten Zustand bringen. Ich bin ihm jedenfalls überaus dankbar, dass er sich die Zeit für mich genommen hat und auch noch nimmt.

Heute ist es natürlich immer noch so, dass ich vor einigen Auftritten Lampenfieber habe, vor einigen mehr, vor anderen weniger. Mittlerweile fühlt sich das aber nicht mehr so bedrohlich an, es kommt wirklich nur noch sehr selten vor, dass ich mal meinen Puls am Hals spüre. Das ist auch tagesformabhängig, aber insgesamt ist es für mich heute viel einfacher, mit dieser Gesamtsituation umzugehen. Mittlerweile erlebe ich viele tolle Momente, und durch die Routine weiß ich auch, was ich auf der Bühne machen muss, um das Publikum in Stimmung zu bringen. Es war kein einfacher Weg, aber ich habe die Zähne zusammengebissen und mich da durchgekämpft. Und heute fühle ich mich damit sehr wohl.

KAPITEL 15

HEUTE UND MORGEN

IM HERBST 2017 erhielt ich die Nachricht, dass *Die immer lacht* mit einer Diamantenen Schallplatte ausgezeichnet werden sollte für eine Million verkaufte Einheiten. Das war für mich eine komplett unfassbare Zahl, genauso wie die Klicks auf YouTube, die mittlerweile die 100 Millionen überschritten hatten. *Die immer lacht* wurde zu einer der bisher erfolgreichsten deutschsprachigen Singles aller Zeiten, was ich mir nie hätte träumen lassen. Das Album *Herzbewohner* wurde etwas später mit Platin ausgezeichnet, und für *Scheissmelodie* bekam ich Gold. Mir kam das alles so unwirklich vor, aber ich freute mich trotzdem riesig.

Ich hatte mich in meiner Rolle als Sängerin nun eingefunden und war seit Beginn 2016 durchgehend unterwegs. Ich gab eigene Konzerte, mal vor 500 Leuten, mal vor 5000, dann war ich wieder auf Open Airs dabei mit anderen Schlagerkollegen oder trat im Rahmen von Stadtfesten auf. Mir macht das mittlerweile Spaß, die Angst von früher ist verschwunden.

Ich werde oft gefragt, ob ich mir vorstellen könnte, mal mit einer kompletten Band auf Tour zu gehen. Im Moment trete ich ja noch mit Halbplayback auf, das war von Anfang an so, weil wir uns erst mal selbst sortieren und passend aufstellen mussten in dieser relativ kurzen Zeit. Es wäre nur hinderlich gewesen, sich um eine Band zu kümmern, erstens weil auf Schlagerfestivals meistens mit Halbplayback gearbeitet wird, und zweitens weil ich mich auch erst einmal an die Bühne gewöhnen musste. Halbplayback ist ein Begriff, den ich vielleicht noch mal kurz erklären muss. Ich dachte damals nämlich immer, dass alles komplett vom Band kommt, Melodie und Gesang, heute weiß ich, dass dies Vollplayback genannt wird. Halbplayback bedeutet, dass die Melodie oder die Instrumente vom Band kommen, der Künstler aber live singt.

Jedenfalls hätte eine Band erst mal keinen Sinn ergeben, weil mich das noch mehr aus dem Takt gebracht hätte. Außerdem ist es eine Kostenfrage, das muss man ganz klar sagen. Auch für Veranstalter sind das Mehrkosten, und je mehr Personen reisen, umso mehr Schwierigkeiten gibt es natürlich auch. Das haben wir erst mal so gut, wie es ging, von uns ferngehalten, um für uns diese Basis zu schaffen. Das haben wir hervorragend gemeistert, und bis jetzt läuft es auch sehr gut so, wie es ist. Wenn ich alleine Konzerte gebe, ist vor und nach mir meistens ein DJ im Programm vorgesehen, der die Leute anheizt und nach dem Konzert am Tanzen hält.

Absehbar ist es erst mal nicht, dass wir mit einer Band anfangen zu proben, aber ausgeschlossen ist es auch nicht. Auf eine richtige Deutschlandtour hätte ich natürlich tierisch Lust, aber Holger, Karolina und ich sind auch bodenständig genug, um zu wissen, dass wir hier nicht abheben dürfen. Deshalb warten wir erst mal ab, was für Möglichkeiten sich da ergeben. Und für viele, so habe ich es zumindest von meinem Publikum erfahren, ist nach wie vor das Besondere an mir, dass ich alleine mit der Gitarre auf der Bühne stehe. Auch die Veranstalter sagten immer: »Das ist toll, dass Kerstin alleine ohne Bling-Bling mit ihrer Gitarre da oben steht – das ist genau das, was die Leute so verzaubert.« Das ist einfach zu einer Geschichte geworden, die sich selbst trägt.

Mittlerweile habe ich meinen Platz in der Schlagerbranche gefunden und habe auch sehr nette Kollegen kennengelernt. Nach wie vor ist es so, dass wir uns immer sehr raushalten aus dem

Trubel, weil das nicht so unser Ding ist. Nach dem Auftritt fahren wir meistens gleich wieder nach Hause. Aber wenn man mal auf Kollegen trifft, ist es auch meistens sehr nett. Beatrice Egli zum Beispiel mag ich sehr gerne, wenn wir uns treffen, schnacken wir gern miteinander. Sie ist auf dem Teppich geblieben, nicht so überkandidelt wie viele andere, und sie weiß, worum es in diesem Business geht. Auch Matthias Reim ist ein witziger Typ, ich merkte schnell, dass er vom Menschlichen her ähnlich gestrickt ist wie ich. Er ist bodenständig und denkt nicht, dass einer mehr wert ist als der andere. Er hat selbst viele Höhen und Tiefen in seinem Leben erlebt, das merkt man ihm auch an, aber man sieht auch, dass er sich immer wieder selbst rausgekämpft hat. Heute steht er wieder auf den großen Bühnen, obwohl er schon so oft totgesagt wurde. Trotz allem hat er seinen Mut nicht verloren, und davor habe ich größten Respekt. Helene Fischer habe ich noch nicht persönlich kennenlernen dürfen, jedoch glaube ich, dass sie eine sehr nette und tolle Frau ist. Florian Silbereisen ist ein cooler Typ, den ich schon des Öfteren getroffen habe.

Was Jürgen Drews betrifft, so verbindet uns heute eine berufliche Freundschaft, obwohl wir keinen guten Start miteinander hatten. Anfangs hatte ich ja das Gefühl, dass er mich als One-Hit-Wonder belächelte, und so hatte er mich auf dem falschen Fuß erwischt. Aber irgendwann später kam es zu einem ganz sentimentalen Moment zwischen uns, als er mich mal beiseite nahm und mir sagte, dass er sich mein Album angehört habe. Er betonte, dass er sich seit Ewigkeiten kein ganzes Album mehr angehört habe, dass ihn meines aber sehr ergriffen habe. Er sagte mir, dass er überzeugt davon sei, dass ich noch sehr viel vor mir habe mit meiner Musik, und dass er sehr berührt von dem sei, was ich mache und wie ich das mache. Dann wünschte er mir noch alles Gute. Das hatte natürlich mein Herz erweicht, ganz klar, und wir nahmen uns dann auch in den Arm. Heute freuen wir uns jedes Mal, wenn wir uns sehen. Ich habe auch den größten Respekt vor diesem Mann, weil der schon so lange auf der

Bühne ist. Jürgen trinkt nie Alkohol, zieht seine Nummer absolut professionell durch, und das in dem Alter. Er ist über 70 Jahre alt und hat immer noch eine Power im Arsch, die nicht zu fassen ist. Und er hat auch jedes Jahr unwahrscheinlich viele Auftritte, da kommt so manch junger Künstler nicht hinterher.

Es gibt natürlich auch den einen oder anderen Kollegen, der eher immer negativ auffällt, der sich bei jeder Gelegenheit ins Rampenlicht schiebt und alles tut, um irgendwie im Gespräch zu bleiben. Das muss jeder für sich wissen, wie er oder sie das Spiel spielt, ich habe für mich jedenfalls beschlossen, nur so viel ich muss und so wenig ich kann in der Öffentlichkeit stattzufinden – was aber nicht so einfach ist. Die Presse stürzt sich gern auf alles, was irgendwie eine Schlagzeile wert sein könnte, und ich spiele das Spielchen auch bis zu einem bestimmten Punkt mit, versuche aber trotzdem immer, ich selbst zu bleiben. Mit Informationen über mein Privatleben habe ich mich bisher eher zurückgehalten, weil es einem, wenn man es nicht selbst in der Hand behält, irgendwann immer um die Ohren fliegt. Mit diesem Buch nutze ich die Gelegenheit, die Dinge aus meiner Sicht zu erzählen, und daraus können sie dann machen, was sie wollen.

Dinge, die nicht so der Wahrheit entsprechen, erlebe ich auch ab und zu. Ein Beispiel waren die Berichte über die Entstehungsgeschichte von *Die immer lacht* – überall konnte man lesen, dass der Song für eine krebskranke Freundin geschrieben wurde, anderswo war sogar die Rede davon, dass diese Freundin gestorben sei und all so ein Quatsch. So was hat man aber nicht selbst in der Hand. Ich mache das in Interviews immer so, dass ich diese Sachen gleich richtigstelle, ich wiederhole und betone dann immer, wie es wirklich gewesen ist, aber was letztendlich geschrieben wird, darauf habe ich keinen Einfluss. Ich werde auch zukünftig nicht die Presse davon abhalten können, irgendwelche Unwahrheiten zu erzählen, ich glaube, das kann keiner, der in der Öffentlichkeit steht. Das ist auch eine Sache, mit der ich mich einfach nicht befassen möchte. Ich ignoriere es, ich lebe damit, ich ärgere mich auch manchmal darüber. Ich weiß noch, wie in einem Klatschblatt die Überschrift stand: »Kerstin Ott lässt ihre Familie im Stich!«. Beim genaueren Hinsehen stand dort nur, dass ich aufgrund der Musik viel unterwegs bin und meine Auftritte ohne die Familie mache, sprich: Ich gehe arbeiten, während die Kinder zur Schule müssen. Was für eine Feststellung. Wahnsinnsnews. Da war wohl noch Platz in der Zeitung, den sie füllen mussten – jeder konnte das herauslesen, weil es so schlecht geschrieben war. Wenn Unwahrheiten erzählt werden, dann ist es meistens sinnvoll, entweder das nicht weiter zu kommentieren oder einen richtigen Rundumschlag zu machen. Den Mittelweg gibt's für mich nicht. Sich darüber aufregen und nichts machen, halte ich für Quatsch, entweder hole ich wirklich den Holzhammer raus und dann geht's rund, oder ich schiebe es gänzlich von mir weg.

Ich hatte ja erleben dürfen, wie es ist, plötzlich in allen Medien zu erscheinen, das war bei der ECHO-Verleihung, als ich mit Karolina über den roten Teppich gelaufen bin. Eigentlich war es gar kein Geheimnis, dass wir ein Paar sind, bei einem Auftritt in der Talkshow von Markus Lanz war dies schon zur Sprache gekommen. Sie hatte hinter mir im Publikum gesessen und war sogar einmal eingeblendet worden, aber damals ist die Presse komischerweise gar nicht darauf angesprungen. Was durch Lanz ganz groß in der Presse hervorgehoben wurde, war die unglaubliche Geschichte von *Die immer lacht*, wie der Song seinen Weg durch Zufall in die Charts gefunden hatte. Das tauchte nach dem Auftritt mehrfach in den Medien auf, und die Sendung mit mir war eine der meistgesehenen Lanz-Shows, die hatte bei YouTube wirklich sehr viele Klicks bekommen. Das war meine erste Talkrunde, und Gott sei Dank war ich an dem Tag recht schlagfertig und hatte das souverän gemeistert.

Jedenfalls sind Karolina und ich bei der ECHO-Verleihung über den roten Teppich gelaufen, und da ging das Ganze dann durch die Republik. Wir haben das auch bewusst gemacht, weil ich der Presse die Möglichkeit nehmen wollte, aus diesem Geheimnis (was ja eigentlich keines mehr war) irgendwelche Unwahrheiten zu stricken. Als ich für den ECHO nominiert war, beschlossen wir also, gemeinsam über den Teppich zu schreiten, und dann ist die Sache auch ein für alle Mal gegessen. Es wurde tatsächlich zu einer Riesensache, mein Glück war, dass die Presse es nach Lanz einfach verpennt hatte, daraus eine Story zu stricken, jetzt waren wir es, die ihnen diese Geschichte wieder auftischte, und natürlich stürzen die sich auf alles, was neu ist.

Auch unsere Hochzeit tauchte schließlich häufig in den Medien auf. Die Entscheidung, dass Karolina und ich heiraten wollten, war schon gefallen, bevor das Ganze musikalisch losging. Als *Die immer lacht* so durch die Decke ging, war es eine so aufregende Zeit, es war einfach keine Zeit zum Heiraten. Wir hatten schon einen Termin gehabt, hatten auch schon die Einladungen verschickt, aber es war zeitlich nicht einzuhalten. Der Hit ist uns sozusagen in die Quere gekommen. Wir waren nur unterwegs und hatten keine Zeit für Hochzeitsplanungen, und da haben wir einfach gesagt: »Leute, ihr habt zwar alle eine Einladung bekommen, aber lasst es uns auf Unbekannt verschieben. Wir können noch nicht sagen, wann sie stattfinden wird.« Dass wir nun im August 2017 heirateten, war relativ kurzfristig angesetzt. Anfang jenes Jahres hatten wir die ersten Ideen gehabt, dass es stattfinden könnte, und dann waren es noch drei Monate, bis es dann wirklich mit den Planungen losging.

Für die Presse war das natürlich ein Riesending, weil von mir nicht viel Privates zu finden ist, und so gab es auch einige Angebote für exklusive Fotos. Wir entschlossen uns aber, keine Fotos von irgendwelchen Presseleuten machen zu lassen, sondern erlaubten nur einem Fotografen von der *Dithmarscher Landeszeitung*, mit dem wir von Anfang an zusammenarbeiteten, vorbeizukommen und seine zwei oder drei Bilder zu machen. Wir wussten, der machte das sehr gut und professionell, und der handelte seine Arbeit auch schnell ab, ohne den Ablauf großartig zu stören. Das war also ein Abwasch. So haben wir die Presse zwar bedient, haben es aber so privat gelassen, wie wir es gerne wollten.

Wir haben unsere Hochzeit auch sehr privat gefeiert, auf einer Koppel mit einem großen Festzelt und DJ. Das Essen soll auch hervorragend gewesen sein, habe ich mir sagen lassen – aus irgendeinem Grund habe ich nichts davon abbekommen. Wahrscheinlich weil ich es einfach vergessen und mich mit all meinen Leuten so köstlich amüsiert hatte. Es war eine sehr schöne Feier ohne Stress, mit Lagerfeuer, Zelten und Hüpfburg für die Kinder. Für jeden war da was bei. Und es gab auch Fotos mit Selbstauslöser und Verkleidungsbox, man glaubt ja nicht, was die Leute in betrunkenem Zustand für Fotos machen. Da war alles dabei, sogar oben ohne im Piratenkostüm.

Mein Gedanke war immer: Ich werde ein Mal in meinem Leben heiraten, und zwar wenn ich meine große Liebe gefunden habe. Zweimal zu heiraten war für mich so wie zweimal die große Liebe zu finden, das ging irgendwie nicht. Heute weiß ich, dass ich für die erste Hochzeit einfach noch zu jung war, ich wusste nicht, was das alles mit sich trägt. Deswegen kommt es mir heute so vor, als hätte ich nur einmal geheiratet, was ich auch ganz cool finde.

Die Beweggründe waren eigentlich die liebevollsten, die ich mir vorstellen kann: natürlich aus Liebe. Es war aber auch ein Sicherheitsgedanke, dass, wenn irgendetwas Ernstes passiert, jeder von uns am Krankenbett des anderen stehen darf – nicht so wie damals, als Karolina im Krankenhaus lag und ich nicht erfahren durfte wie es ihr ging. Jetzt können wir alles untereinander regeln, und auch auf dem Papier sind wir eine Familie, was dem Ganzen etwas Schönes gibt. Deswegen war es für mich wichtig, dass wir das für uns machen. Wie gesagt, ich muss Sachen geregelt haben, ich brauche die klare Kante.

Wir haben standesamtlich geheiratet, weil es kirchlich damals nicht ging – in deren Augen dürfen ja nur Mann und Frau vor den Traualtar treten. Für uns beide ist auch nur wichtig, dass es irgendwo festgehalten ist, dass wir eins sind und dass wir uns lieben. Natürlich war das schon vorher klar, dafür brauche ich auch diese Urkunde nicht, aber es irgendwo Schwarz auf Weiß stehen zu haben, gibt dem Ganzen noch mal etwas Offizielles. Im Jahr davor wäre es noch so gewesen, dass wir nicht verheiratet, sondern verpartnert gewesen wären, aber 2017 wurde ein neues Gesetz erlassen, sodass wir nun ganz klassisch verheiratet waren.

So langsam hat sich die Aufregung rund um die ganze Musiksache etwas gelegt. Ich mache nach wie vor meine Auftritte und bin viel unterwegs, aber eine gewisse Normalität hat sich in meinem Leben wieder eingefunden. In den letzten Monaten habe ich an meinem zweiten Album gearbeitet, *Mut zur Katastrophe*, das im August 2018 erschien.

Auf der Platte, die wieder mit Thorsten Brötzmann und Lukas Hainer entstanden ist, haben wir ein schönes Gemisch gefunden, ein Album, das insgesamt etwas runder ist als das erste. Was ich sehr schön finde, ist, dass die Themen in den Songs wieder sehr emotional und tiefgründig sind und wir es trotzdem geschafft haben, eine Leichtigkeit auf dieses Album zu zaubern. Ich mag auch dieses Augenzwinkern, diese Doppeldeutigkeit in den Songs, und die entsteht nicht, weil wir wollen, dass sie passiert, sondern sie entsteht einfach von ganz allein. Ich bin sehr froh, dass ich wieder mit Lukas und Thorsten zusammenarbeiten durfte, weil es einfach ganz toll passt.

Seit dem ersten Album ist ein bisschen mehr als ein Jahr vergangen, und für mich ist eine Menge passiert. Ich würde aber nicht sagen, dass ich musikalisch eine komplette Verwandlung hingelegt habe, doch ich glaube schon, dass die neuen Songs ein bisschen breiter gefächert sind als auf dem ersten Album. Damals wusste ich noch nicht so richtig, was geht und was nicht. Mir war es diesmal wichtig, darauf zu achten, dass diese Platte musikalisch etwas mehr abgeht als die erste, das habe ich einfach so gewollt, weil ich meinen Live-Auftritten mehr Dampf verpassen möchte. Darauf hatte ich beim ersten Mal natürlich gar nicht geachtet, weil ich nicht wusste, dass dies wichtig sein könnte. Bei den Auftritten merkte ich aber immer mehr, dass es mir schwerfiel, drei langsame Stücke nacheinander zu spielen, weil ich nicht genügend schnelle Songs hatte. Dass ich jetzt ein bunt gemischtes Album habe, macht alles wieder ein bisschen leichter, und ich glaube, dass die Themen, die wir darauf behandeln, auch wieder sehr viele Menschen ansprechen werden. Es gibt auf diesem Album kein Thema, das ich nicht selbst schon mal in irgendeiner Form miterlebt habe, oder es sind Geschichten von Freunden, die ich mitbekommen und mich sehr mitgenommen haben – das hat sich bis heute nicht geändert, dass ich diese Dinge in meinen Liedern verarbeite.

Die Sache mit der Musik ist vom Sommer 2015, als ich Kontakt zu Ric und Rixx aufgenommen hatte, bis jetzt pausenlos so weitergegangen. Wie gesagt, habe ich jetzt erst die Möglichkeit, so nach und nach alles mal Revue passieren zu lassen. Karolina und ich haben auch beschlossen, dass wir uns mal eine etwas längere Pause gönnen wollen, einfach um zu verschnaufen und neue Kraft zu tanken. Eigentlich wollten wir in diesem Jahr komplett drei Monate Pause machen, das hat sich jetzt natürlich wieder so ein bisschen zerschlagen mit diesem Buch und der neuen Platte. In diese beiden Projekte habe ich dann wieder viel Zeit und Herzblut investiert, weil sie mir so wichtig sind. Ich wollte sie vorher noch zum Abschluss bringen, damit wir uns dann wirklich auf die freie Zeit konzentrieren können. Wir haben auch noch keine Flitterwochen gemacht, vielleicht finden wir ja jetzt mal die Zeit dafür.

Wenn ich zurückblicke auf meinen bisherigen Weg, denke ich immer, wie viel ich in dieser relativ kurzen Zeit schon erlebt habe. Auch wenn es manchmal düster aussah, habe ich es doch immer wieder geschafft – mal aus eigener Kraft, aber häufig auch durch mein Umfeld, meine Freunde und Liebsten –, mich aus diesen Situationen zu befreien. Mittlerweile führe ich ein glückliches Leben, habe die Liebe meines Lebens gefunden, habe eine tolle Familie und ein schönes Zuhause.

Heute ist es auch so, dass ich vollends im Familienleben mit drinhänge, was für mich vor Jahren noch unvorstellbar gewesen ist. Zum Beispiel haben Karolina und ich abgemacht, dass ich zweimal die Woche morgens mit den Kindern den ganzen Kram mache, sie macht es dreimal, und es läuft auch wunderbar. Sie hat immer einen Teil mehr, den sie mit den Kindern erledigt, und den Teil, den ich habe, mache ich auch vernünftig und vor allem auch gerne. Das ist auch das Resultat aus dem, was wir uns als Familie zusammen erarbeitet haben. Am Anfang war es wirklich ganz wenig, was ich gemacht habe, ich habe sie mal zum Kindergarten gebracht, aber dann war es auch schon wieder gut.

Manchmal ist es immer noch nicht einfach für mich, so viel Zeit mit allen zu verbringen, da ist mir in der Kindheit leider einiges verloren gegangen, und das kann ich offenbar auch irgendwie nicht komplett zurückholen. Es lässt sich schwer beschreiben, wie das ist – das ist wie ein Loch. Ich versuche immer, dort herauszukommen oder da irgendwie weiter zu kommen, aber das ist ganz schwierig für mich. Wenn mir das alles zu eng wird, beispielsweise mit den Kindern, dann habe ich das Gefühl, dass ich jetzt erst mal wieder einen Stopp brauche. Und das zu ändern, an dieses Ding komme ich einfach nicht dran, obwohl ich es gerne für mich ändern würde. Für die Kinder ist es zum Glück ganz normal, wenn ich mich zurückziehe, die merken das oftmals gar nicht. Ich überlege mir aber ständig, wie ich das leichter gestalten kann, weil ich auch interessiert daran bin, dass dieser tägliche Ablauf einfach so reibungslos und auch so schön wie möglich ist. Aber ich weiß auch, dass es ein ständiger Prozess bleiben wird, dass ich das nicht abstellen kann, aber so nah wie möglich herankommen kann.

Und ich kann auch mit Selbstliebe daran gehen. Ich habe mich früher dafür verurteilt, ich wusste auch in der Zeit mit Leonie nicht, warum ich mit Kindern nicht umgehen konnte. Es fühlte sich für mich manchmal so an, als wäre ich voll der Kinderhasser. Was ich natürlich nicht bin, ich war einfach nur grenzenlos überfordert. Heute kann ich mir das selbst gut verzeihen, wenn das mal an einem Tag so ist, dass ich sage: »Nee, Kinners, heute geht es einfach nicht. Ich habe so viele Sachen im Kopf, ich habe jetzt gerade kein Ohr für euch. Ich habe gerade so viel mit mir selbst zu tun, heute ziehe ich mich mal raus, morgen bin ich wieder für euch da.« Früher habe ich mir da riesige Vorwürfe gemacht, und dieses Selbstgeißeln, dieses Fertigmachen war immer ein großes Thema. Und ich glaube, da bin ich auf einem total guten Weg, dass das nicht mehr der Fall ist. Weil die Abläufe, die da statt-finden, ganz normal zum Lernprozess dazu gehören, das macht es dann natürlich auch im Ganzen einfacher, auch frisch in eine Situation zu gehen, und zwar nicht erst einen Tag später, son-dern schon eine Stunde später. Und das ist das, was ich gerade merke – dass sich das verändert. Ich denke dann immer: Gib mir noch ein bisschen Zeit, meistens habe ich mich in einer Stunde wieder runtergefahren, dann können wir drüber reden. Früher habe ich dafür drei bis vier Tage oder eine Woche gebraucht. Und ich merke, das ist ein Riesenfortschritt.

Früher habe ich mich für mein Verhalten gehasst, ich habe es ja auch nicht verstanden. Ich wusste nicht, warum ich mit diesem Kind nichts anfangen konnte. Ich hatte schon so viel für mich geschafft, und ich konnte mir einfach nicht erklären, warum ich das nicht schaffe, warum ich keinen Bezug herstellen kann. Ich habe mich gefühlt wie jemand, an den kein Herankommen ist, der sich selbst aus dieser Situation nicht befreien kann. Das war nicht gut, auch für mein Selbstbewusstsein nicht. Dass ich etwas dagegen tun muss, wurde mir in der Zeit des Mental-Trainings in Bayern klar. In dieser Woche hat sich sehr viel, was das be-trifft, aufgeklärt. Natürlich ist so was nicht von heute auf morgen gegessen, wenn du 30 Jahre mit ein und demselben Verhalten gelebt oder auf eine Situation immer so und so reagiert hast, dann stellst du das nicht von heute auf morgen ab. Heute bin ich 36, und von diesem Mental-Training zehre ich heute noch. Ich übe heute noch, handlungsfähiger zu werden, indem ich mich mit alten Verhaltensmustern oder den Dingen, die mich völlig aus dem Konzept gebracht haben, auseinandersetze.

Man kann sagen, dass diese Zeit in Bayern ein riesengroßer Wendepunkt für mich war. Das hatte mir so gut geholfen, dass ich irgendwann im letzten Jahr mir auch gönnte, das komplette Programm bei dem Psychologen zu machen. Dieses Training, das ich ganz am Anfang innerhalb einer Woche gemacht hatte, wurde nun vertieft. Man steigt noch viel mehr in diese Materie ein, das, was man in dem Kraftquellentraining eher oberflächlich behandelt hatte – obwohl man damals schon gedacht hat, dass man schon super in die Tiefe gegangen ist –, wurde in diesem Viererblock von jeweils fünf Tagen Training nochmals sehr spezifisch und detailliert durchgeführt. Das war superhilfreich für mich.

Ich muss auch sagen, dass mir die musikalische Reise natürlich sehr geholfen hat, mein Leben wieder in ruhigere Gewässer zu lenken. Finanziell hat sich alles entspannt bei mir, und ich konnte mich das erste Mal in meinem Leben auf andere Dinge, wie eben das Mental-Training in voller Länge, konzentrieren. Sonst war ich immer auf der Jagd danach, den Monat mit plusminusnull zu beenden. Das hat sich mit dem Lied *Die immer lacht* und allem, was danach kam, erst mal erledigt. Ganz am Anfang war ich natürlich überwältigt von diesen Summen, die plötzlich auf mein Konto gingen für Auftritte – für das Geld eines Auftritts habe ich damals einen ganzen Monat arbeiten müssen! Ich rechne meine Gagen immer noch in Malerstunden um, obwohl das über zwei Jahre her ist – da kann man wirklich sehen, dass ich ein Gewohnheitsmensch bin. Aber ich lebe weiß Gott nicht verschwenderisch, ich bleibe schön auf dem Boden der Tatsachen, weil ich erlebt habe, wie schnell sich Dinge im Leben ändern können.

Und auch was die Vergangenheit betrifft, habe ich Frieden gefunden, nicht nur mit mir, sondern beispielsweise auch mit meiner Mutter. Der erste Besuch bei ihr nach all dieser Zeit war sehr tränenreich von ihrer Seite her, ich habe mich auch sehr gefreut, war mit meinen Tränen aber etwas zurückhaltender. Ich hatte das Ganze schon für mich bearbeitet. Unseren Kontakt habe ich einfach aufrechterhalten und bin dann alle zwei Monate zu ihr gefahren, weil ich mir das nun auch erlauben konnte, mal zwei Tage einfach wegzufahren. Wir sind zusammen einkaufen gegangen und ich habe ihre Wohnung renoviert, um es ihr schöner zu machen. Es war einfach schön, sich wieder anzunähern, und wir haben natürlich miteinander über früher gesprochen. Ich weiß, dass sie immer noch ihre Probleme hat, mir ist aber auch klar, dass sie das alles nicht mit Absicht gemacht hat. Ich weiß, dass sie krank ist, aber es ist ihre Sache, ich muss sie nicht daraus retten. Diese Verantwortung habe ich nicht in meinem Kopf. Ich habe ein freundschaftliches Verhältnis zu ihr, habe auch nicht mehr diese Leere in mir drin, keine Familie zu haben. Dementsprechend sehe ich auch meinen großen Bruder öfter, weil der bei meiner Mutter um die Ecke wohnt. In diesem Punkt kehrt also auch immer mehr Normalität in mein Leben zurück.

Und jetzt ist es so, dass ich mit Karolina mittlerweile eine eigene Familie habe, und das ist mein Universum. Ich bin immer noch superglücklich, nach sieben Jahren immer noch total verliebt. Es ist tatsächlich so, auch wenn sich das vielleicht etwas schnulzig anhört. Wenn ich allein unterwegs bin, freue ich mich immer unfassbar doll, sie wiederzusehen. Wir sind ein eingeschweißtes Team, sie gibt mir Kraft.

Und das ist das Schöne am Hier und Jetzt: dass ich all diese Kämpfe nicht mehr austragen muss. Ich muss meinen Job gut machen wie andere auch, muss meine Sachen erledigen, aber ich habe keine Dinge mehr, die immer wieder an meiner Basis nagen. Und das ist hervorragend. Ich habe nicht mehr diese Altlasten, habe sie bearbeitet oder abgearbeitet, und ich habe auch nicht mehr diesen familiären Druck. Ich habe den Arbeitsdruck nicht mehr, immer ranschaffen zu müssen, immer Kunden zu finden und mich totzumalochen. Ich habe auch keine großen Probleme mehr mit mir selbst, und wenn, dann auch ganz normale Probleme wie: Heute fühle ich mich einfach zu dick, ich muss mal abnehmen. Das ist aber ein ganz anderes Kaliber als zum Beispiel darum kämpfen zu müssen, in meiner Wohnung bleiben zu können.

Wie oft habe ich in der Vergangenheit die Frage gehört, ob ich gar keine Angst davor habe, dass es mit dem Erfolg weniger wird. Nein, habe ich nicht. Ich habe jetzt schon so vieles regeln können, habe keine Schulden mehr und sogar Geld beiseite gelegt. Ich habe eine tolle Wohnung, kaufe demnächst sogar ein Haus. Zwar habe ich finanziell nicht ausgesorgt, bei Weitem nicht, aber ich habe alles Mögliche getan, um mich abzusichern. Wenn es mit der Musik jetzt nicht mehr laufen sollte, habe ich trotzdem diesen Druck nicht. Mir stehen viele Möglichkeiten offen.

Die Presse wundert sich immer, warum ich nicht so einen Höhenflug hingelegt habe, warum ich mir keine Rolex oder keinen Porsche gegönnt habe. Die Antwort ist aber ziemlich einfach: So was könnte ich gar nicht. Das wäre nicht ich, das wäre komplett irre. Das Materielle hat mich nie interessiert, ich finde es viel geiler, irgendwo mit den Liebsten und dem Hund am See zu sitzen.

Ich weiß, dass es sehr krasse Zeiten gab, und ich weiß auch, dass krasse Zeiten wiederkommen können. Wenn man oben ist, kann es auch schnurstracks wieder nach unten gehen. Ich muss nur aufpassen, wie weit nach unten ich zulassen will. Es muss nicht wieder die tiefste Grube sein, aber ich glaube, dass ich zu diesem Zeitpunkt sagen kann, dass alles, was in meiner Hand liegt, auch von mir so behandelt wird, dass es gar nicht mehr so weit runtergehen kann. Wenn da nicht eine böse Krankheit oder irgendetwas anderes Unvorhergesehenes dazwischenkommt, dann bin ich schon sehr guter Dinge, ein Auf und Ab wird es immer geben, so ist das Leben.

Als mein Bruder und ich mal gemütlich zusammensaßen – und, zugegeben, auch das ein oder andere Gläschen getrunken hatten –, kamen wir auf dieses Thema zu sprechen, und da habe ich ihm mein Leben wie ein CTG beschrieben. Das ist ja dieses

Blatt Papier, auf dem man den Herzschlag in Form einer stark zackigen Linie mit Ausschlägen nach oben und nach unten sieht. So ist das in meinem Leben auch – es geht hoch, runter, hoch, runter, und so weiter. Ich erklärte meinem Bruder, dass ich sehr dankbar dafür bin, dass es mal hoch und mal runter geht. Denn wenn alles nur eine gerade Linie wäre, dann wäre man nicht am Leben.

ICH MÖCHTE MICH BEDANKEN BEI:

- Meiner Frau, du bist das Beste, das ich mir je erträumt habe. Danke für deine Kraft und Liebe.
- Holger Storm, du bist mein Freund und Manager. Und mein selbst ausgesuchtes Familienmitglied.
- Birte, so lange sind wir schon befreundet. Ich bin dankbar, dass ich dich habe.
- Meiner Familie, ich liebe euch von Herzen.
- Allen meinen Wegbegleitern, von früher Kindheit bis heute. Ihr habt mich zu dem Menschen gemacht, der ich heute bin.
- Sabine und Olaf, ihr habt meinen Weg geebnet und mir Liebe geschenkt.
- Frank und Doris Peters, durch euch habe ich das Arbeiten lieben gelernt.
- Familie Voss, ihr habt meine Kindheit so sehr verschönert.
- Meiner Ex-Frau Madlen, wir haben zusammen viele Erfahrungen gesammelt, und ich bin dankbar für diese Zeit.
- Stereoact, zusammen haben wir die Musikkarriere gestartet, danke dafür.
- Jeannette, du bist meine Freundin und wichtige Bezugsperson, so viele Jahre schon.
- Thorsten und Lukas, wir machen die allertollsten Lieder zusammen, vielen Dank.
- Uli, du bist mein liebster Anwalt.
- Universal, Sony und Kontor, danke für die tolle Zusammenarbeit.
- Meinen Fans, durch euch habe ich so viele neue Wege gehen dürfen und bin jetzt sogar Buchautorin. :-) Vielen Dank für alles!

Kerstin Ott
DIE FAST IMMER LACHT.
Autobiografie

ISBN 978-3-86265-700-1
© Schwarzkopf & Schwarzkopf Verlag GmbH, Berlin 2018
Das Werk wurde durch die Agentur Olaf Köhne und Peter Käfferlein
vermittelt. Alle Rechte vorbehalten. Dieses Werk ist urheberrechtlich
geschützt. Jede Verwendung, die über den Rahmen des Zitatrechtes
bei korrekter und vollständiger Quellenangabe hinausgeht, ist hono-
rarpflichtig und bedarf der schriftlichen Genehmigung des Verlages.

REDAKTIONELLE MITARBEIT UND LEKTORAT
Thorsten Wortmann

BILDNACHWEIS
Coverfoto: © Nona-Photography (www.nona-photography.de) | **Bild-
teil 1:** © Nona-Photography: S. 97, 112 | **Bildteil 2:** © Nona-Photography:
S. 225, 228/229, 231 oben, 234/235 | Alle nicht extra gekennzeichneten
Abbildungen stammen aus dem Privatarchiv der Autorin.

VERLAG
Schwarzkopf & Schwarzkopf Verlag GmbH
Kastanienallee 32, 10435 Berlin
Telefon: 030 – 44 33 63 00
Fax: 030 – 44 33 63 044

INTERNET | E-MAIL
www.schwarzkopf-schwarzkopf.de
www.facebook.com/schwarzkopfverlag
info@schwarzkopf-schwarzkopf.de

KERSTIN OTT
www.kerstinott.de